《论语》广义

——当代视域下的儒家经典研究

华军 著

中国社会科学出版社

图书在版编目（CIP）数据

《论语》广义：当代视域下的儒家经典研究/华军著. —北京：
中国社会科学出版社，2019.5
ISBN 978 – 7 – 5203 – 4499 – 9

Ⅰ.①论… Ⅱ.①华… Ⅲ.①儒家②《论语》—研究
Ⅳ.①B222.25

中国版本图书馆 CIP 数据核字（2019）第 099644 号

出 版 人	赵剑英
责任编辑	孙 萍
责任校对	王 龙
责任印制	王 超

出　　版	中国社会科学出版社
社　　址	北京鼓楼西大街甲 158 号
邮　　编	100720
网　　址	http://www.csspw.cn
发 行 部	010 – 84083685
门 市 部	010 – 84029450
经　　销	新华书店及其他书店

印刷装订	北京市十月印刷有限公司
版　　次	2019 年 5 月第 1 版
印　　次	2019 年 5 月第 1 次印刷

开　　本	710×1000　1/16
印　　张	16.25
插　　页	2
字　　数	235 千字
定　　价	78.00 元

目　　录

导论　当代视域下儒家经典研究的意义

　　一种思想的涌现与延续及至形成一种文化传统，总是需要依赖一定的经典文本来奠基的。可以说，这些经典文本是我们了解、研究、接纳这一思想乃至文化传统最真实、最直接、最基础的材料。反之，如果没有这样的经典著述，则思想学派以至文化传统的建构与传承就是不可想象的，而我们关于思想以及文化传统的认知也就无从谈起。在中国历史上，很多学派的兴衰都与此相关。仅从这个方面上讲，儒家经典研究最直接、最基本的目的，就是切实而深入地了解儒家思想，梳理其基本内涵。至于当代这么做的意义，我们可以将其放在中西文化传统之比较和中国文化传统内部架构这样两个层面来分别审视。

一　中西比较视域下的考察

（一）中西文化传统观念之比较

　　首先，我们可以在中西文化传统比较的层面下来体会它的意义。

　　泛观当世西方主要发达国家，莫不有其自己的文化传统，亦莫不珍视、承继其自己的文化传统而求其旧命维新。曾有很多学者对此进行过讨论。如尚杰认为，在英国，宗教情感与自由主义、经验理性主义已经汇成为一种文化传统，进而诞生了一种保守而稳定的精神气质。法国的文化传统则彰显了自由与革命精神，其所谓自由包含了精神的自由与言论的自由，更显现为批评的自由，在这个过程中，渐渐确立了法兰西民族求新求变的文化性格，伏尔泰、卢梭、狄德罗、萨特等皆是这种文化传统的代表人物，他们的思想不仅影响了法国，更影响到同期其他欧洲民族的精神。① 德国的文化传统崇尚理性，讲究秩序与规制，由此曾演化出强权观念、权威崇拜和服从精神，故有尼采创立了"超人哲学"，凸显"权力意志"。至于美国，吕锡月以为，美国在本质上是一个以基督新教文化为主的宗教社会。它的文化传统有两个基点，一个是精神上对信仰的执着和现实中务实的追求的统一，一个是个人主义与个人自由的统一。新教伦理在美国的实践中形成了独具美国特色的实用主义哲学，它最充分地体现了所谓的"美国精神"，因此有人把它看作"国家哲学"。可以说，理想主义是美国文化的立身之本，实用主义则是达成与美国利益最大化息息相关的简捷途径，其中始终贯穿着个人主义、个人自由的核心诉求。这一文化传统的代表人物有皮尔士、詹姆士以及杜威。② 以上西方诸种文化传统虽形态各异、各有主张，然深究其要，它们其实有着共同的西方文化基质，这就是明确立知的知识论立场，以下，我们对此略作一点揭示。

公元前 1 世纪，逍遥学派的安德罗尼克在整理亚里士多德的著作时，曾把亚里士多德一部生前未题名的著作命名为"Metaphysics"。"Physics"（物理学）是研究自然现象及其规律的学问，而"Metaphysics"（形而上学）则是探究存在之为存在的学问。那么西方的这个"Metaphysics"（形而上学）如何来探究存在之为存在呢？具体说来就是要借助语言与逻辑，合起来就是借助合乎理性的讲述。而这种讲述又是在认识者与认识对象二分的认知模式下来进行的，即在揭示存在的过程中区分出主体认识者与客体认识对象这样两个方面。为了

---

① 参见尚杰《自由何以珍贵：试论法兰西文化的精神特质》，《学术前沿》2014 年第 16 期。

② 参见吕锡月《美国的文化传统与改造日本的必然性》，《烟台职业学院学报》2014 年第 2 期。

确保讲述的准确，"Metaphysics"（形而上学）最大限度地追求符合事物自身的客观的真理性认识。在这种注重主、客二分的认知模式下，借助语言与逻辑来达成人们关于存在的具有普适性的客观认识的思想，凸显了西方传统文化的知识论立场。而为了更加准确地达成这一点，西方哲学又转向讨论语言本身的合理性，于是就愈加凸显了西方传统文化关注名言的特征。这也正是海德格尔讲"语言是存在的家"的原因。它隐含着这样一个认识：存在是能够被语言合理表述的。而合理的语言表述建基于人的理性能力，由此出发，对存在的揭示就是人在主客二分的格局下，借助自身理性能力通过名言，以概念、判断、推理等形式来完成的。在此基础上，在西方传统文化主体中，人自身也成为理性探索下的一种对象化的知识性存在。

与以上西方文化传统相比较，儒学所隶属的中国文化传统亦有自己的文化基质，即明确立人的人文实践立场。它始终以人的本质实现作为文化思考的核心，其终极目的就是人格塑成、证成人道。对此，王邦雄先生的一段话很有启发性，他说："吾国哲学思想，不管儒家或道家，总是站在人之有限存在的体验感受上，再反省人之生命何以成为有限的问题，并试图就精神的修养与道德的实践，去打开既有限而又可无限的可能之路。"① 王先生此言揭示了一个共识，即中国哲学是立足于人之有限的现实存在上的反思，向前追溯此有限性的原因，向后探究突破此有限性而向无限性转进的道路。人之有限的现实存在乃是其反思的直接对象。在此基础上，我们可以发现，中国文化传统实是站在以人为思考中心的立场上去看待这个世界的。知识的价值与意义亦需要由它与人的生存关系来决定。纯粹知识本身并不具有独立的至高的价值，它只是服务于人的一种工具。西方文化传统可以讲"吾爱吾师，吾更爱真理"，而中国古代礼乐文化的价值信仰体系则是由"天、地、君、亲、师"来构成。换句话说，中国文化传统的信仰是不离人世间的，也因此是拒斥抽象原则的，它以立人为一切

---

① 王邦雄：《老子的哲学》，台北东大图书公司1980年版，第74页。

智慧思考的主题和目的。故而中国文化传统总体上属于人生哲学的范畴。它关注的是我是谁，我从哪里来，要到哪里去，我应以怎样的方式经历这一切。这种了解不是为了建立一种客观、抽象知识，而是自觉生命本真、求得人道实现的一种生命体验，生命实践。它是动态下的无时无刻不在的行动，而不是静态观察下的知识建构。对此中国文化传统有着丰富的命题。如孔子讲："志于道，据于德，依于仁，游于艺。"（《论语·述而》）这里就表达了一种明确的以德为主、以才为辅的成人观念。道、德、仁乃是立人之基，故须有"志""据""依"；才艺之学乃是显德、辅德之资，故须悠游、涵泳其间。为此，孔子还进一步区分了君子儒和小人儒。汉代学者许慎的《说文》关于"儒"的解释是："儒，柔也，术士之称。从人，需声。"① 胡适的《说儒》则讨论儒服与殷服、儒者柔弱气质与殷商遗民之间的关系，将儒的起源追溯到殷商时期的巫祝。以为这些巫祝由于亡国的原因，在西周和春秋变为职业的治丧相礼者。《周礼·天官·太宰》云："四曰儒，以道得民。"这是古代文献中唯一提到儒作为一种官职。郑玄注云："儒，诸侯保氏，有六艺以教民者。"由此可见，儒以六艺教民，这是从教育出发探讨儒的起源。阎步克则进一步认为儒家起源于乐师，因为孔子的诗、书、礼、乐之教全部在乐官的职责内。鉴于以上学者的讨论，我们大体可以看出，早期儒者可谓是以通习六艺著称的一种拥有知识、才艺的术士，担负教民之责，孔子所谓"小人儒"当指此意。而孔子所谓的"君子儒"乃是以立德为中心，从德行成就上来规定儒者，强调人的操守、人格尊严的确立。这一对儒者内涵的诠释变化凸显了孔子所创儒家的文化精神特质，亦是对中国文化传统"立人"立场的一种有力诠释。事实上，孔子论为学之道也彰显了这一立场。在《论语》中，孔子论"学"的内容可以从以下三个层面来理解：一是技艺层面，主要指礼、乐、射、御、书、数等古代六艺。在这个层面的学习上，孔子本人就是一个典范，如孔子

---

① 许慎：《说文解字》，中华书局 2003 年版，第 162 页。

言："吾不试，故艺""吾何执？执御乎？执射乎？吾执御矣"（《论语·子罕》）、"射不主皮，为力不同科，古之道也"（《论语·八佾》）；二是古代典籍层面，主要指《诗》《书》《礼》《乐》《易》《春秋》等古代六经，此属于历史文化知识。《论语·述而》有言："子所雅言，诗、书、执礼，皆雅言也。"《论语·季氏》又云："不学诗，无以言……不学礼，无以立"；三是人格成就层面，这是关乎人之生存本质实现的内容，亦是孔子论学枢要。对此，孔子有言："仁者，人也"（《礼记·中庸》）、"人而不仁，如礼何？人而不仁，如乐何"（《论语·八佾》）、"君子不器"（《论语·为政》），又言："苟志于仁矣，无恶也""富与贵是人之所欲也，不以其道得之，不处也；贫与贱是人之所恶也，不以其道得之，不去也。君子去仁，恶乎成名？君子无终食之间违仁，造次必于是，颠沛必于是"（《论语·里仁》）。可见，在这三个层面中，孔子更强调人格成就层面，即为人（仁）之学、行人（仁）之道，这也是孔子讲学的出发点和落脚点。所以孔子之学不是单纯的知识论，而是讲究生存本质实践、人格实现的修养之学、为人之学。所以孔子讲"志于道，据于德，依于仁，游于艺"（《论语·述而》）、"行有余力，则以学文"（《论语·学而》）、"君子不器"（《论语·为政》），贬抑"樊迟学农""子贡免羊""宰我聚财"等主张，这一点在今天尤为值得注意。今人研究包括儒学在内的传统文化时，多有受西方知识论立场影响而着力将其视为一知识系统而加以单纯知识分析性阐发的。这一做法总是试图切割中国传统文化思想与现实实践的内在一体关联，而将其处于二元对待的认知关照格局下，由此出发也就丧失了中国传统文化人文化成的点化人生的职能，这是中国传统文化当代诠释中需要着力反思之处。

　　总而言之，西方文化传统是重知识求真理的，具有明确的立知立场；中国文化传统则是重人道实践、人格塑成的，具有明确的立人立场。这一立场差异颇有点类似王安石与理学家程颢讲对塔说相轮一事。程颢曾经对王安石说过这样一番话："公之谈'道'，正如十三级塔上相轮，对望而谈曰：相轮如此如此，极是分明。如某则戆直，不能如此，直入塔中，上寻相轮，辛勤登攀，逦迤而上，直至十三级时，虽犹未见相轮，能如公之言，然某却实在塔中，去相轮渐近，要之，须可以至也。至相轮中坐时，依旧见公对塔谈说此相轮如此如此。"（《二程遗书·卷第一》）中西文化传统之立场比较多有似此者。

以上立场上的差异又进一步导致中西文化传统诸多方面的差异，以下略为发明之。

1. 就思考方向而言，中西文化传统存在向内与向外的差异。中国文化传统的立人立场决定了它的思考是围绕人生展开的，追求人的本质实现、人格塑成。它以人生之内省定位为出发点，在经历博学、审问、慎思、明辨、笃行等一系列修证环节和"可欲之谓善，有诸己之谓信。充实之谓美，充实而有光辉之谓大，大而化之之谓圣，圣而不可知之之谓神"等一系列境界转换之后，最终展现为人的自得，故孔子言"从心所欲不逾矩"（《论语·为政》）；孟子言"君子深造之以道，欲其自得之也。自得之，则居之安；居之安，则资之深；资之深，则取之左右逢其原，故君子欲其自得之也"（《孟子·离娄下》）。与之相比，西方文化传统的立知立场则决定了它的思考核心是在主客二元对待的认知框架下，借助人自身的理性能力，通过名言，以概念、判断、推理等形式来完成真理性的知识建构，以实现对存在的揭示。在此过程中，因其对象化思维，故它的思考方向是为向外的。

2. 就理解方式而言，中西文化传统存在生成与构成的差异。中国文化传统在把握生存世界时总是以一种生生不息的生成态度来审视。如《易传·系辞》上说"生生之谓易""天地之大德曰生"，所谓"显诸仁，藏诸用"亦是对阴阳之道生物之功的点化。至于"生生"一语，则同时包含空间意义的共生与时间意义的生死相续二义。所谓"共生"，乃是循道而生、万物并育之意。不过要注意，这里的"并育"绝非"同一形式的存在"。中国文化传统强调"和而不同""和实生物，同则不继"，主张"万物并育而不相害，道并行而不相悖"，故所谓"共生"者乃是依托个体实现的共生，或曰道体于个体流行上的总显；所谓"生死相续"乃是生而不长、死而不亡之意，《周易·泰卦》讲"无平不陂，无往不复"，孔子也讲"逝者如斯夫"，用宋代学者张载的话说就是"《易》谓'原始反终，故知死生之说'者，谓原始而知生，则求其终而知死必矣"（《正蒙·乾称》）。换句话说，在中国文化传统的理解中，现实世界始终是以不断生成的整体流动形态出现的。因此中国文化传统十分强调通变、求变乃至时中的思想。中国文化传统中最神奇、最高深、最极致的事物都不是一成不变的，而是善变之物。比较而言，西方文化传统在阐释生存世界的时候，则很关注它的构成要素、构成形式以及叙述方式，寻求它们的确定性与普适性。在这一点上，中西文化传统体现了很大的差异。《庄子·天道》曾有言："世之所贵道者，书也，书不过语，语有贵也。语之所贵者，意也，意有所随。意之所随者，不可以言传也，而世因贵言传书。世虽贵之，我犹不足贵也，为其贵非其贵也。故视而可见者，形与色也；听而可闻者，名与声也。悲夫！世人以形色名声为足以得彼之情。夫形色名声，果不足以得彼之情，则知者不言，言者不知，而世岂识之哉！"可见，在中国文化传统中，不可言传、随时而起的生意是为最贵，而书语、名声、形色的指代皆不足为贵。这一点在生活实践上的体验与表现就更为突出了。对此，《庄子·天道》曾讲了一则"轮扁斫轮"的寓言："桓公读书于堂上，轮扁斫轮于堂下，释椎凿而上，问桓公曰：'敢问公之所读者，何言邪？'公曰：'圣人之言也。'曰：'圣人在乎？'公曰：'已死矣。'曰：'然则君之所读者，古人之糟粕已夫！'桓公曰：'寡人读书，轮人安得议乎！有说则可，无说则死！'轮扁曰：'臣也以臣之事观之。斫轮，徐则甘而不固，疾则苦而不入，不徐不疾，得之于手而应于心，口不能言，有数存焉于其间。臣不能以喻臣之子，臣之子亦不能受之于臣，是以行年七十而老斫轮。古之人与其不可传也死矣，然则君之所读者，古人之糟粕已夫！'"这里面讲述的轮扁斫轮一事充分展示了中国文化传统中那种立足于个人体验、不可言传而又富于创造性的生生特质。对此，我们在日常生活中会有很多会心的体会，如中国文化中的美食制作往往是因势为用、富于个体创造，可谓是百人百味；而西方文化中的美食制作则强调构成要素的精度配置、普适通用，可以批量制作。两者相较，可谓差异明显。

由这种生成意识出发，中国文化传统又孕育出察微通变的生存智慧。中国古代文化十分关注宇宙人生的生成变化，并以察微通变、及时把握人生进退之道作为生存智慧的一个重要标志。《周易·系辞》讲"圣人有以见天下之赜，而拟其形容，象其物宜"，这是讲卦的；又说"圣人有以见天下之动，而观其会通"，这是讲爻的。王弼以为"卦者，时也。爻者，适时之变也"。《易传·序》又云："《易》，变易也，随时变易，以从道也。其书广大悉备，将以顺性命之理，通幽明之故，尽事物之情，而示开物成务之道也。"由上可见，中国古代文化很重视宇宙变化之道，并且注意总结这种变化之道，且据此来指导人生。不通变化，则难以全生，难以成事。以《周易》乾卦为例：

> 初九，潜龙勿用。象曰：潜龙勿用，阳在下也。九二，见龙在田，利见大人。象曰：见龙在田，德施普也。九三，君子终日乾乾，夕惕若，厉无咎。象曰：终日乾乾，反复道也。九四，或跃在渊，无咎。象曰：或跃在渊，进无咎也。九五，飞龙在天，利见大人。象曰：飞龙在天，大人造也。上九，亢龙有悔。象曰：亢龙有悔，盈不可久也。用九，见群龙无首，吉。象曰：用九，天德不可为首也。

《周易集解》曾引马融语云："物莫大于龙，故借龙以喻天之阳气也。"乾卦整体就是用龙适时而变的六种形态，对应乾卦六爻运动变化之态势。我们从上引乾卦卦、爻之意，可以系统看出乾阳之力创生、发展、圆成、守合的整体进程与阶段特质。这里所蕴含的作为生命本体的乾阳之生生与时易的哲学思想是值得我们在生活中深刻体察的。所谓有本之者，在于知道立身；所谓时易之者，在于明道立命。生命乃在此次第了悟中得以止于至善。

　　概括地说，以上中国文化传统察微通变以定人事的生存智慧具有三项意蕴：

　　（1）"生生之谓易"的创生意识。所谓生生就是指新的生命不断诞生，新的事物不断发生。新生命、新事物的不断诞生、发生就是变易化生，这是宇宙生命自身新陈代谢、更新换代，永葆活力的根本所在。所以《周易》又讲"日新之谓盛德"。万事、万物只有在不断地创新中才能成就自我。所谓盛德就是很丰盛地拥有。

　　（2）"防微杜渐"的忧患意识。《周易·坤卦》爻辞："初六，覆霜，坚冰至。"《象》曰："覆霜坚冰，阴始凝也。驯致其道，至坚冰也。""覆霜"，即踏到霜。坤卦初六，一阴初生，阴气刚开始凝聚，如秋末冬初，寒气乍现。"坚冰至"，即坚冰将要到来。坚冰比喻严冬。这段话引申开来讲就有了人事之吉凶祸福都有由微而显的发展过程而不是突然发生的意义。故《坤卦·文言》说："积善之家，必有余庆；积不善之家，必有余殃。臣弑其君，子弑其父，非一朝一夕之故，其所由来者渐。"这就是告诫人们要注意观察生活变化，做到防微杜渐。由此我们可以看出中国古代文化具有深刻的忧患意识。正是在这种忧患意识下，我们非常注意自己行为的方式和尺度，以免在未来产生不好的影响。这体现了我们严谨的民族性格和富于远见的生存智慧。故而俗语又云："人无远虑，必有近忧。"

　　中国历史上此类经验教训可谓不胜枚举，尤以齐桓公与易牙、竖刁、公子开方之故事为显。易牙、竖刁、公子开方皆为齐桓公之宠臣，三人可谓各有其长。易牙精于烹调，喜玩权术，曾因齐桓公自言未尝食过人肉而将自己三岁孩童蒸过奉上，并自言："'忠君者不有其家。'君王不曾尝过人肉味，臣故以杀子以适君王之口。"因此，齐桓公以易牙真心爱己。竖刁则是齐桓公的幸童，不惜自宫以奉上。公子开方是当时卫国国君的长子，因见齐国强盛而舍弃立储之机，自愿为齐桓公的侍臣。桓公以此认为开方爱己。

　　管仲病重之时，曾对齐桓公言易牙、竖刁、开方三人绝不可近。管仲的理由是，易牙烹其子以适君王之口的做法不足以取信于人，因为人情之深莫过于爱其子，对自己儿子尚且忍心下手残害，又怎会有爱于桓公。而竖刁自宫以事桓公亦不可信。因为人情之重莫过于贵身。对自己身体尚且不吝惜残害，怎会有利于桓公。至于公子开方舍弃其千乘之太子位而臣于桓公，甚至于父母死亦不奔丧，这样的做法更可怀疑。因为人情最亲莫过于父母。对父母尚且冷酷无情，又怎会敬重于桓公。而且千乘之封，是人之最大欲望。弃千乘而就桓公，是其所期望的大过于千乘。所以管仲力谏桓公必须远拒之，勿近，以为近必乱国。

管仲离世后，鲍叔牙为相时亦曾力谏齐桓公罢斥易牙、竖刁、开方三人。然而齐桓公离开三人之后，食不甘味，夜不酣寝，口无谲语，面无笑容。于是在他人劝诱下，先召回了易牙调五味，后又不听鲍叔牙之劝谏，索性将公子开方与竖刁一起召回，并官复原职。鲍叔牙愤郁发病而死。至齐桓公晚年病重，三人开始弄权，一面假传桓公之命，拒斥群臣子姓入宫见面，一面堵塞宫门，隔绝内外。待桓公临终明白原委而追悔不听管仲之言时，已是无力回天。

（3）"以人顺天"的应变意识。《道德经》第二十三章中讲："飘风不终朝，骤雨不终日。孰为此者？天地。天地尚不能久，而况于人乎？故从事于道者，同于道；德者，同于德；失者，同于失。同于道者，道亦乐得之；同于德者，德亦乐得之；同于失者，失亦乐得之。"《道德经》第四十章又讲道："反者道之动，弱者道之用。"这里面既体现了古人对天地变化的深刻洞察，又彰显了古人为维护生命久远而采取的"以人顺天"的应变意识。《礼记·哀公问》则云："公曰：'敢问君子何贵乎天道也？'孔子对曰：'贵其不已。如日月东西相从而不已也，是天道也；不闭其久，是天道也；无为而物成，是天道也；已成而明，是天道也。'"这里体现了孔子对天道的集中赞美。此外，孔子亦曾言："大哉尧之为君也！巍巍乎！唯天为大，唯尧则之。"（《泰伯》）在此，孔子通过赞叹天之高大以及尧则天之举间接表达了其敬天、顺天、法天的思想。其所以如此，恐怕在于"天何言哉？四时兴焉，百物生焉"的造化之功。《礼记·表记》中孔子讲君子"不自尚其事，不自尊其身……得之自是，不得自是，以听天命"。所谓"以听天命"者即指一任天命之安排，敬畏之义尽显矣。《礼记·中庸》中，孔子说："鬼神之为德，其盛矣乎！视之而弗见，听之而弗闻，体物而不可遗。使天下之人，齐明盛服，以承祭祀，洋洋乎如在其上，如在其左右。《诗》云：'神之格思，不可度思，矧可射思。'夫微之显。诚之不可掩如此夫。"在此，同样具有外在超越性的通于天命的鬼神表现得无所不在，人们对其充满了敬畏，丝毫不敢怠慢。《周易·观卦》的《象传》云："观天之神道，而四时不忒。圣人以神道设教，而天下服矣。"孔颖达《疏》云："'神道'者，微妙无方，理不可知，目不可见，不知所以然而然，谓之'神道'，而四时之节气见矣。岂见天之所为，不知从何而来邪？盖四时流行，不有差忒，故云'观天之神道，而四时不忒'也。'圣人以神道设教，而天下服矣'者，此明圣人用此天之神道，以'观'设教而天下服矣。天既不言而行，不为而成，圣人法则天之神道，本身自行善，垂化于人，不假言语教戒，不须威刑恐逼，在下自然观化服从，故云'天下服矣'。"（《十三经注疏·周易正义》）这里圣人之教的根据即在于"天之神道"，此亦是天命所在。它同样体现了古人"以人顺天"的应变意识。

3. 就思考基点而言，中西文化传统存在整体与个体的差异。中国文化传统关于人的生存，具有一以贯之的整体建构理念。因为坚守生存的整体性，所以人的具体生存总是要放在生存的整体性上来考量。就此而言，中国古代文化有着丰富的命题：

首先，就个人而言，中国文化传统强调文质合一，即强调人的自然品性与文化教养相统一。儒家代表人物孔子在论及人格养成时，曾讲过这样一段话："质胜文则野，文胜质则史。文质彬彬，然后君子。"（《论语·雍也》）这里的"质"即指自然品性，"文"则指文化教养，"文质彬彬"就是讲人格养成需要注意真实质朴的自然品性与后天文化教养相统一。儒家的《论语》一书其实很看重人的"质"与"直"的自然品性。在《论语》中，有两处文、质对举的情况。

一处如上所言，另一处则为："棘子成曰：君子质而已矣，何以文为？子贡曰：惜乎！夫子之说君子也，驷不及舌。文犹质也，质犹文也。虎豹之鞟犹犬羊之鞟。"（《论语·颜渊》）在此，"质"指向的是一种人自然、真实的存在，与"文"相应，是"文"的基础。"质"的直接表达引出"直"。《论语》中多处讲到"直"，其基本内涵可从孔子讲"父为子隐，子为父隐，直在其中矣"中体会。这里的"直"首先建基于人之真实存在，其次则是得性情之正，再次则是正面直显，正所谓"中心辩然而正行之，直也"①。《论语》中讲"直"往往是"直""枉"对举，如"举直错诸枉，能使枉者直"（《论语·颜渊》）等，其意是说明在人真实存在的前提下正面直露，反对邪道矫饰。钱穆先生云："直者诚也。内不以自欺，外不以欺人，心有所好恶而如实以出之者也。"②又云："孔子所谓直者，谓其有真心真意，而不以欺诈邪曲待人也。"③这体现了古人对于人的"质""直"之品性的肯定。同样，古人对于人"文"的一面的发展也很重视，并突出体现在对待六经、六艺之教的态度上。对此，孔子有言曰："兴于诗，立于礼，成于乐。"（《论语·泰伯》）又言："诗，可以兴，可以观，可以群，可以怨。迩之事父，远之事君。多识于鸟兽草木之名。"（《论语·阳货》）又云："行夏之时，乘殷之辂，服周之冕，乐则韶舞。放郑声，远佞人。"（《论语·卫灵公》）《礼记·曾子问》则载有夫子"君子礼以饰情，三年之丧而吊哭，不亦虚乎？"之语。《礼记·乐记》则云："是故先王本之情性，稽之度数，制之礼义。"在此，"度数""礼义"的确立皆建基于情性之质实上。至于荀子，则有"体恭敬而心忠信，术礼义而情爱人"（《荀子·修身》）之言。总之，古人论个体发展乃凸显文质一体的整体性。《诗经·关雎》有云："关关雎鸠，在河之洲。窈窕淑女，君子好逑……窈窕淑

---

① 《郭店楚墓竹简》，文物出版社1998年版，第150页。
② 钱穆：《四书释义》，《钱宾四先生文集》（卷2），联经出版事业集团公司1996年版，第187页。
③ 同上书，第92页。

女，寤寐求之。求之不得，寤寐思服。优哉游哉，辗转反侧。参差荇菜，左右采之。窈窕淑女，琴瑟友之。参差荇菜，左右芼之。窈窕淑女，钟鼓乐之。"对此，孔子评论道："《关雎》，乐而不淫，哀而不伤。"（《论语·八佾》）这可谓是"文质彬彬"的生动写照。

其次，就个人与家国关系而言，中国文化传统在内圣外王的思想框架下凸显个人与家国的一体性。孔子曾言："在邦无怨，在家无怨"，又言："夫达也者，质直而好义，察言而观色，虑以下人。在邦必达，在家必达。"（《论语·颜渊》）《礼记·大学》对此又有了进一步具体而系统的描述："古之欲明明德于天下者，先治其国；欲治其国者，先齐其家；欲齐其家者，先修其身；欲修其身者，先正其心；欲正其心者，先诚其意；欲诚其意者，先致其知；致知在格物。物格而后知至，知至而后意诚，意诚而后心正，心正而后身修，身修而后家齐，家齐而后国治，国治而后天下平。自天子以至于庶人，壹是皆以修身为本。其本乱而末治者否矣。其所厚者薄，而其所薄者厚，未之有也！此谓知本，此谓知之至也。"这些内容充分体现了中国文化传统中个人与家国一体的整体性建构理念。曾有人开玩笑说如果写一篇关于大象的文章，那么法国人的主题将会是"大象的爱情"，德国人的主题将会是"大象的逻辑"，俄罗斯人的主题会是"俄罗斯的大象是世界上最伟大的大象"，而中国人的主题将会是"大象的家庭道德生活"。可见，在国人的意识里，个人的家庭生活是多么重要！同样，中国人的乡土观念也是极重的。《史记·项羽本纪》记载："人或说项王曰：'关中阻山河四塞，地肥饶，可都以霸。'项王见秦宫皆以烧残破，又心怀思欲东归，曰：'富贵不归故乡，如衣绣夜行，谁知之者！'"这里的"衣绣夜行"是一个著名的典故，人多用其"不能得志于人前"之意。然考其出处，亦可见其浓重的乡土意识，它同样激起人们的深刻共鸣。同样，我们在个人与社会、国家的关系上也具有整体性意识。《论语》之"四海之内皆兄弟也"以及古人名言"天下兴亡，匹夫有责"都表达了类似的思想，即将个人与社会、国家联系为一体。《礼记·礼运》有这样一段话，可资借鉴：

> 大道之行也，天下为公，选贤与能，讲信修睦。故人不独亲其亲，不独子其子，使老有所终，壮有所用，幼有所长，矜寡孤独废疾者，皆有所养。男有分，女有归。货恶其弃于地也，不必藏于己；力恶其不出于身也，不必为己。是故谋闭而不兴，盗窃乱贼而不作，故外户而不闭，是谓大同。

上面这段话所讲的就是儒家理想的大同世界，它所要达到的人生情怀就是《孟子·梁惠王上》所说的"老吾老以及人之老，幼吾幼以及人之幼"。外王的关键就在于人要树立一种天下为公而不自私的道德意识。

再次，就人与宇宙万物的关系而言，中国文化传统强调天人合一，这是强调人与自然的和谐共处。宋代张载说"民吾同胞，物吾与焉"。他的意思是说我与天下万民为同胞，我与宇宙万物相共成。在此，人的存在不再是为了个人的私利，而是体现为与天地万物的和合共生，这是一种生命自由、价值独立的无对待的状态。这无疑是一种极高明的生命境界。《庄子·齐物论》上讲庄周梦为蝴蝶，结论是他说"不知周之梦为蝴蝶与，蝴蝶之梦为周与？周与蝴蝶，则必有分矣。此之谓物化"。庄子这里讲的物化实际上体现了人对自己有限的生命存在的超越，人只有超越了人我、物我的自私界限，生命才能在与外物的交接中最终获得觉解、自由，而这种觉解、自由最终也自然体现在人与万物和合无间、不分彼我的浑然一体的价值关系中。只有如此，人才能体会到根本的、无牵挂的、终极的幸福。所以大程子在《识仁篇》中说："学者须先识仁，仁者浑然与物同体。"真正的爱、真正的道德，就是将自我的生命与万物无间共存，全体融于宇宙生生不息之流中去，同于天下。反之，就是一种存在的悲剧，正如《庄子·应帝王》中所言："南海之帝为倏，北海之帝为忽，中央之帝为浑沌。倏与忽时相与遇于浑沌之地，浑沌待之甚善。倏与忽谋报浑沌之德，曰：'人皆有七窍，以视听食息，此独无有，尝试凿之。'日凿一窍，七日而浑沌死。"

以上三个层面的整体统一充分展示了中国文化传统一以贯之的整体性理念。这与西方文化传统具有明显的不同。西方文化传统坚守独立个体。这种坚守使个体与个体之外的关系成为一种对待关系。这种坚守独立个体的对待关系在人与人的社会关系中体现为以个人为中心、为基本点的自由独立、民主平等以及法制管理等一系列具有对待性的观念。此外，这种对待关系在人与自然的关系中又彰显为人寻求纯粹客观知识，并以此为工具来服务于人类的切身利益，由此体现了人对自然的征服、掌控。比较西方文化传统力挺个体的观点，中国文化传统更强调整体的价值。这一点在对"西方校园枪击案"的认识上，表现尤为明显。依照中国文化传统，人们自然会倾向于谴责破坏整体和谐的杀人者。但在西方世界，人们则不仅哀悼无辜死难者，也同情那个杀人者，因为那是一个迷失了的个体生命。

4. 就揭示存在本原的路径而言，中西文化传统存在直觉体验与知性分析的差异。基于立人的立场、生成的理解方式以及整体性的思考基点，中国文化传统对于存在本原的揭示主要是通过直觉体验而不是对象性的知性分析来完成。如《道德经》第十四章云："视之不见，名曰夷；听之不闻，名曰希；搏之不得，名曰微。此三者不可致诘，故混而为一。其上不皦，其下不昧。绳绳兮不可名，复归于无物。是谓无状之状，无物之象，是谓惚恍。迎之不见其首，随之不见其后。"这表明，揭示作为存在本原的道，既要超越人的经验认识层面，又要超越名言概念层面，故《道德经》第一章云："道可道，非常道。名可名，非常名。"但是第二十一章又云："道之为物，惟恍惟惚。惚兮恍兮，其中有象；恍兮惚兮，其中有物。窈兮冥兮，其中有精；其精甚真，其中有信。自古及今，其名不去，以阅众甫。吾何以知众甫之状哉？以此。"这里"惟恍惟惚"的为物之道又当如何把握呢？对此，《庄子》有言曰："臣之所好者道也，进乎技矣……以神遇，不以目视"（《庄子·养生主》），《文子·道德篇》则云："上学以神听之，中学以心听之，下学以耳听之。"所谓"以神遇""以神听之"，就是指人的直觉之功，对儒学来说，则是以无言之教而得乎时中的所谓"孔门传授心法"。中国文化传统以为，只有如此，才能对存在本原意义上的道形成整体性的了解，并借助这种了解获得一种得道的生活，正如《庄子·达生》所言："孔子观于吕梁，县水三十仞，流沫四十里，鼋鼍鱼鳖之所不能游也。见一丈夫游之，以为有苦而欲死也。使弟子并流而拯之。数百步而出，被发行歌而游于塘下。孔子从而问焉，曰：'吾以子为鬼，察子则人也。请问：蹈水有道乎？'曰：'亡，吾无道。吾始乎故，长乎性，成乎命。与齐俱入，与汩偕出，从水之道而不为私焉。此吾所以蹈之也。'"在传统儒学中，这种直觉之功大体可由虚、实两种方式来表达。

所谓虚（消极）的方式是对传统名言形式的超越，是"前概念的，前逻辑的和前反思的"①。这种"前于"性的揭示方式即可谓虚（消极）的方式。它并不拒绝思想，只是强调思想要回归存在本原。在表达这种回归之意的时候，它体现了对传统名言形式的超越。这在传统儒学中主要表现为文化解蔽。《论语·阳货》载："子曰：'予欲无言。'子贡曰：'子如不言，则小子何述焉？'子曰：'天何言哉？四时行焉，百物生焉，天何言哉？'"孔子的"无言"之教即为一种文化解蔽，它内涵三重义理：首先是显存在之实。对此，杨树达在《论语疏证》中分引两条以证之。一为《礼记·哀公问》，其载"公曰：'敢问君子何贵乎天道也？'孔子对曰：'贵其不已。如日月东西相从而不已也，是天道也；不闭其久，是天道也；无为而物成，是天道也；已成而明，是天道也。'"；一为《荀子·天论》，其云"万物各得其和以生，各得其养以成，不见其事而见其功，夫是之谓神。皆知其所以成，莫知其无形，夫是之谓天"。② 此皆言天道自然恒在、不假造作，万物因之而自得其成，此可谓是存在意义上的明本显真；

---

① 参见吴晓明《当代哲学的生存论路向》，《哲学研究》2001年第12期。
② 杨树达：《论语疏证》，上海古籍出版社1986年版，第464页。

其次是解人文造作之蔽。皇侃《论语义疏》引王弼语云："子欲无言，盖欲明本，举本统末，而示物于极者也。夫立言垂教，将以通性，而弊至于湮。寄旨传辞，将以正邪，而势至于繁。既求道中，不可胜御。是以修本废言，则天而行化，以淳而观，则天地之心见于不言，寒暑代序，则不言之令行乎四时，天岂谆谆者哉？"① 这里主要讲人文造作之盛对天道生物之实的遮蔽，故倡导"修本废言，则天而行化，以淳而观"。宋儒陆子静有言："今之论学者只务添人底，自家只是减他底。"② 其添、减之意亦属此类义理之发明；再次是明知止之道。儒学论人，力主文质合一。质者，素朴自然；文者，人文化成。文质合一的内涵是称情立文，以文尽情，以致情文俱尽。其外在表现是合于礼，其人格成就乃有德君子。故而儒学在根底处不仅不反对人文创制，更以之为成人的必要。但是儒学同样意识到人文创制在发展中具有自身独立化倾向，故以为这种人文创制需要"知止"。《乾·文言》云："修辞立其诚，所以居业也。"此明言人文修辞之要在于立诚。所谓立诚者，即在于得乎自然情质之本真。在此前提下，儒学反对一切无实、不实之文。所谓无实之文乃指脱离自然情质的人文创制，《礼记·曾子问》云"君子礼以饰情"，无情之礼即为无实之文；所谓不实之文乃指扭曲自然情质的人文创制，如《孟子·公孙丑上》云："诐辞知其所蔽，淫辞知其所陷，邪辞知其所离，遁辞知其所穷。生于其心，害于其政；发于其政，害于其事。"综合以上两方面认识，可见儒学的文化解蔽并非是彻底地"废言"，而是要去无实、不实的人文创制，实现文质、名实的统一。故而《易·系辞上》一面讲"书不尽言，言不尽意"，一面又言"圣人立象以尽意，设卦以尽情伪"。也正是在这个意义上，陆子静论孔子不言之教，以为"如曰'予欲无言'，即是言了"③。以上即是孔子"无言"之教的三

---

① （清）程树德：《论语集释》，中华书局1990年版，第1227页。
② （宋）陆象山：《象山语录》，上海古籍出版社2000年版，第25页。
③ 同上书，第21页。

重义理，它深刻展示了传统儒学文化解蔽的内涵，直指存在自然而整体的本原性实现，其以"无言"之教发明存在本原之义的方式亦可谓之虚的方式。

所谓实（积极）的方式是指以人生存的切己性和整全性为基础和起点，来凸显存在本原的形上义。它在传统儒学中可以视为对人情的自得与自洽。李泽厚先生曾认为中国传统儒家文化乃为一"乐感文化"，其着重点是情感，而非理智，即孔子之儒家"实际是以'情'作为人性和人生的基础、实体和本源"，再进而言之，李先生以为"'情本体'才是儒学的要点所在"①。儒学是否是情本体，这一点可以另作讨论，但"情"的确是儒学领会人生与实现人生的关键。宋儒欧阳修在《定风雅颂解》中曾言："《诗》出于民之情性，情性岂能无哉?"② 对儒学而言，人的存在首先便是一种切己的情感存在。所谓"切己"者，乃指"情"之真实呈显。如孔、孟言人，便极重真情之显。孔子言："巧言、令色、足恭，左丘明耻之，丘亦耻之。匿怨而友其人，左丘明耻之，丘亦耻之"（《论语·公冶长》），孟子则言："乃若其情，乃可以为善矣"（《孟子·告子上》）。此外，郭店简《性自命出》言："信，情之方也。"又说："凡人情为可悦也""苟以其情，虽过不恶。不以其情，虽难不贵。苟有其情，虽未之为，斯人信之矣。"《礼记·乐记》云："君子反情以和其志……情深而文明……情见而义立。"以上皆是就人的切己之情以言人之实存。换言之，在儒学的视域下，人的存在感首先是建基于切己的人情流行上。其次，在儒学中，人的存在亦是一种整全的情感存在。所谓"整全"者，是指在人之实存性与超越性相统一的前提下，"情"之流行显现的时空统一性。司马迁论其著史之要，归之曰："欲以究天人之际，通古今之变，成一家之言。"（《汉书·司马迁传》）"天人之际"表明空间性，"古今之变"体现时间性，"一家之言"则是在前二者统

---

① 参见李泽厚《论语今读》，生活·读书·新知三联书店 2004 年版，第 18、79 页。
② 转引自（清）方玉润《诗经原始》，中华书局 1986 年版，第 46 页。

一基础上的独立文化诠释。此虽为传统史家著史之道，却也是儒学理解人生的范式。所谓"整全的情感存在"，亦是在人之实存性与超越性相统一的前提下据此而言。具体说来，"情"之空间性流行显现乃是指情的现世感应，即"情"于自我、家庭、社会及自然宇宙中自洽充盈。具体而言，于自我有喜、怒、哀、乐之情，于家庭有亲亲、慈爱之情，于社会有诚敬、尊尊之情，于自然宇宙有恻隐、怜惜之情。总归其要，其共显为好恶之情，达之以次第生生之意。孟子曾言："君子之于物也，爱之而弗仁；于民也，仁之而弗亲。亲亲而仁民，仁民而爱物。"（《孟子·尽心上》）亲亲、仁民、爱物即是"情"之空间性差序流行显现；至于"情"之时间性流行显现乃指"情"的随时而应，即"情"于历史流变、人生转换中的相应呈现。孟子曾云："文王一怒而安天下之民……武王亦一怒而安天下之民……今王亦一怒而安天下之民"（《孟子·梁惠王下》），又云："人少，则慕父母；知好色，则慕少艾；有妻子，则慕妻子；仕则慕君，不得于君则热中。大孝终身慕父母。五十而慕者，予于大舜见之矣。"（《孟子·万章上》）以上孟子之言皆体现了人情随时而应的时间性。此外，《礼记·檀弓上》有言："君子有终身之忧，而无一朝之患。故忌日不乐""邻有丧，舂不相；里有殡，不巷歌"，这同样体现了人情流行的时间性。在此基础上，《礼记·中庸》乃进一步有了"君子而时中"的讲法。在人之实存性与超越性相统一的前提下，情之空间性与时间性的统一构成了一个"整全的情感存在"。儒学也正是以对人情之切己性与整全性的直觉来揭示存在本原的，这种方式即是一种"实"的方式。而这种直觉则落实在人心的当下感悟上。儒学言心从功能上讲有两个基本意思，即明觉与主宰。明觉属心之官。孟子言："心之官则思，思则得之，不思则不得也。"（《孟子·告子上》）这个"思"即心之明觉。然心之所思者何也？孟子言："口之于味也，有同耆焉；耳之于声也，有同听焉；目之于色也，有同美焉。至于心，独无所同然乎？心之所同然者何也？谓理也，义也。圣人先得我心之所同然耳。故理义之悦我心，犹刍豢之悦我口"（《孟子·告子上》)，又言："仁，人心也"（《孟子·告子上》），可见心之所思着落在理义、仁上。理义、仁乃是建基于人情基础上的情理。朱熹《四书集注章句》引程子语云："在物为理，处物为义。"人作为一现实的情感存在，理义即人的情理所在。《朱子语类》卷六又云："仁离爱不得"，这个"爱"即指人情，这体现了仁的情感基础。不过仁作为儒学的道德理念更是人的情理所在。在此基础上，"心悦理义"的心思活动便是一彰显情理的情感活动，此即心之明觉义，孟子以此为人之本心；心之主宰义是对心之明觉倾心相向的情感活动。《论语·阳货》记载孔子与宰我论三年之丧，子曰："食夫稻，衣夫锦，于女安乎？"又曰："女安则为之！夫君子之居丧，食旨不甘，闻乐不乐，居处不安，故不为也。今女安，则为之！""安"即心安，显为一种情态。孔子言其安与不安乃落实在一念之仁上，是为情理也，亦心之明觉所在。心安即是对心之明觉的体贴、肯认之情，它体现了心的主宰义。对此孟子亦有言曰："行有不慊于心，则馁矣"（《孟子·公孙丑上》），又言："心之官则思，思则得之，不思则不得也。此天之所与我者，先立乎其大者，则其小者弗能夺也。此为大人而已矣。"（《孟子·告子上》）所谓"不慊于心""先立乎其大者"皆是在心之明觉的基础上言心之主宰义，其本身亦是一种情感活动。情理归心乃心之明觉与主宰义相统一的情感活动，其最终所达成的情志生活在于自得。孟子言："君子深造之以道，欲其自得之也。自得之，则居之安；居之安，则资之深；资之深，则取之左右逢其原，故君子欲其自得之也。"（《孟子·离娄下》）在此，自得既体现了人生应然与实然的统一，又基于这种统一引导人们走上即有限以显其无限的自由之路。

无言之教是在文质合一的前提下来反思文化异化发展，并借助文化解蔽来揭示存在本原；对人情的自得与自洽作为"实"的领会，其要是在人之实存性与超越性相统一的前提下，在人存在的切己性与整全性相统一的直觉基础上来彰显其生活价值指向。二者之统合恰从正反两向相辅相成地形成了对存在本原的一体两面的深入把握。

比较而言，西方文化传统对于存在本原的揭示则更注重在对象化的对待关系下依托名言概念、逻辑推理，对其进行知性分析，以形成相关的具有普适性的知识。所以它的知识论体系十分发达，逻辑学、方法论的发展连续不断，语言学研究也越发细致。两相比较，可见，中国文化传统侧重依靠直觉，强调具体生存体验与在场的情境中的神思默运，追求一种不借阶级的整体性的洞见。但由于它缺乏行迹把执而不易捕捉，又难以获得经验层面上的普遍意义的实证，故容易引发异议；而西方文化传统则注重知性分析与逻辑推理，寻求建立普适的知识体系。但由于其对象化的思维方式以及对知识形式的依赖，也容易导致存在的抽象观念化而失去对存在本原的真实体验。

5. 就生存原则而言，中西文化传统存在通与别的差异。在中国文化传统中，"通"的生存原则可逐次体现在同源、通情、生生等三个思想层面上。

首先，在中国文化传统中，关于生存向来存在一个同源的理念。这个理念即体现了"通"的生存原则。关于同源的理念，我们可以直接追溯到历史悠久的阴阳五行以及气论思想，即认为天地万物皆因阴阳、五行、气化而生成，由此形成天地万物同源相通的理念。如《尚书》洪范九畴即详论五行之道。《国语·周语》中的伯阳父则以阴阳气动论地震之源，所谓："夫天地之气，不失其序；若过其序，民乱之也。阳伏而不能出，阴迫而不能烝，于是有地震。"《易传·系辞上》云："一阴一阳之谓道，继之者善也，成之者性也。"《礼记·礼运》则云："故人者，其天地之德，阴阳之交，鬼神之会，五行之秀气也""以天地为本，故物可举也；以阴阳为端，故情可睹也"。这都是以阴阳之动论人物化生之道。两汉时期，此论更为盛行。如董仲舒的《春秋繁露·五行之义》云："天有五行：一曰木，二曰火，三曰土，四曰金，五曰水。"《春秋繁露·阴阳义》又云："天地之常，一阴一阳。阳者天之德也，阴者天之刑也。迹阴阳终岁之行，以观天之所亲而任。"《春秋繁露·五行相生》通贯而言之，曰："天地之气，合而为一，分为阴阳，判为四时，列为五行。"到了宋明时期，这一思路得到了极大发展，周敦颐的《太极图说》就是一个代表性的例证，正所谓："阳变阴合，而生水火木金土。五气顺布，四时行焉。五行一阴阳也，阴阳一太极也，太极本无极也。五行之生也，各一其性。无极之真，二五之精，妙合而凝。乾道成男，坤道成女。二气交感，化生万物。万物生生，而变化无穷焉。惟人也得其秀而最灵。"在此，阴阳五行气化生成之则为道，因循此道而生天地万物，天地万物顺道而成，故从天地万物化生本源而言，又有"道通为一"之意。当然，后来宋儒又以"理一分殊"对之作了更为深刻的阐释。总之，在这其间，"通"的生存原则可谓无处不显，贯穿始终。

其次，在自然同源的认识基础上，中国文化传统关于生存还存在一个通情的理念，它同样体现了"通"的生存原则。传统儒学言"情"有两个基本含义：

一指实情，如孔子云"上好信，则民莫敢不用情"（《论语·子路》），又如孟子言"夫物之不齐，物之情也"（《孟子·滕文公上》）。这两处的"情"字皆释为"实情"，它包含经验事实与本质实现双重寓意，而后者是在前者基础上关于"实情"的本质诠释。从经验事实上言，所谓"实情"就是存在即时显现出来的未经矫饰、真实无妄的样子；从本质实现上讲，"实情"强调一切存在只能是其所是，而不能是其所非是。存在的"真实"最终要落实到存在的本质实现上。《孟子·告子上》有云："《诗》曰：'天生蒸民，有物有则。民之秉彝，好是懿德。'孔子曰：'为此诗者，其知道乎！故有物必有则，民之秉彝也，故好是懿德。'"朱熹的《孟子集注》释云："有物必有法……是民所秉执之常性也"①，又言："天下无无性之物。盖有此物，则有此性，无此物，则无此性。"② 本质实现意义上的"实情"即是此物则、常性的证成。对存在自身而言，本质实现意义上的"实情"在价

---

① （宋）朱熹：《四书章句集注》，中华书局1983年版，第329页。
② （宋）黎靖德：《朱子语类》卷4，中华书局1986年版，第56页。

值判断上即是肯定意义上的善，《礼记·中庸》上讲的"诚者，天之道也"即暗含了这一寓意。故而本质实现意义上的"实情"即是存在完成自身的指向与归宿。当然，在实现此天道之"诚"的方式上，人与其他自然物有所不同。其他自然物天然地实现其物则、常性，从而显现其自然实情。人虽然也追求实现其天赋的常性，但他却是在不断反思的文化解蔽过程中来完成这一本质实现的使命的，故有"诚之者，人之道也"（《礼记·中庸》）一说。不过，仅从人与万物同需实现天道之诚这个终极维度上讲，儒学的"实情"观亦可谓是一种通情的理念，它无疑彰显了儒道之"通"的文化精神。

二指人情，此是人自身的实情所在。《礼记·曾子问》中有"君子礼以饰情，三年之丧而吊哭，不亦虚乎？"之语，《荀子·修身》则有"体恭敬而心忠信，术礼义而情爱人"之言，这两处的"情"字皆可释为"人情"。对于人情的内涵，儒学有"四情""六情""七情"等不同说法，然诚如《左传·昭公二十五年》所言，总归其要，不外乎好恶之列。对于人情，儒学存有两点认识：一为讲究人情之真。如《礼记·表记》言："情欲信，辞欲巧。"《论语·子路》则言："父为子隐，子为父隐，直在其中矣。"钱穆先生释云："直者诚也。内不以自欺，外不以欺人，心有所好恶而如实以出之者也。"[1]又云："孔子所谓直者，谓其有真心真意，而不以欺诈邪曲待人也。"[2] 由此我们可以看到，儒学很重视人情之真；二是归本情理。《论语·里仁》云："唯仁者能好人，能恶人"，对此朱熹《论语集注》释云："好善而恶恶，天下之同情。然人每失其正者，心有所系而不能自克也。唯仁者无私心，所以能好恶也。"这是依仁者之德讲好恶之情理，同时也反映了儒学对情理的基本认识。人情的实现原则即在于情理的合义显现，故郭店简《性自命出》云："始者近情，终

---

[1] 钱穆：《四书释义》，《钱宾四先生文集》（卷2），联经出版事业集团公司1996年版，第87页。

[2] 同上书，第92页。

者近义。知情者能出之，知义者能入之。"《孔丛子》则云："辞不越情，情不越义。"情理合义当具有两重指向：一为得好恶之正，正所谓"可欲之谓善"（《孟子·尽心下》）。卫湜《礼记集说》引马氏语曰："好恶正则天下之是非瞭然而不惑矣"[①]；二为得好恶之宜，如孔子言："君子之于天下也，无适也，无莫也，义之与比"（《论语·里仁》），《论语集释》引毛奇龄《论语稽求篇》曰："适、莫与比皆指用情言。适者，厚也、亲也；莫者，薄也、漠然也；比者，密也、和也。当情为和，过情为密。"[②] 这是讲人情之发要随机适度，得乎时中。以上二者合而观之，方为儒学关于人情之情理合义的实现原则。《礼记·曲礼》云："贤者狎而敬之，畏而爱之。爱而知其恶，憎而知其善。"此即儒学人情实现原则的具体显现。《礼记·中庸》云："喜怒哀乐之未发，谓之中；发而皆中节，谓之和；中也者，天下之大本也；和也者，天下之达道也。"这里针对喜怒哀乐之存在而言的中和之情更是关于此一原则的精当表述。儒学在真情基础上归本情理、得乎好恶之正的人情理解即是人自身的实情内涵，它同样体现了"通情"的理念，凸显了儒道之"通"的生存原则。

再次，在以上同源与通情的基础上，中国文化传统又表达了一种"生生"的理念，从而在更高的层面上呈现了"通"的生存原则。关于"生生"，《易传·系辞》有言"天地之大德曰生"，又言"生生之谓易"。所谓"显诸仁，藏诸用"即是对生生之功的点化。至于"生生"一语，在中国文化传统中则包含空间意义上的共生与时间意义上的生死相续二义。所谓"共生"乃是说循道而生、万物并育之意。不过要注意，这里的"并育"绝非"同一形式的存在"，它强调"和而不同"，主张"万物并育而不相害，道并行而不相悖"，故所谓"共生"者乃是基于个体实现上的系统性的共在，或曰道体于具体流

---

① （宋）卫湜：《礼记集说》，《四库全书荟要》（第53册），世界书局1988年版，第27页。

② （清）程树德：《论语集释》，中华书局1990年版，第248页。

行上的通体显现，它所彰显的乃是系统性的生存样态。事实上，中国古代文化很早就孕育了阴阳和合、五行生物的和谐理论，由此引申出中国文化传统中"和而不同"之"通"的生存原则。如《国语·郑语》记述了史伯关于和同的论述，即："夫和实生物，同则不继。以他平他谓之和，故能丰长而物归之；若以同裨同，尽乃弃矣。故先王以土与金木水火杂，以成百物。是以和五味以调口，更四支以卫体，和六律以聪耳，正七体以役心，平八索以成人，建九纪以立纯德，合十数以训百体。出千品，具万方，计亿事，材兆物，收经入，行姟极。"而《礼记·郊特牲》则云："阴阳和而万物得。"可见阴阳、五行虽不同，然和而万物生。相反，完全相同的东西则只能是同质堆积而无所新生。可见和合中包含了不同事物的差异，只有差异而有序的存在，才能生物，才能发展。孔子更是将此一生存理解上升到君子之德的高度来看待，故谓之："君子和而不同，小人同而不和。"（《论语·子路》）；所谓"生死相续"乃是生而不长、死而不亡之意，用宋代学者张载的话说就是："《易》谓'原始反终，故知死生之说'者，谓原始而知生，则求其终而知死必矣。"（《正蒙·乾称》）正是在"生生"这一理念下，中国文化传统之"通"的生存原则乃最终得以贞定。由此出发，生命便被视为一种在空间与时间意义上生生不已的具有通性的存在，这亦是古人要"究天人之际，通古今之变"的思想基础。中国文化传统在把握与实践这一生存原则的方式上，同样体现了"通"的意识。《礼记·中庸》有言："诚者，天之道也；诚之者，人之道也。"这里讲明"立诚"乃人之道。如何立诚呢？其又言："自诚明，谓之性；自明诚，谓之教。诚则明矣，明则诚矣。"这里面的"自诚明"，在于发乎天性，故可称为感通；而后面的"自明诚"基于明理，故可称为智通。两者皆是人体达生生之道的方式。在此基础上的生命实践则表现为"唯天下至诚，为能尽其性；能尽其性，则能尽人之性；能尽人之性，则能尽物之性；能尽物之性，则可以赞天地之化育；可以赞天地之化育，则可以与天地参矣。"（《礼记·中庸》）也就是说，人把握乃至实践生生之道，乃是一个"诚者非自成己而已也，所以成物也。成己，仁也；成物，知也。性之德也，合外内之道也，故时措之宜也"的不断打通、张开自我的经历。在此基础上，张载讲"天地之塞，吾其体；天地之帅，吾其性。民吾同胞，物吾与也"。它凸显了内外、人我、物我的一体相通之意。大程子则将此意进一步融会在自己的万物一体、知觉相通、生生不息的"识仁"思想中，并由此出发，将自己的人生落实在"仁者浑然与物同体"之人格修养与"视民如伤"之执政理念的实践上。

　　对儒家而言，这种对"生生"之道的把握与践行方式的具体展开则是基于"己欲立而立人，己欲达而达人""己所不欲，勿施于人"之忠恕原则，本乎儒学情理实践来实现的，并最终成就了一种通情达理、硕学通儒的仁者境界。对此，阳明的说法可谓极洽。王阳明《大学问》云："大人者，以天地万物为一体者也。其视天下犹一家，中国犹一人焉。若夫间形骸而分尔我者，小人矣。大人之能以天地万物为一体也，非意之也，其心之仁本若是，其与天地万物而为一也……是故见孺子之入井，而必有怵惕恻隐之心焉，是其仁之与孺子而为一体也；孺子犹同类者也，见鸟兽之哀鸣觳觫，而必有不忍之心焉，是其仁之与鸟兽而为一体也；鸟兽犹有知觉者也，见草木之摧折而必有悯恤之心焉，是其仁之与草木而为一体也；草木犹有生意者也，见瓦石之毁坏而必有顾惜之心焉，是其仁之与瓦石而为一体也；是其一体之仁也，虽小人之心亦必有之。"需要指出的是，阳明的"大人"之体，乃是在个体本质实现基础上彰显出来的超越的共通性诉求，亦是一种以德性统摄知性以至"旁通厥德"的生存智慧、生命境界。与此同时，这种生存智慧与生命境界又以它的历史性存在来统摄着当下的存在，为生存的连续性发展和即时自省提供了根据，诚如欧阳修所云："君子之于学也务为道，为道必求知古，知古明道，而后履之以身，施之于事，而又见于文章而发之，以信后世。"①

---

　　① （宋）欧阳修：《与张秀才棐第二书》，《欧阳修全集》，中华书局2003年版，第977页。

以上所论，即是中国文化传统之"通"的生存原则在同源、通情、生生等三个思想层面上的体现。这一"通"的生存原则曾经在中国传统文化的历史发展过程中得到多向而深刻的体现，并为其求变创新以致历久弥新起到了关键性的精神指引作用。在同源、通情、生生等思想层面上彰显出来的中国文化传统之"通"的生存原则之所以能够发挥如此作用，就在于其独特的文化意义，即：一方面它使后天的文明创制不断回归生命世界的自然之朴，以实现生存的文质合一；另一方面它又以"反本修古，不忘其初"的历史性追溯，来实现生存的历史与现实的统一。由此出发，中国文化传统的文明建构便具有了通乎天道之诚的本质实现义与通乎本始的历史连续义，后者可谓是以前者为基础的历史实践。正是基于这种文化意蕴，中国文化传统方才在承继历史文化的过程中基于生命的本质实现而不断解蔽旧体，并依乎义起创新，以实现文化新命，且在不同的历史时期，针对不同的时代问题，结合不同的学术资源，形成了玄学、理学，实学等各种新的思想。

在当前中国优秀传统文化建设的过程中，我们尤须把握这一"通"的生存原则，并深入关注以下几方面内容：

首先，依托这一"通"的生存原则，我们可以看到，在中国文化传统中，生命的合理存在形式乃是在个体本质实现基础上的一体共生，人己、物我依乎自然差序而成为一个生生不息的系统性的存在。这种"一体共生"的认识既体现了中国古人的生存智慧，又有着深刻的当下意义。长期以来，小到个人，大到国家、人类，各种自我中心论可谓甚嚣尘上，大行其道。由此衍生的缺乏整体超越性的极端利己主义思想则不断激化出人与人、人与自然等不同领域的生存矛盾，促生了种种生存危机。在此现实困境中，着力反思中国文化传统中"一体共生"这一思想理念，对于寻求个体生命合理存在形式与生态平衡发展，无疑是有启发意义的。

其次，中国文化传统一贯秉持"和而不同"之通的生存原则，故其文化调和力量很强，可以促成冲突各方文化共存并处。历史学家钱穆先生曾指出："西方人好分，是近他的性之所欲。中国人好合，亦是近他的性之所欲。今天我们人的脑子里还是不喜分，喜欢合。大陆喜欢合，台湾亦喜欢合，乃至……全世界的中国人，这都喜欢合。"[①]和而不同之通的生存原则在很大程度上塑造了国人平和、稳定的文化心态。由此出发，作为对生活世界的诠释，不同的文化传统、文化形式皆获得了自身存在的合理性。当然，这种"和而不同"之通的生存原则并不意味不同的文化传统、文化形式在具体生存实体那里是简单的独立、平等关系。事实上，就具体的生存实体而言，"和而不同"之通的生存原则往往体现为不同的文化传统、文化形式基于具体历史情境的冲突与融合而形成一个有层次的系统存在。这一彰显中国文化传统之通的生存原则具有很强的现实意义，因为一段时间以来，当今世界发展体现了很强的趋同意识，并伴随着提出了各种普世观念。与此同时也产生了两种相关的极端认识，即以西方文化观念来代表普世观念以及否定其他文化传统、文化形式的存在合理性，由此形成了以西方文化为中心的文化霸权，并引发了当前世界不同文化传统、文化形式的冲突，乃至导致民族自信、民族精神的部分缺失，这是当下十分值得反思的问题。在此背景下，中国文化传统"和而不同"之通的生存原则便成为我们克服各种"多得一察焉以自好""自是而相非"的文化中心论、寻求当代文化多元共存发展模式的重要理论资源。

再次，中国文化传统之"通"的生存原则不仅指向空间意义上不同存在的多元共存，同时还指向时间意义上存在前后相继的历史连续性发展。从这个意义上讲，传统与现代是不可分的。假如一个只想现在而忘记过去的人，我们谓之是健忘的话，那么一个只强调现代而忽视甚至努力斩断传统的民族则将是没有前途的，这正如孟子所言："原泉混混，不舍昼夜。盈科而后进，放乎四海，有本者如是，是之取尔。苟为无本，七八月之间雨集，沟浍皆盈；其涸也，可立而待

---

① 钱穆：《从中国历史来看中国国民性及中国文化》，香港中文大学出版社1982年版，第27页。

也。故声闻过情，君子耻之。"（《孟子·离娄下》）当然，传统的延续亦必以时代创新为前提，正所谓"变则通，通则久"。只不过这种创新当以优秀民族文化传统为底蕴，以时代精神为契机，合外内之道、故时措之宜以立之。

最后，在中国文化传统中，尤其是在儒学传统中，"通"的生存原则还体现在情、理、礼三者一贯的关系上。比照西学，这一点尤为值得注意。在儒学中，情是人的实存表达，理则是情之条理，表现为得乎好恶之正。情、理二者并非是一种二元对立的关系，而是一种存在基础与存在本质的关系，我们通常讲的通情达理就充分体现了这一点。在儒学中，通情达理的现实表达则体现在礼法的践行上。《礼记·乐记》云："是故先王本之情性，稽之度数，制之礼义。"在此，"度数""礼义"皆建基于情性。换言之，礼法体现的是"理"，此理乃为情理。必依乎情而成其理，悖情而论理，则理往往体现为一个外在的抽象原则。同样，悖情理而论礼法，则礼法往往凸显为外在强制而失去内在人情基础，这样的礼法是值得商榷的。当前中国社会大力倡导法治建设，然在此背景下，尤须深入体察中国文化传统中儒道关于情、理、礼三者一贯的通的文化精神，这对于积极而深入地推动社会和谐、稳定、有序、持久地发展无疑是有益的。

总而言之，中国文化传统的当代诠释是当前中国优秀传统文化建设中的一个重要方面。为了更好地实现这一诠释，就有必要切实把握其"通"的生存原则，并立足于时代问题，深刻省察其现代意义。

比较而言，西方文化传统则不同，西方文化传统以自我个体为中心，强调个人利益神圣不可侵犯。为此，西方人崇尚个体生命的张扬，崇尚个人英雄与冒险精神，以为这是个人生命力的表现，在此基础上，个体与外界是一个对待关系，故别、分是其基本的生存原则。为此他们形成了各种形式的竞争和竞争原则。

6. 就生存的理想境界而言，中西文化传统存在内在超越之致中和与外在超越之敬服上帝的差异。

中国文化传统带给我们的生存理想是一种致中和的内在超越的生

存境界。那么什么是中和呢？对此，传统儒家有自己深刻而易简的表述。

儒家关于"中和"的代表性陈述体现在《礼记·中庸》中，这就是众所周知的那段话："喜、怒、哀、乐之未发，谓之中。发而皆中节，谓之和。中也者，天下之大本也。和也者，天下之达道也。致中和，天地位焉，万物育焉。"这里所谓的"中"，可与"衷"通，指向存在之本然，传统的理解是存在的真实。它代表着存在的合理性。换言之，在中国文化传统中，生存的合理性在存在自身。理想的生存境界就在于保有这一自身本有的合理性。所谓"和"，就是存在恰当地实现自己，拥有这一生存合理性。儒家的"中和"观就是依托情感的适时展开来表达存在的本质实现，它是情感、情理与时中三者的统一，借此展现了一种理想的生活境界，此为内在超越。然而在现实生活中，人的存在本然往往因为自然之情质与人文创制之间的统合矛盾而难以真实实现出来。由此，致中和就成为一个不断建构与解构的内在超越的发展历程和生存理想。在具体实践上，儒家的致中和历程体现为情与礼的互动与统一，诚所谓"发乎情，止乎礼"，用孔子的讲法就是"从心所欲不逾矩"。

传统道家文化则讲守中致和，其意可谓与儒家有别而又相应。今本《道德经》第五章有言："多言数穷，不如守中。""多言数穷"，帛书甲、乙本皆作"多闻数穷"，今从之，意为博闻广识是一切别析、纷争的源头；"不如守中"，意即不如执守内心虚静、无为。可见，《道德经》中的"守中"，乃是不执于意见，致虚极、守静笃之意。《庄子·齐物论》对此意又做了进一步的解读。《齐物论》云："可乎可，不可乎不可。道行之而成，物谓之而然。恶乎然？然于然。恶乎不然？不然于不然。物固有所然，物固有所可。无物不然，无物不可。故为是举莛与楹，厉与西施，恢恑憰怪，道通为一。"劳思光先生以为"'物'成为'如此如此之物'，并非客观存在是如此，实是在认知活动中被心灵认知为如此，故说'物谓之而然'。某物是如此，或不是如此，皆依一定条件而成立。故说'恶乎然？然于然'，即是说：万物何以如此？乃因在如此条件下故成为如此。"① 在这段话里，我们可以看到，劳思光先生突出强调了心灵在认知过程中赋予自在之物的条件决定了物之所谓，绝非物本然如此。由这一认识出发，我们会发现，因为人的心灵认知活动的条件赋予，我们眼中的物与自在之物便不再相符了。唯有不以目视而以神遇，通过心斋集虚而后方能见道体物。但是在这一系列理解过程中，我们可以感受到，事物之存在显现及其称谓与价值评判在人为的条件赋予之上，皆实有其自己相应的内在根据，否则它就只能是一个抽象条件的存在，大道之生生流行亦无从为实。只不过，在证显自在之物的环节上，道家突出了守中集虚的心灵作用，强调"得其环中，以应无穷"。对于在守中集虚的心灵作用下，如何进一步借自在之物的澄明而见道，道家则又提出了"莫若以明""圣人和之以是非，而休乎天钧，是之谓两行"以及"和之以天倪，因之以曼衍"等一系列主张，即不假人为，因循存在自然之分际而言其自是自非，由此脱离虚假、有限的认知，因循自然而成就自在的生活之境。比较而言，儒家这里是自内而外的讲法，道家则是自外而内的讲法。总归其要，二者都体现了中国文化传统立足于人自身的内在超越的生存理想境界。

相对而言，西方文化传统则将人的生存理想境界或曰归宿落实在宗教信仰上即对上帝的敬服。它在其神道观念的基础上，依托上帝、神圣性、神圣事物所构成的至高、至上的人格意志象征系统来完成对人的教化、救赎，由此开启了一种具有终极意义的外在超越的理想生活样式。

7. 就知行关系而言，中西文化传统存在知行一体与分疏的差异。

大体而言，中国文化传统强调"知行一体"。这里的"知"，可有三个基本含义：一指闻见之知，属于感性认知。《庄子·逍遥游》曾言："宋人资章甫而适诸越，越人断发文身，无所用之。"这是讲宋国有个经营衣服和帽子的商人，跑到越国发展，结果发现越国人断

---

① 劳思光：《新编中国哲学史》，广西师范大学出版社 2005 年版，第 203 页。

发文身，于是买卖没做成。这说明闻见之知是行事成败的一个关键条件。二为名言之知，属于理性认知。对此，先秦墨家与名家多有阐释。如墨家就围绕知识的产生对名实关系以及"察类明故"的类推法进行了系统的陈述。三是道德之知，为德性之显。对此，孟子以为："人之所不学而能者，其良能也；所不虑而知者，其良知也。孩提之童，无不知爱其亲者；及其长也，无不知敬其兄也。亲亲，仁也；敬长，义也。无他，达之天下也。"（《孟子·尽心上》）对于这种天赋的"良知""良能"，孟子又以四端开显之："无恻隐之心，非人也；无羞恶之心，非人也；无辞让之心，非人也；无是非之心，非人也。恻隐之心，仁之端也；羞恶之心，义之端也；辞让之心，礼之端也；是非之心，智之端也。人之有是四端也，犹其有四体也。有是四端而自谓不能者，自贼者也；谓其君不能者，贼其君者也。凡有四端于我者，知皆扩而充之矣，若火之始然，泉之始达。苟能充之，足以保四海；苟不充之，不足以事父母。"（《孟子·公孙丑上》）然而对于孟子的良知本心之教，后人往往执着分别心，以致困迷，多有不解。南宋心学代表人物陆九渊在开解本心之学时就曾多次面临弟子的追问。一次，陆九渊过富阳，恰值杨简（字敬仲）主富阳簿。二人展开了一番关于"本心"的问答。杨简多次发问，陆九渊只以孟子的话作答。杨简以为这些话从儿时已晓得，可是本心是什么还是不明白。适值买卖扇子者前来相讼，杨简当下明断其曲直，接着又问"毕竟如何是本心"。陆九渊当机对答，刚才判断扇讼，"是者知其为是，非者知其为非，此即敬仲本心"。杨简听后，忽然大觉，以至后来陆九渊还曾对人说"敬仲可谓一日千里"。这件事表明，陆九渊对于本心的提示具有直接和直观的特点。这个方式，在王阳明那里也得到了体现。公元 1510 年年初，王阳明在贵州的贬谪期满，前往庐陵任知县。在任期间，他以良知教化民众。相传，他曾处理过一桩盗马贼案件。其中一个强盗头目在受审时跟王阳明表白，大意是说："我死罪难逃了，官方的道德说教就更不想听了，要杀要剐痛快些！"于是王阳明接下来也很配合他，就讲：今天我不跟你谈道德廉耻，说天气吧，今天热，把外衣脱了再说案子。强盗头目于是把外衣脱了，阳明继而言之：还是热，把内衣也脱了吧。强盗头目又脱了内衣。阳明接着说：还是热，把裤子也脱了吧。强盗头目依言而行。脱到最后，强盗头目只剩下一条内裤。于是，王阳明又提议现场把内裤也脱掉。结果，强盗头目死活不干了。于是，阳明开始了自己的良知之教，指出强盗头目内心本有羞耻感，此羞耻感即是道德良知之显。强盗头目由此感化而甘心伏法。以上孟子、陆九渊、王阳明所着力提撕、点化的便是道德之知。

如前所言，中国文化传统秉持以德立人的文化立场。在此前提下，闻见之知与名言之知皆为德性之知的辅翼，其作用在于推动德性之知的实践，以成就理想人格，其自身并不具有独立的价值地位。故而孔子有言："君子不器"（《论语·为政》），又云"女为君子儒，无为小人儒"（《论语·雍也》），强调君子以德，不可固执于才艺之能。同样，以德性之知为主、以闻见之知与名言之知为辅的知识活动也绝非一单纯的止于实然的客观对象化的认知了解，而必然是一个实然与应然，事实与价值相统一的知行一体的人格养成历程。只有如此，德性之知方为真知，其实践方为真行。对此，古人多有议论。如宋代学者陆象山就以为求知就要求真知。什么是真知呢？那就是必能落实到行动上，能够立德成人之知方是真知。真知必要践行，真行必要显真知，由此而知行一体。陆象山所以这样讲，就是因为在当时的科举制度下，大批文人把求知问学视为中榜登第、谋取官爵、荣耀门楣、追逐名利的工具、手段，而不是按照圣贤道理的启迪指引来点化人生。如此致学便是为人之学，而非为己之学。知行就此脱节，说一套做一套，学而不得于心、不落于行，便不再是真知真行。按照陆象山的描述，当时的一些文人读书是为了做文章，做文章是为了当官，当官是为了一人一家的荣耀享受。由此出发，科举制度下的知识分子便如同一个盗贼和谎言集团，其学问知识不过是表述私人意见、谋得利益的工具，而不代表自己的行为指向。所以陆象山提出，人们求学致知根本上就是要学会用自己的良心说话。众所周知，宋代重文轻武，政治上对士大夫的束缚较宽；加之当时印刷术大行，士大夫得书、印书较为容易。于是宋代成为一个意见最多、议论最盛的时代。宋代一些文人突出的特点就是喜欢抱着书本发议论，这种议论与时文一样，往往并不是真实心灵的写照，而只是逞口舌之欲。因此虽有诸多议论批评，但是却不能发自良知本心，而只是包含利欲之心的意见。陆九渊所谓的学问则是指向做人，即人格的完成，所以他讲"学者所以为学，学为人而已"。他对于那些遮蔽做人之路的议论皆一一加以破除。为此他说："今时士人读书，其志在于学场屋之文，以取科第。"又说："今天下士，皆溺于科举之习，观其言，往往称道《诗》《书》《论》《孟》，综其实，特借以为科举之文耳！"陆象山以为人心之知首在于"知本"，"知本"就是要在心中确立良知、真知的主宰地位并以之践行。他以为只要抓住这一点，人就是不读书也可以成为圣贤；反之，如果不能"知本"，只是抱着私欲读书，则读得愈多，干的坏事也愈多，正如同"假寇兵而资盗粮"。这样连起来看，中国文化传统在知行关系上是强调真知真行的"知行一体"的。

西方文化传统则与此有不同。在西方文化中，"Philosophy"一词源出于希腊，是由希腊文中 Philia 和 Sophia 这两个词合成的，意思是"爱智"，即追求智慧的活动。但是追求智慧并不意味自身最终将和智慧完全地合二为一，成为智慧的代表。这两者之间还存在着明确的距离：即从理论上讲，西方文化中的哲学永远是以智慧为理想标的来引导自己的思考和行动，人的哲学学习经历乃是一个无限朝向智慧的进路；但是从现实角度而言，哲学的智慧追逐与智慧本身将始终存有差距。为什么会这样呢？这是因为在西方文化传统中，智慧是属灵（spirtual）的，具有不朽、永恒的意味。真正与智慧为一的只有宗教意义上的至上的神。换句话说，只有永恒不朽的、绝对自由的神才有资格和智慧完全合为一体。人虽然具有精神上的灵性，但这种灵性却是寄托在人的肉身上。而人的肉身作为一个具体时空中的有限存在具有先天的惰性，因而人的精神上的灵性就难以自在彰显。也就是说，人毕生都要面临一个现实，这就是对自身有限存在的肉身小我的固执。这种固执将使我们虽能追逐智慧、仰望真理、渴求永恒，但终不得实现生命的自由，即人虽有精神上的灵性，但却难以做到灵性的彻底、始终、自在的显现。因为人不可能成为永恒、不朽、自由之神。可以说，在西方文化传统中，人生的意义在于通过智慧的追求与探索，来开示永恒、不朽、自由。而为了感悟它们，则必然要去追求神圣性。所以他要立知来认识真理，但最终不得与真理为一。

近代英国哲人培根在《新工具》一书中提出了著名的四种幻相（Idols）说，意在阐明人类认知产生谬误的种种根源。第一种是种族幻相（Idles of the Tribe），指出人不是按照自然的本来面目去认识它，而是以人的尺度为依据来进行认知活动，它把人类的本性和自然的本性混为一谈，使得事物的性质发生变形，因而扭曲了存在的真相。第二种是洞穴幻相（Idles of the Cave），这是由每一个人身心状况的个体差异而产生的认知错误。因每个人由于性格、爱好、教育、环境等方面不同而导致主观性、偏隘性等认识偏差，就好像"每个人都有他自己的洞穴，使自然之光发生曲折和改变颜色"一样，因而给自然的真相抹上个人色彩，从而扭曲了真相。第三种是市场幻相（Idles of the Marketplace），是由于人们交往中对语词概念的理解不一产生的思维混乱。人们的认知由于受流行观点的影响，使用不适当的、含混不清或意义不明的词语概念，通过相互传播，名实不符、以假乱真，从而产生的偏见和混乱，形成了幻相。第四种是剧场幻相（Idles of the Theatre），这是人们由于缺乏独立思考，未经批判就盲目沿袭权威教条、流行理论和各种传统哲学观念而造成的错误认知。在培根看来，"一切流行的学说体系只不过是舞台上演出的戏剧，依据虚构的布景方式来展示哲学家自己所创造的世界罢了。"培根的"四种幻相"说，对人类思想的形成根源作了深入的剖析，并指出了内外两种形式的偏执对宇宙真相的遮蔽，人自身也因此而不得自由，并阻断了通向善与幸福的道路。在西方文化传统中，人自身深深系缚于"四种幻相"，系缚于人自己所造的文字名相而不能得到实际的解放，不能惊醒迷梦、认清本身面目、获得生命意义。就此而言，这将是纠缠每人一生而无法彻底解决的问题。人生即是时时陷顿于此，无有终解。从这个角度讲，西方智慧的化身绝不是人，而只能是神。由此出发，凡是人自称通神、掌握智慧的，不是神经病，就是自大狂。在西方文化传统中，凡是非神而窃取了智慧的人，都难有什么好结果。所以西方用普罗米修斯来象征杰出的艺术家。也正是为此，许多艺术家为了追逐极端的完美而最终干脆选择了自杀，如尼采、海明威、三岛由纪夫、梵高等。甚至对自杀的经历他们也进行了完美的设定，如川端康成就曾经说："自杀而无遗书，是最好不过的了，无言的死，就是无限的活。"①

正是基于以上的认识，在西方文化传统中，知作为理性活动，指向了真理性认识，指向了自由、不朽、永恒，也最终指向了神圣性。这种意义上的知是人所追求，但却是人自身难于一体证成的，故在西方文化传统中，知与行，实然与应然存在着分疏，绝非必然一体的。

（二）中西文化传统价值之比较

那么如何看待中西文化传统的价值与地位呢？对此，我们可从以下几个角度来作进一步阐释。

1. 殊途同归的文化路

中国历史上的晚唐诗人杜牧在《樊川文集》卷十《注孙子序》中曾言道："丸之走盘，横斜圆直，计于临时，不可尽知。其必可知者，是知丸之不能出于盘也。"无独有偶，西方哲人马丁·海德格尔在他的《林中路》中则讲了这样一段话："林中有许多路，这些路多半断绝在人迹不到之处。这些路叫林中路。每个人各奔前程，但都在此林中。看来他们彼此的情形仿佛相似，但只是仿佛如此而已。"以上中西不同文化传统中的两段话可谓意蕴相通，十分耐人寻味。概括地说，它带来了有关文化的多样性与统一性这样两方面的启示。从文化思想的统一性上讲，无论东方、西方，还是古往今来，种种文化源

---

① 参见傅佩荣《哲学与人生》，东方出版社 2008 年版，第 233—238 页。

流与文化形态虽然异彩纷呈，然究其根本亦无不是对宇宙人生的理解认识，其所要解决的问题也往往大同小异，具体说就是寻找存在的前提、方式以及终极意义，正所谓"其必可知者，是知丸之不能出于盘也""每个人各奔前程，但都在此林中"；从文化思想的多样性、差异性上讲，虽然文化思想可以具有共通的考察对象和大体相同的关照点，但其具体的发展道路、存在形式、观念体系却存有诸多差异。每一种文化往往都有着自己的特色和走向，并以此标示着自己的存在。这就是以上所说的"丸之走盘，横斜圆直，计于临时，不可尽知"。这也就是以上所说的"林中有许多路，每个人各奔前程，看来他们彼此的情形仿佛相似，但只是仿佛如此而已"的直接含义。由此出发，便形成了诸种文化思想的丰富差异性和多样性。那么如何看待文化思想的差异性和多样性的存在呢？这是一个值得思考的问题。《孟子·告子上》中有这样一段话："《诗》曰：'天生蒸民，有物有则。民之秉彝，好是懿德。'孔子曰：'为此诗者，其知道乎！故有物必有则，民之秉彝也，故好是懿德。'"赵歧《注》云："言天生众民，有物则有所法则，人法天也。民之秉彝，彝，常也。常好美德。孔子谓之知道，故曰人皆有善也。"朱子《集注》亦云："有物必有法……是民所秉执之常性也。故人之情无不好此懿德者。"结合赵氏、朱子的注释，我们对以上引文可形成这样一种认识，即：有物有则，此乃天赋。人法常则，是为美德。同样，《乾卦·象传》亦有云："乾道变化，各正性命。"这是讲乾阳力动，导致昼夜寒暑更替，万物各自实现自己的本性、领受自己的运命。我们对于文化差异性和多样性的存在的认识亦可参照于此，即不同的文化思想、文化系统皆对应着不同的生存理解、生存方式与生存理想，皆有其自洽之常道、性命。如果不能与其内在相应，而欲以己之是非强行裁断之，则必然限于《庄子》一书所反复陈述的实践的困顿之中，如《庄子·逍遥游》云："宋人资章甫而适诸越，越人断发文身，无所用之。"同理，《庄子·人间世》又云："夫爱马者，以筐盛矢，以蜃盛溺。适有蚊虻仆缘，而拊之不时，则缺衔毁首碎胸。意有所至而爱有所亡，可不慎邪？"

明白了这一点，我们也才能真正理解《易传·系辞下》所讲的"天下同归而殊途，一致而百虑"这句话的真实含义。

2. 自成其是的文化价值

事实上，海德格尔在《林中路》中关于"林中路"还有进一步的陈述，那就是他以为林中虽有很多路，但是"从事林业者和森林管理员认得这些路，他们懂得什么叫做误入歧途"。由此出发，这些"从事林业者和森林管理员"便成为"林中路"的价值裁定者。问题是，在现实的有情生命世界里，那样的"从事林业者和森林管理员"又能是谁呢？对此，中西文化传统有着各自的理解。就中国文化传统而言，这个所谓的"从事林业者和森林管理员"的人格化可为传统的天帝与天命，而它的抽象化意蕴则可称之为天道。其现实的承载者则是巫觋、帝王与圣人，其职责便是接通天人。而在西方文化传统中，这个所谓的"从事林业者和森林管理员"则是具有外在超越性的神灵、上帝。也就是说，不同的文化传统皆有其终极关怀与文化价值的裁定者，但其具体的自洽内涵则往往是自成其是的，不能一概论之。从这个意义上讲，由终极关怀所引发出来的所谓普世价值其实也只能是一个空的概念，其实在性必须立足于具体的民族文化传统的生活践行方得证成。

不过，在以上认识基础上，我们还需要进一步梳理这样一个问题，即：不同的文化传统虽然都各有其实在价值，但是其价值的显现与流行皆是在特定条件下实现的。从这个意义上讲，每一个文化传统对它自身而言虽然是周延的，但相对整个世界而言，它又是一个特殊性的存在。在历史与现实中，人们关于不同文化传统的价值问题的讨论可谓此起彼伏，但由于自是而相非抑或自我迷失，其结论往往有失偏颇。对此，清代史学家章实斋的一段话或足以发人深省，其言道："学者不可无宗主，而必不可有门户。"在这一认识前提下，我们对不同文化传统的价值认定大体需要把握两点原则，即：自成其是，随时而化。也就是说，每一种文化传统都是源于对宇宙人生的思考。每一种文化传统的流行皆有其特定的时代背景。而文化传统的现实生命力就在于它对时代问题的及时因应。

那么具体应该如何看待现实中不同民族、不同地区、不同国家的文化传统呢？

对此，我们首先可以参考西方学者雅斯贝尔斯提出的一个广为人知的重要认识。雅斯贝尔斯提出，在人类经历了史前和远古文明之后，在公元前 500 年左右，更具体地说在大约公元前 800 年到公元前 200 年的期间内，世界范围内各不相同而又不约而同地出现了一些重大的历史事件，即"在中国孔子和老子非常活跃，中国所有的哲学流派，包括墨子、庄子、列子和诸子百家都出现了，和中国一样，印度出现了《奥义书》和佛陀，探究了以怀疑主义、唯物主义，到诡辩派、虚无主义的全部范围的哲学可能性。伊朗的索罗亚斯德传授一种挑战性的观点，认为人世生活就是一场善与恶的斗争。在巴勒斯坦，从以利亚经由比赛亚和耶利米到比赛亚第二，先知们纷纷涌现。希腊贤哲如云，其中有荷马、哲学家巴门尼德、赫拉克利特和柏拉图，许多悲剧作者，以及修昔底德和阿基米德。在这数世纪内，这些名字所包含的一切，几乎同时在中国、印度和西方这三个互不知晓的地区发展起来"①。这些历史事件使这一时期成为世界历史的轴心期时代。雅斯贝尔斯的这一理论证明了一个问题：中、印、西的不同历史文化传统并不是黑格尔所认为的那样，而是"同时代的，并无联系，并列存在的一个整体"。这一理论为不同的历史文化传统的共生发展提供了存在空间，从而体现了一种文化传统多元共生性发展的理论视野。当然，在以后的历史发展中，此一时期所奠定的文化精神走向亦已凝聚成各自文化传统的基质。在此后的三千多年中，世界文明的发展始终也未脱离以轴心期时代的精神走向为基质的文化传统的影响。具体来说就是：无论具体社会形式发生怎样的演变，以"轴心期时代"的精神走向作为自身基质的文化传统在社会发展的道路上始终起着直接或间接的重要的精神支撑作用，其地位的稳定性也日益成为衡量一

---

① ［德］雅斯贝尔斯：《历史的起源与目标》，华夏出版社 1989 年版，第 9 页。

个社会发展成熟与否的标志，而这也恰恰印证了雅氏所谓的"轴心"文明之意。

关于中、西、印三种流传至今的文化传统，梁漱溟先生有一个精彩的说法。他说："文化的不同纯乎是抽象样法的，进一步说就是生活中解决问题方法之不同。此种解决问题的方法—或生活的样法—有下列三种：（一）本来的路向：就是奋力取得所要求的东西，设法满足他的要求；换一句话说就是奋斗的态度……（二）遇到问题不去要求解决、改造局面，就在这种境地上求我自己的满足……（三）走这条路向的人，其解决问题的方法与前两条路向都不同。遇到问题他就想根本取消这种问题或要求。"由此出发，他认为，西方文化传统注重征服自然、倡导科学方法、反抗种种威权压力的"一本源泉"就是那第一种的"向前要求"的态度，彰显的是理智的作用；中国文化传统则是"以意欲自为调和、持中为其根本精神的"第二种路向，具体说来就是遇到问题，它不是直接去求解决、改造现状，而是先要审视一下这个问题。在它看来，有的问题是可以解决的，有的问题则是无法解决的。人只能解决他所能解决的那部分，而不能强求解决所有问题。即使是能解决的问题，其解决的关键往往也在于从自身先作一个根本的调整、调和，以求得内在的满足，精神的自洽，而不是单纯地向外苛求。所以孔子讲"不怨天，不尤人。下学而上达"（《论语·宪问》），以求得与宇宙人生的贯通。这其中的关键在于：在中国文化传统的理解中，万物的存在是一自然本能的存在，故而它自然中道；人的存在当然也有其内在质的规定，这就是人道准则。作为人的生存本体，它的呈现乃奠基于人对自身存在本质的逻辑与思想内涵两方面认识。从逻辑上讲，它强调一切存在只能是其所是，而不能是其所非。这体现了两方面内容的统一。一方面是指存在之为存在，即存在的真实性，用儒家的话讲，就是诚、真实无妄。所谓人道准则就是建基于此的关于人的质的规定；另一方面内容则是指对此真实存在的价值肯定，即以之为善，并使其真正地存在起来，正所谓"诚之"与"思诚"者，此为生存之道，它明确表达了一种对存在之应然之境的追求。《易传·系辞上》有云："天地设位，而易行乎其中矣。成性存存，道义之门。"孔颖达疏："此明易道既在天地之中，能成其万物之性，使物生不失其性，存其万物之存，使物得其存成也。性谓禀其始也，存谓保其终也。"[1] 此可谓得其意旨。所谓存在的"是其所是"就体现为以上两方面内容的统一。它的实存与实现成为包括人道准则在内诸种生存原则得以表达的基础与动因。其次，从思想内涵上讲，关于人之存在本质的认识包含着对人的生存背景、生存要素、生存构成方式以及生存境遇、生存矛盾及其生存意义的深入理解。它最终显现为在人的自然的个体实存（主体性）基础上来彰显人文的超越的整体性（或曰共通性）诉求，并具体体现为人以德性统摄知性的生存智慧。这一形成过程恰恰印证了这样一句话："生存惟有通过理性才会明晰，而理性惟有通过生存才赋予内容。"[2] 由此，存在的自明性乃发展成为存在的明证性，进而成就了"旁通厥德"之人格境界。与此同时，这种生存智慧又以它的历史性存在来统摄当下的存在，为生存的连续性发展和即时自省提供了根据，故欧阳修有云："君子之于学也务为道，为道必求知古，知古明道，而后履之以身，施之于事，而又见于文章而发之，以信后世。"[3] 这里展现的便是一个不同于自然物的、自觉的、自明诚的人生实现历程。换句话说，现实中发生的问题往往是由不自觉的人造成的，故问题的解决乃需人自省，不能待物自省。安徽省桐城市老城区西南角有一个著名的"六尺巷"，它始建于清朝康熙年间，原本此地为清代文华殿大学士张英、武英殿大学士张廷玉的府第。这个小巷长 100 米，宽 2 米，鹅卵石路面，巷的一边为"宰相府"张宅，另一边为吴宅。张英及张廷玉父子在康熙、乾隆年间连任首辅军机大臣，这除了他们满腹学问和对朝廷的耿耿忠心外，其为人处世忍让、宽容也是重要的原因。

---

① 孔颖达:《周易正义》，北京大学出版社 1999 年版，第 274 页。

② Jaspers, K., *Reason and Existenz*, Noonday Press, 1955, p. 67.

③ （宋）欧阳修:《与张秀才棐第二书》，《欧阳修全集》，中华书局 2003 年版，第 977 页。

"六尺巷"的故事便是一个例证。依《桐城县志略》记载，张英在北京朝廷任职时，张在安徽桐城的家人和邻居因建房占地闹起纠纷，互不相让。张家人便给张英写信申述此事，请求出面干涉。张英看信后，并没有倚仗自己官威欺压邻居，而是回信说："千里来书只为墙，让他三尺又何妨？万里长城今犹在，不见当年秦始皇。"张家人看完，便主动让出三尺空地。邻居也深受感动，也将墙退回三尺，两家和好如初，这就是今日"六尺巷"的由来，至今传为美谈，此亦可为中国文化传统精神之一有力注脚；印度文化传统则是"以意欲反身向后要求为其根本精神的"第三种路向，即遇到问题后，它想根本取消这种问题，认为这个问题是虚假不真实的，直接要求人去持禁欲的态度，厌弃世俗生活，求出世。小乘经如《佛本行集经》上讲佛当初为什么要出家。说佛在未出家前先后四次发现人生不得释怀的问题：第一次是太子出游看见农人耕作很辛苦、耕牛也很辛苦，土里的虫子被带出为鸟雀啄食也很辛苦，于是他开始思考众生不尽的苦难；第二次是他在城东门遇见老者困苦；第三次和第四次是他在城南门和城西门分别遇见病人的痛苦。总之每次他都感受到生命的痛苦。这里面，第一次涉及的是众生相残的问题，后三次则涉及的是人生老病死的问题。由此，他强调要不杀生，不吃肉，也不吃新鲜蔬菜，否则他会心疼。但是，他发现在现实中这样的生活问题是不能避免的，于是最终只有求出世。

基于以上的认识，梁漱溟以为：西方文化传统是解决人的生存问题，在此他要处理的是人与物的关系，他要满足本能，这是人生的第一步问题；中国文化传统则是要解决人的现实心灵问题，亦即人与人的关系问题，他要靠人的直觉，这是人生的第二步问题；印度文化传统则是要解决现世众生根本问题，所以它着眼于无生无死的本体境界，这是人生的第三步问题。[①]

由上可见，不同的文化传统在面对具体的人生问题时皆具有自己

---

① 参见梁漱溟《东西文化及其哲学》，商务印书馆 2003 年版，第 61—74 页。

的独到的文化理解特色，并以此体现出自身存在的价值和意义。

3. 中国文化传统在历史发展中的融合与冲突

中国文化传统在历史发展中不断遭遇外来文化传统的影响，并在与外来文化传统的冲突与融合中不断实现自身的转换与发展。这其中，我们主要参考三段历史经历：

（1）儒、释、道三教之冲突与融合。这当中，儒、道思想属于原有的中国文化传统，佛教则是自东汉开始在我国内地流传的外来文化传统。东汉、三国、西晋时期，社会动荡，旧有的文化传统处于调整状态，这为佛教文化传播提供了契机。这一时期的佛教文化传播主要是依靠格义法，即将佛家思想与儒、道文化相比附，并努力寻求三者思想的调和。东晋时期，佛教文化内部以及佛教与中国固有的文化传统发生了冲突，乃至冲突激化，由此佛教开始自由阐发自己的思想，但在此过程中，它依然寻求着与儒、道文化的调和。南北朝时期佛教内外争论频仍。至隋唐时期，佛教宗派形成，中国佛教达到了发展的鼎盛，这也是佛教中国化的标志。① 在唐代，尤其是中晚唐时期，儒、释、道三者并存，释、道发展迅猛，儒学趋于式微，由此构成唐代分裂的思想格局。在《全唐文》卷206《答捕蝗书》中，姚崇曾有议论，其谓："腐儒执文，不识同变，凡事有违经而合于道者，亦有反道而适于权者。"当时的唐人对于儒、释、道三家往往是采取杂糅并用的态度，如《白居易集》卷69《祭中书韦相公文》曾讲宰相韦处厚是"佩服世教，栖心空门，外为君子儒，内修菩萨行"。《旧唐书·白居易传》卷166亦曾言白居易："栖心释梵，浪迹老庄，因疾观身，果有所得。"柳宗元在《柳宗元集》卷25《送文畅上人登五台遂游河朔序》上云："真乘法印，与儒典并用。"元稹、刘禹锡等人也同样持此态度。对此，《刘禹锡集》卷4《袁州萍乡县杨岐山故广禅师碑》还曾解释道："儒以中道御群生，罕言性命，故世衰而浸息。佛以大悲救诸苦，广启因业，故劫浊而益尊，……阴助教化，总

———————

① 参见方立天《中国佛教哲学要义》，中国人民大学出版社2002年版，第32—55页。

持天人。所谓生成之外，别有陶冶。邢政不及，曲为调柔。"即便曾旗帜鲜明地倡导儒学、反对佛老的唐代儒学复兴代表人物韩愈在其整体思想经历中也不免是杂取百家为用，如他一面明树儒家道统、强调刑名利用，一面又援引墨、法之道补救拾遗。晚年韩愈又依循道术而行养生之法。不过从总体来讲，自唐代之后直至近代，经过对三教的反复比较，儒学地位最终得到确立，佛、道文化则时衰时显。理学作为新儒学，其思想在秉持儒学一贯精神的基础上又融合了诸多佛道文化资源，从而实现了中国文化传统在新时期的转化与创新。譬如朱熹曾经做了《伊洛渊源录》《近思录》两本书，在这些著作中，他首先提到的都是周敦颐这样一个人物，赋予了他在宋代理学发展史上极高的学术地位。《宋元学案》的作者之一黄百家也曾讲道："孔孟之后，汉儒只有传经之学。性道微言之绝久矣。元公崛起，二程嗣之，又复横渠诸大儒辈出，圣学大昌。故安定、徂徕卓乎有儒者之矩范，然仅可谓有开之必先。若论阐发心性义理之精微，端数元公之破暗也。"（《宋元学案·濂溪学案上》）由此我们可以看到，从理学理论体系的建构过程（即阐发心性义理之精微）出发，周敦颐具有破暗、开拓之功。周敦颐的这一学术功绩即源于他在思想上虽尊儒，但并不排佛老，并有着明显的道家因素，这在他的代表性著作《太极图说》与《通书》的思想中得到深刻展露，其代表性的文学著作《爱莲说》亦曾被人视为一三教思想融合的产物。再如程朱理学中"合而言之，万物统体一太极也；分而言之，一物各具一太极也"的"理一分殊"观点在一定程度上也可视为受到了佛教禅宗和华严宗的影响。至于陆、王心学一系思想圆成的心路更是离不开佛老文化的启发。由此可见，在中国文化传统中，影响中国社会近千年的理学思想实为在尊儒基础上三教融合的时代创新产物。

（2）汉族文化传统与少数民族文化传统的冲突与融合。对此，我们以清朝为例略做说明。清初，满族在扩张战争中曾推行了一系列措施，其中剃发、易服、圈地、投充、逃人、占房等六项内容可谓是为害最烈。它们源出于满族自己的文化传统，但它们的强制推行则成为强迫异族归顺的政治行为，这直接造成了满族文化传统与汉族文化传统的对立、冲突。其中，剃发令直接伤害了汉人的民族自尊心，提升了满汉矛盾，引发了汉族强烈反抗，黄宗羲、顾炎武等人皆对此深恶痛绝之。而圈地、投充等制度又使国家失去了纳税的人丁，国课亏减，结果就是肥了私人，亏了国家，可谓是"上下交困，莫此为甚"。当然，在这个过程中，清初统治者也进行了一定程度上的自我文化调适。如皇太极就接受了儒家仁政学说，采用了一些尊孔重儒的政策，如崇德元年八月，皇太极派遣内秘书院大学士范文程致祭至圣先师孔子，"并仿旧制以复圣颜子、宗圣曾子、述圣子思子、亚圣孟子配享"，并定于每年春、秋行释奠礼，这是清政府第一次国家性的祭孔活动。① 清代顺治朝前期，在文化倾向上表现出来的是儒、释、道、满、耶五教并举。结果引发了一些汉臣的警惕，以为世道人心当有所归，倡导儒学治世。于是顺治朝后期确定了"兴文教，崇经术"的治国方针。顺治十四年九月，清廷举行了清朝历史上第一次经筵盛典。清世祖还号召臣民尊孔读经，这是清代前期"尊孔崇儒，表彰理学"的开端，为以后清代统治者所效仿。至康熙朝初期，满族贵族保守势力抬头，主张恢复满洲"家法祖制"的呼声十分强烈。然经康熙帝与汉臣的努力乃得以纠偏，确立了"满汉如一体"的施政方针。清康熙帝曾谈到自己的治学经历，说八岁"学庸训诂，询之左右，求得大意而后愉快。日所读者，必使字字成诵，从来不肯自欺。及四子之书既已通贯，乃读尚书，于典谟训诂之中，体会古帝王孜孜求治意"，而后"读大易，观象玩占，实觉义理悦心"。② 其学无所不包，举凡"帝王政治，圣贤心学，六经要旨，无不融会贯通"③。康熙九年，康熙帝晓谕礼部，称"至治之世，不以法令为亟，而以教化为先……盖法令禁于一时，而教化维于可久。若徒恃法令，而教化不

---

① 参见梁从峨《繁荣与危机——清代儒学》，中州古籍出版社 2017 年版，第 9—11 页。

② 《清圣祖实录》卷 117，第 19 页。

③ 参见《清圣祖实录》卷 1。

先，是舍本而务末也……朕今欲法古帝王尚德缓刑、化民成俗"。于是在顺治帝"六谕"基础上颁布《圣谕十六条》，作为施政纲领，即"敦孝弟以重人伦、笃宗族以昭雍穆、和乡党以息争讼、重农桑以足衣食、尚节俭以惜财用、隆学校以端士习、黜异端以崇正学、讲法律以儆愚顽、明礼让以厚风俗、务本业以定民志、训子弟以禁非为、息诬告以全善良、诫匿逃以免株连、完钱粮以省催科、联保甲以弭盗贼、解雠忿以重身命"①。康熙十六年十二月，他在御制《日讲四书解义序》中，明确宣布他要将治统与道统合一，以儒家学说为治国之本。由上可见，在康熙朝，汉族文化传统与少数民族文化传统的关系已经得到了极大的整合。公元1691年，古北口总兵官蔡元向朝廷提出他管辖的一段长城年久失修，要求朝廷准许修筑。结果康熙的答复是："秦筑长城以来，汉唐宋常修理，其时岂无边患？明末我太祖统大兵长驱直入，诸路瓦解，皆莫能当。可见守国之道，惟在修德安民。"长城的形象一直具有闭关锁国的象征义，意味着从思想到形式的隔阂、界限。康熙的这一决断显然打破了它的这种象征义，为当时不同的文化传统的整体融合定下了基调，而做到这一点是十分不易的。清代最初的汉族知识分子在文化上是极其固执、强硬的，反清复明绝不仅是政治上，更是思想上、身体上的。大学者刘宗周在清兵进杭州后即决定绝食殉国，其有言曰："予之自处，唯有一死。先帝之变，宜死；南京失守，宜死；今监国纳降，又宜死。不死，尚俟何日？"二十多天后殉节。但是到了康熙朝时期，事情发生了变化。康熙在讨伐吴三桂的战争还未结束时，就向全国发出了一个"崇儒重道"的通知，这显然是一种寻求文化融合的积极态度。最后虽然傅山、李颙、黄宗羲等明朝遗民遵循"夷夏之防"的观念没有直接出山，但还是支持他们的儿子或弟子出来接受文化整合的工作。正是在此背景下，有清一代实现了汉族文化传统与少数民族文化传统的融合。

---

① 《大清圣祖仁皇帝实录》卷34，康熙九年十月初九日条。

历史往往有着惊人的相似，在清代灭亡后，社会文化重新又处于震荡之中，1927 年 6 月 1 日，作为汉族文化传统的代表大师王国维先生在颐和园投水自尽了。陈寅恪先生以为王国维先生并非死于政治斗争，而是死于一种文化，在《王观堂先生挽词并序》中，他说道："凡一种文化值衰落之时，为此文化所化之人，必感苦痛，其表现此文化之程量愈宏，则其所受之苦痛亦愈甚；迨既达极深之度，殆非出于自杀无以求一己之心安而义尽也。"王国维先生在《人间词话》中曾有言曰："诗人对宇宙人生，须入乎其内，又须出乎其外。入乎其内，故能写之。出乎其外，故能观之。入乎其内，故有生气，出乎其外，故有高致。"然而可惜，在文化传统的现实冲突与融合的进程中，他却没有走出来。这是一个遗憾。但它也同时说明，文化传统在现实中不断与异质文化冲突、更新、融合，以发展自己的新时代命运，是十分必要的。

（3）中西文化传统的冲突与融合。在明朝时期，西方文化即已开始传入中国。当时徐光启翻译了《几何原本》，李之藻翻译了《谈天》。这些学问都属于纯粹的自然知识、原理。比较而言，中国文化传统在此方面缺乏相应系统而全面的研究，存有较多空白需要填补。因此，这一类知识的传入一开始并没有引发与中国文化传统的强烈冲突。这一状况一直持续到清代康熙朝时期仍是如此。当时西方的天文、数学等知识陆续传入，而康熙本人也是一个学贯中西的皇帝。他向来华传教士学习代数、几何、天文、医学等方面的知识，并将其应用实践。其成就之一，就是在发现原来的地图绘制方法相对落后之后，即开始采用西方科学方法和西方仪器绘制全国地图，而且康熙还会利用巡行和出兵之便，实地测量，吸取经验。此外，一些有才华的传教士也获得了康熙的欣赏和重用。康熙四十六年，他委任耶稣会士雷孝思、白晋、社德美及中国学者何国栋、明安图等人走遍各省，运用当时最先进的经纬图法、三角测量法、梯形投影技术等在全国大规模实地测量，并于康熙五十七年绘制成《康熙皇舆全览图》，这被称为在当时世界地理学的最高成就，英国学者李约瑟也称其为不但是亚洲当时所有的地图中最好的一幅，而且比当时的所有欧洲地图都要好、更精确。① 而在民间，百姓与西方传教士也同样能够互相交游，西学在社会中得以自由传播。在此过程中，康熙对西方基督教传教士传道大体还是接受的。但是后来康熙发现，罗马教廷试图干预中国文化传统和清朝政治，而一些皇子在信仰基督后以此作为争权夺利的工具。由此开始，康熙对西方基督教有所抵制，并就此引发中国礼仪之争。不过总的来说，这一时期西方文化的传入是被人们接纳的，并未引起大的文化冲突。

到了清代咸丰、同治年间，西方文化的输入开始出现了新的形式，那就是国人看到了西方在火炮、铁甲舰船以及在声、光、电等方面的种种奇妙发明。这些都是传统中国所没有的东西。因此学习乃至拿来是当时国人的主要态度。譬如曾国藩等人创办上海制造局、在制造局里翻译书籍、在北洋建设新式海军、在福建马尾办理船政等举措都是学习、运用西方文化、事物的例证。这种态度一直持续到清代光绪时期。在此期间，国人感兴趣的是作为西方文化传统代表的种种新奇事物，但还没有来得及深入思考是什么样的文化传统促生了这些新奇事物。所以当时人们的主要思路就是中学为体、西学为用，即将西方新鲜的器物直接拿来嫁接在中国人自己的生活上，就如同里面穿长袍马褂，外面套领带、西服一样。

后来中日甲午海战，中国海军全军覆没。尽管当时的中国海军在舰船的硬件设施上还算得上是世界先进水平，并且主要将领也都有国外留学经历，可是仍然不堪一击。在这种沉重打击下，国人开始认识到单纯将西方先进器物直接拿来并不能真正实现富国强兵的目的，还必须进一步解放思想、废除科举、兴办学校、建设铁路、兴办实业，这就是后来的变法维新运动。这场运动的意义在于使中国人意识到西方先进的物质条件的形成不仅仅在于它的实业生产，更在于它不同于中国的政治制度，由此开始怀疑中国旧有的政治制度，并由变法维新

---

① 参见孟昭信《康熙评传》，南京大学出版社 2011 年版。

进一步发展为政治革命。但是政治革命成功后，西方的政治体制仍然未能真正解决中国自身的问题。于是人们开始探讨更进一步的原因，这就是文化传统问题。正是在这个意义上，中国开始了新文化运动，将对西方文化的输入与认识推向了深入，并希望由此实现富国强兵。也正是在这个过程中，出现了第一次中西文化传统及其价值的比较问题。第一次中西文化传统及其价值比较的目的是富国强兵、发展经济，而这次比较的结果就是打倒孔家店、彻底否定中国文化传统，并以西方文化传统为价值基准来批判、改造中国文化传统。在此形势下，一方面中国文化传统丧失了它既有的价值地位，彻底沦为批判对象；另一方面其自身内涵被以西方文化传统为主导的诠释体系所肢解而变得面目全非。可以说，这一思想趋势一直持续到21世纪初。

不过现当代以来，伴随着西方文化传统的现代转型以及西方中心主义思想的削弱和文化多元化发展思想的抬头，中国文化传统作为中国人文化心理的归宿，其价值和地位再次开始引起人们的关注，并由此引发第二次中西文化传统及其价值的比较问题。这次比较的目的是，在克服以往以西释中的不当诠释前提下，真实表现中西文化传统各自的文化特征，发掘中国文化传统的核心内涵并寻求其时代创新与转化，以此建立中华民族自信心，而后在价值独立、平等的基础上寻求中西文化传统新时期的对话合作模式，以谋求人类共同体的合理发展。

《周易·大畜》"象传"曾有云："刚健笃实，辉光日新其德。"大畜卦，上乾下艮。对此，孔颖达《正义》释曰："'刚健'，谓乾也。乾体刚性健，故言'刚健'也。'笃实'，谓艮也。艮体静止，故称'笃实'也。'辉光日新其德'者，以其刚健笃实之故，故能辉耀光荣，日日增新其德。"《周易·大畜》"象传"这段话及其相关的解读无疑是阐释事物演化发展之道的，总归其要在于两点：第一，事物发展需日新其德。对此《易传·系辞上》云："日新之谓盛德。"《礼记》引汤之《盘铭》又言道："苟日新，日日新，又日新。"这是说明存在唯有不断契合于时代之新，方能恒久。第二，事物日新其德需建基于"刚健笃实"之本。对此《周易·大畜》大象辞云:"天在山中,大畜。君子以多识前言往行,以畜其德。"孔颖达《正义》释曰:"物之可畜于怀,令其道德不有弃散者,唯贮藏'前言往行'于怀,可以令德不散也。"此外,《孟子·离娄下》又云:"原泉混混,不舍昼夜。盈科而后进,放乎四海,有本者如是,是之取尔。苟为无本,七八月之闲雨集,沟浍皆盈;其涸也,可立而待也。"可见,事物日新其德、流之久远需有其本,这个本既包含"前言往行",也包含生存本体之"源泉"义。故对一个个体而言,其存在与发展需正本清源而后日新不已;对一个民族乃至一个国家而言,亦需在明本、立本的自觉与现实的积极应对中去寻求自己的新生。而对今日之中国而言,这个本无疑指向的是中国文化传统。

简而言之,新时代的中国文化传统的兴起具有崭新的意义。它不代表中西文化传统的简单对立,也不意味着要强势地以中国文化传统直接代替西方文化传统。它是要在保有自己的文化精神基础上,在更高的理解层次和规模上,来吸收人类文明的优秀成果。因此它必具有足够的开放性、坚韧性,这也是现时代它所应承当的历史责任。

二　中国文化传统内部架构的考察

接下来,我们从中国文化传统的内部架构来审视儒家经典研究的意义。

关于中国文化传统的内涵,一个比较通俗的说法是儒、释、道三家一体。相应地关于中国文化传统之内部架构,也有一个较流行的说法,即以佛治心,以道治身,以儒治世。详细阐释可见元代刘谧著《三教平心论》,其有云:"尝观中国之有三教也。自伏羲氏画八卦而儒教始于此,自老子著《道德经》而道教始于此,自汉明帝梦金人而佛教始于此。此中国有三教之序也。大抵儒以正设教,道以尊设教,佛以大设教。观其好生恶杀,则同一仁也;视人犹己,则同一公也;征忿窒欲禁过防非,则同一操修也;雷霆众聩日月群盲,则同一风化也。由粗迹而论，则天下之理不过善恶二途，而三教之意无非欲人之归于善耳。故孝宗皇帝制《原道辩》曰：'以佛治心，以道治身，以儒治世。'诚知心也，身也，世也，不容有一之不治，则三教岂容有一之不立。无尽居士作《护法论》曰：'儒疗皮肤，道疗血脉，佛疗骨髓。'诚知皮肤也，血脉也，骨髓也，不容有一之不疗也。如是，则三教岂容有一之不行焉。"① 刘谧之意在于说明，儒、释、道三教宗旨皆在使人归于善而教法各异，总其要便是以佛治心，以道治身，以儒治世。

以上刘氏的说法确有其精审贯通之处，但在义理精神上仍不免粗疏未尽。精审之要在于从治心、治身、治世三个视角来揭示三教之功，并将之归于一善；粗疏未尽则在于将治心、治身、治世分属三教，而未能以之为一个总的体系来条贯地揭示三教各自之文化精神，以形成对三教的本质认识和意义揭示。事实上，以治心、治身、治世为一完整的修治体系，三教皆自有其系统而独特的认识。对此，我们将在下文中略作尝试性解读。

（一）道家的修治体系

首先，道家在治心、治身、治世一体的诠释体系中有着自己丰富、系统而独特的思想内容。今本《道德经》第二十五章云："有物混成，先天地生。寂兮寥兮，独立不改，周行而不殆，可以为天下母。吾不知其名，字之曰道，强为之名曰大。大曰逝，逝曰远，远曰反。故道大，天大，地大，王亦大。域中有四大，而王居其一焉。人法地，地法天，天法道，道法自然。"这段话是道家思想中的重要内容。因为它对道家的核心理念"道"进行了系统的表述。首先，混成之物乃万物有形之所出，其自身无形混成、无物可对，先天地万物以及人文名言而在，正如蒋锡昌所言："天地未辟以前，一无所有，不可思议，亦不可名，故强名之曰'无名'……天地既辟，万物滋

---

① 转引自（元）刘谧《三教平心论》卷上，《大正藏》第五十二册。

生，人类遂创种种名号以为分别。故曰'有名'。质言之，人类未生，名号未起，谓之'无名'；人类已生，名号已起，谓之'有名'。故'无名''有名'纯以宇宙演进之时期言"①。其次，混成之物又是原始反终而常存，广遍全生而无所不在。于是，它就同时兼有了存在本源（发生论）与存在本原（本体论）之双重寓意。在此，这段文本设定了生命世界的混沌之体与现实分化两个存在环节。名言之称即是相对于先天自然混沌的后天人文化成环节。"无物而不由"的道，乃为"混成之物"中可言称之最大者。人、地、天、道皆为有称之者，皆在无称之内。"自然者，无称之言，穷极之辞也。"② 故有"道法自然"之说。由此来看，道家言道，旨在崇法自然，澄明那无称之混成之物。蒋锡昌以为："无名时期以前，本无一切名，故无所谓美与善，亦无所谓恶与不善。迨有人类而后有名，有名则有对待。自此以往，天下遂纷纷扰扰，而迄无清净平安之日矣。"③ 而事物亦由此打上人为评判裁断的烙印，而失去了自然的存在，不复其真实。故而在道家的视野里，人所要追求的恰是那无称的自在之物的生命世界。那么如何在法自然的原则下，体道而通乎无名之域呢？这便落实在了治心、治身与治世的一体实践上。

关于治心之道，《庄子》一书中有诸多讲法。《庄子·齐物论》云："夫随其成心而师之，谁独且无师乎？奚必知代而心自取者有之？愚者与有焉。未成乎心而有是非，是今日适越而昔至也。是以无有为有。无有为有，虽有神禹，且不能知，吾独且奈何哉！夫言非吹也。言者有言，其所言者特未定也。果有言邪？其未尝有言邪？其以为异于鷇音，亦有辩乎，其无辩乎？道恶乎隐而有真伪？言恶乎隐而有是非？道恶乎往而不存？言恶乎存而不可？道隐于小成，言隐于荣华。故有儒、墨之是非，以是其所非，而非其所是。欲是其所非而非其所

---

① 转引自高明《帛书老子校注》，中华书局1996年版，第223—224页。

② 参见（魏）王弼《老子注》。

③ 转引自高明《帛书老子校注》，中华书局1996年版，第229页。

是，则莫若以明。"关于文中的"成心"，成玄英的解释是："域情滞著，执一家之偏见者，谓之'成心'。"林云铭以为"'成心'，谓人心之所至，便有成见在胸中，牢不可破，无知愚皆然。"① 以上可谓关乎"成心"的论述。为了摆脱这种"成心"之困，庄子提出"莫若以明"。对此，劳思光的解释是："欲破除彼等之成见，则唯有以虚静之心观照。"② 这种虚静之心如何证得呢？为此，《庄子·人间世》又提出了"心斋"的说法："颜回曰：'吾无以进矣，敢问其方。'仲尼曰：'斋，吾将语若！有而为之，其易邪？易之者，暤天不宜。'颜回曰：'回之家贫，唯不饮酒、不茹荤者数月矣。若此，则可以为斋乎？'曰：'是祭祀之斋，非心斋也。'回曰：'敢问心斋。'仲尼曰：'若一志，无听之以耳而听之以心，无听之以心而听之以气。听止于耳，心止于符。气也者，虚而待物者也。唯道集虚。虚者，心斋也。'颜回曰：'回之未始得使，实自回也；得使之也，未始有回也。可谓虚乎？'夫子曰：'尽矣。吾语若！若能入游其樊而无感其名，入则鸣，不入则止。无门无毒，一宅而寓于不得已，则几矣。绝迹易，无行地难。为人使，易以伪；为天使，难以伪。闻以有翼飞者矣，未闻以无翼飞者也；闻以有知知者矣，未闻以无知知者也。瞻彼阕者，虚室生白，吉祥止止。夫且不止，是之谓坐驰。夫徇耳目内通而外于心知，鬼神将来舍，而况人乎！是万物之化也，禹、舜之所纽也，伏戏、几蘧之所行终，而况散焉者乎！'"在这里，《庄子》关于"心斋"的解释是："若一志，无听之以耳而听之以心，无听之以心而听之以气。听止于耳，心止于符。气也者，虚而待物者也。唯道集虚。虚者，心斋也。"可见，"心斋"乃是"听之以气"的状态，而气的状态则是"虚而待物"，由此"心斋"的关要便是"集虚"。对于这种"集虚"的气，徐复观先生曾指出："气，实际只

---

① 转引自陈鼓应《庄子今注今译》，中华书局1983年版，第50页。
② 同上书，第53页。

是心的某种状态的比拟之词，与老子所说的纯生理之气不同。"① 它表现的是一种不滞一处的澄明心境。这种澄明的心境亦是一种"吾丧我"的"心如死灰"之境。

在此基础上，如何治身呢？《庄子·齐物论》云："百骸、九窍、六藏，赅而存焉，吾谁与为亲？汝皆说之乎？其有私焉？如是皆有，为臣妾乎，其臣妾不足以相治乎。其递相为君臣乎，其有真君存焉。如求得其情与不得，无益损乎其真。一受其成形，不亡以待尽。与物相刃相靡，其行尽如驰，而莫之能止，不亦悲乎！终身役役而不见其成功，苶然疲役而不知其所归，可不哀邪！人谓之不死，奚益？其形化，其心与之然，可不谓大哀乎？人之生也，固若是芒乎！其我独芒，而人亦有不芒者乎！"这一段主要是讲心与身的关系。所谓"真君"，指真心、本我。《管子·心术上》有云："心之在体，君之位也。"那么心与身是什么关系呢？显然，庄子主张存乎真心，反对形为物化，心与之然的身形外化状态。对此，《庄子·养生主》又言："吾生也有涯，而知也无涯。以有涯随无涯，殆已；已而为知者，殆而已矣。为善无近名，为恶无近刑。缘督以为经，可以保身，可以全生，可以养亲，可以尽年。"这是说内心以自然顺虚之道为常法，则可以保护生命、保全天性，养护身体，享尽天年。由此而来的身心状态就是"形如槁木"而"心如死灰"以及"形莫若就"而"心莫若和"。

至于道家治世之道，亦广见于道家诸种典籍之中。如今本《道德经》第四十九章云："圣人无常心，以百姓心为心。……圣人在天下歙歙，为天下浑其心，百姓皆注其耳目，圣人皆孩之。"《道德经》中的"圣人"多指国家统治者。所谓"圣人无常心"，据帛书甲、乙本，当为"圣人恒无心"，意为圣人无私见、贵因循，故乃"以百姓心为心"；同样，所谓"圣人在天下歙歙，为天下浑其心"，则是指圣人不用其明、智，心无所主，无是无非，无厚无薄。圣人何以要如

---

① 徐复观：《中国人性论史》，生活·读书·新知三联书店2001年版，第340页。

此呢？今本《道德经》第五十七章又云："以正治国，以奇用兵，以无事取天下。吾何以知其然哉？以此。天下多忌讳，而民弥贫；民多利器，国家滋昏；人多伎巧，奇物滋起；法令滋彰，盗贼多有。故圣人云：我无为而民自化，我好静而民自正，我无事而民自富，我无欲而民自朴。"可见，"圣人恒无心"意在通过圣人无为、好静、无事、无欲而使民自化、自正、自富、自朴，以免于倾心外物与自恃巧智的滋扰。对此《庄子·应帝王》又以喻言的方式作了独到的解读："天根游于殷阳，至蓼水之上，适遭无名人而问焉，曰：'请问为天下。'无名人曰：'去！汝鄙人也，何问之不豫也！予方将与造物者为人，厌，则又乘夫莽眇之鸟，以出六极之外，而游无何有之乡，以处圹埌之野。汝又何帛以治天下感予之心为？'又复问。无名人曰：'汝游心于淡，合气于漠，顺物自然而无容私焉，而天下治矣。'"

综而论之，道家在治心、治身、治世一体的诠释体系中乃有其完整的思想系统，借用《史记·太史公自序》中的话讲，就是"道家使人精神专一，动合无形，赡足万物。其为术也，因阴阳之大顺，采儒墨之善，撮名法之要，与时迁移，应物变化，立俗施事，无所不宜，指约而易操，事少而功多"。

（二）佛家的修治体系

其次，佛家在治心、治身、治世一体的诠释体系中亦有着自己独特、谨严的义理思想。

佛教治身源于对有情生死的解读。这其中，缘起理论可谓是重要的理解基础。有情的生死流转依缘起而成立，而解脱成佛也要靠缘起来达成。所谓"依缘起而现起缘生的事相，同时又依缘起显示涅槃"①。这里的"缘起"通常有二义：一是指某事的起因；二是指一切事物都是由众缘和合（即各种因缘条件的汇聚）而产生。对此，我们可以结合佛教三法印思想略作说明。小乘教义以《四阿含经》

---

①　印顺：《佛法概论》，上海古籍出版社1998年版，第83页。

为依据，讲的就是三法印。一，所谓"法印"（dharmamudra）乃是佛教术语，亦译为"法本""本末""忧檀那"等，是佛教徒用来鉴别佛法真伪的标准。所谓"三法印"是指诸行无常、诸法无我、涅槃寂静。如《大智度论》卷二十二就讲佛法印有三种："一者一切有为法念念生灭皆无常，二者一切法无我，三者寂灭涅槃。"《杂阿含经》卷十云："一切行无常，一切法无我，涅槃寂灭。"凡符合此三原则的，便是佛正法。但也有加上"一切行苦、一切法空"而成为"四法印"甚至"五法印"的。二，虽然历史中各路传承对三法印的语言翻译略有差异，但本质内涵则是一致的。所谓"诸行无常""诸法无我"，涉及佛教对于宇宙有情生死之实相的揭示。"诸行无常"是指诸法生灭相续。它不但包括一刹那生灭不停的意思，而且包括因果相续之义。佛教说世界有成、住、坏、空，众生有生、老、病、死，万物有生、住、异、灭，而且是时时刻刻在那里代谢变迁，此即"诸行无常"；所谓"诸法无我"，是说一切诸法皆无一个真我，即诸法本无我。所以《金刚经》上讲"无我相，无人相，无众生相，无寿者相"，即四相皆空，无我可得。但是在现实中，众生因执着有情生死而有妄想执着的心，于诸法无常，执为真常；于诸法无我，妄执有我，因此就产生了我见、我痴、我慢、我爱、颠倒梦想的四种妄心，所以造业受报，依因感果，因果相续不断，轮回六道之中。我们要想解脱人生之苦，那就要用"诸行无常""诸法无我"的思想，发心修道，断苦恼因，勤修戒、定、慧，熄灭贪、嗔、痴；何为"涅槃寂静"呢？"涅槃"意译为圆寂，是真无不圆、妄无不寂的意思。它又译为灭度，即灭了烦恼障和所知障二种惑障，了脱分段生死和变易生死二种苦果。三，我们从三法印这里所能体会到的就是：一切宇宙有情生死的存在都是缘起，依托众缘和合而生，故而是无自性的、暂时的生灭。人们执着于宇宙有情生死的存在经验（情感、感受），将是痛苦的。真正的智慧修行就在于：依托三法印而证悟有情缘起，实现对有身经验世界与语言名相世界的超越。

　　《六度集经》中曾记载了这样一则众所周知的故事：释迦牟尼佛

在因地修行时，曾为萨波达国王，平日广行布施，爱护百姓，受到天龙鬼神的赞叹。帝释天为此十分恐慌，生怕萨波达国王夺了自己的帝位，于是对守护天将说："你化作一只鸽子，我变成老鹰，去试探他是否真是一位如实修行的菩萨行者。"于是，化作老鹰的帝释天凶猛地追着鸽子，鸽子一路惊慌飞到国王座前，随即钻进国王足下，气喘吁吁地哀求国王保护它。这时紧追在后的老鹰也飞到国王座前，并说："我已经饿了好几天，请把鸽子还给我。"萨波达国王说："我已经答应要保护这只鸽子，也请你饶了它吧。"老鹰说："放了它？那我岂不饿死？"萨波达国王说："我可以用我的肉布施给你。"老鹰说："好，拿秤子来称，可要和鸽子一样重。"国王毫不犹豫拿起利刃，将自己的肉一块一块割下来，奇怪的是，身上的肉都要割尽了，但都比不上鸽子的重量。国王只好对在旁的大臣们说："请把我杀了，将我的头目脑髓放上去，一定够重。我宁可身亡，也要完成救护众生的誓愿啊！"这个佛陀割肉喂鹰的故事，固然表现了菩萨悲悯有情的慈忍心，就如经中萨波达国王对帝释天所说："吾睹众生没于盲冥，不睹三尊，不闻佛教，恣心于凶祸之行，投身于无择之狱，睹斯愚惑，为之恻怆，誓愿求佛，拔济众生之困厄，令得泥洹。"菩萨视一切众生平等，更不忍众生迷于娑婆红尘，誓愿以无缘大慈、同体大悲的精神救度。不过它更深层地表明一个道理，即：国王原初割肉的时候乃是在有身的背景下计较割让重量的，结果无法完成救护众生的誓愿。及至他举身而起，忘身而行，度越有情生死之大关，方成宏愿。

在以上治身思想基础上，佛教乃阐发了它的治心之意。在《羯腊磨经》中，佛陀申说道："勿因耳闻而轻信，道听途说本无稽；不以传统而妄信，历代传说多谬奇；众人谣言不可靠，毫厘之差失千里；迷信教条未见安，经典所载非无疑；师长训示固可贵，慑信权威非所宜；凡事合理方可信，且需益己复益人；必俟体察分析后，始能虔信并奉行。"由上可见，佛教对于各种邪见多有反思辨析，在破解诸种邪见的进路中，强调培养人之心念的纯正。归省禅师对此亦有精妙论述，正所谓："夫行脚禅流，直须著忖。参学须具参学眼，见地须得

见地句，方有相亲分，始得不被诸境惑，亦不落于恶道。毕竟如何委
悉？有时句到意不到，妄缘前尘分别影事；有时意到句不到，如盲摸
象各说异端；有时意句俱到，打破虚空界，光明照十方；有时意句俱
不到，无目之人纵横走，忽然不觉落深坑。"那么究竟当如何治心呢？
佛家持论甚众。我们这里仅以智𫖮大师的思想为例略作说明。

智𫖮大师认为，一切诸法皆具空、假、中三谛，即"三谛圆融"。
此"三谛"说是对龙树菩萨《中论》中一段著名偈颂的创造性诠释，
龙树偈曰："因缘所生法，我说即是空，亦为是假名，亦是中道义。"
（《中论》"四谛品"）这四句的大意是：一切诸法皆由各种因缘会合
而成，其实质皆自性空。这些因缘所生之法，一方面可以说它们是
"空"，另一方面也可以说它们是假名安立，此即是"中道"之义。
智𫖮在论及这一偈颂时说："《中论》云，因缘所生法，即空，即假，
即中。因缘所生法即空者，此非断无也；即假者，不二也；即中者，
不异也。因缘所生法者，即遍一切处也。"（《法华玄义》卷一）也就
是说，一切诸法皆由各种因缘聚合而成，因其有赖各种条件，所以无
自性，即"空"，但又不是断灭空或顽空；诸法虽自性空，非实有，
却能显现各种如幻的形相，故同时亦为"假"，所以"假"与"空"
并不矛盾；一切诸法同时包含着空谛和假谛，即空即假，非断灭亦非
实有，不住于空，也不住于假，故同时亦为"中"道。空、假、中
三谛的关系是"虽三而一，虽一而三，不相妨碍。三种皆空者，言思
道断故；三种皆假者，但有名字故；三种皆中者，即是实相故。"
（《摩诃止观》卷一）空、假、中并非各自孤立，而是圆融互摄的，
每一谛亦同时含具其他二谛，空谛亦即假谛和中谛，假谛亦即空谛和
中谛，中谛亦即空谛和假谛。比如说空谛时，并非在假谛和中谛之外
另有一个空谛，假谛和中谛本身即是空谛。其他二谛也是如此。故三
谛虽从名相上分三，但究其实质则为一实相。

"三谛圆融"实际上揭示的是一切法皆由心生①，"只心是一切法，

---

① 参见汤用彤《隋唐佛教史稿》，江苏教育出版社 2007 年版，第 109 页。

一切法是心。"(《摩诃止观》卷五)重点在于强调心当下具足无尽诸法，而无尽诸法亦不出当下之一念，这对止观修习有着重要的意义。

智顗认为，"止观"是通向涅槃的根本途径，要通达"三谛圆融"，则必须透过止观来完成。"止观"是梵文 Samatha（奢摩他）和 Vipasy-ana（毗钵舍那）的意译，又译为定慧、寂照、明静等。"止"即止息妄念，使心系于一境；"观"是指在"止"的基础上，以智慧对某一特定理谛加以观照。在智顗看来，止观两者必须相辅相成，缺一不可："止乃伏结之初门，观是断惑之正要；止则爱养心识之善资，观则策发神解之妙术；止是禅定之胜因，观是智慧之由藉。……当知此之二法，如车之双轮，鸟之两翼，若偏修习，即堕邪倒。"(《童蒙止观》)

智顗早年曾从慧思修习止观，后来在此基础上将其整理为三种大乘止观法门，即"渐次止观""不定止观""圆顿止观"。

所谓"渐次止观"，是指由浅入深、相对易行的禅修方法，即"先修归戒，断翻邪向正，止火血刀，达三善道。次修禅定，止欲散网，达色、无色定道。次修无漏，止三界狱，达涅槃道。次修慈悲，止于自证，达菩萨道。后修实相，止二边偏，达常住道，为初浅后深，渐次止观相"(《摩诃止观》卷一)。也就是说，"渐次止观"是从三皈五戒等基础善法开始，如此可获得生于三善道①的果报；进而修习离欲禅定，可得色、无色定②；进一步修习无漏法，断诸烦恼，可得涅槃果；在此基础上进一步修习慈悲、六度等菩萨道；进而修习诸法实相，遣除二边，由此而得七常住果。③

所谓"不定止观"，是指不按由浅至深的固定次第，而是依宿世善根所发而任修一法，证得实相的禅修方法。如《法华玄义》卷十曰："不定观者，从过去佛深种善根。今修证十二门，豁然开悟，得

---

① 三善道，是指由善业所感的天、人、阿修罗道，与由恶业所感的三恶道（地狱、饿鬼、畜生道）相对。

② 指色界四定和四无色定。

③ 出自《楞严经》，指诸佛所证得的无生无灭、不迁不变之七种法身果德，即菩提、涅槃、真如、佛性、庵摩罗识、空如来藏、大圆境智。

无生忍。"这种方法渐顿、前后、浅深、事理等随机灵活运用,不拘一格,是介于"渐次止观"和"圆顿止观"的一种观法。

所谓"圆顿止观",是指初发心就直截了当以纯一实相作为对境进行观修,直接契入实相的禅修方法。所谓"初缘实相,造境即中,无不真实。系缘法界,一念法界,一色一香,无非中道。己界及佛界,众生界亦然。阴入皆如,无苦可舍;无明尘劳即是菩提,无集可断;边邪皆中正,无道可修;生死即涅槃,无灭可证。无苦无集故无世间,无道无灭故无出世间。纯一实相,实相外更无别法。法性寂然名止,寂而常照名观"(《摩诃止观》卷一)。在圆顿止观的境界中,无苦可舍,无集可断,无灭可证,无道可修,烦恼与菩提、生死与涅槃皆统一于纯一实相,这是天台宗最上乘的修习方法。[①] 由上可见佛教治心之道之一斑。

关于佛教治世之论,则需要放在儒、释、道三教论战的具体历史进程中来考察。自东晋以来,佛教开始摆脱原初对儒、道等传统文化的依附关系,不但对道教,而且对道家和儒家思想也开始进行公开的批判。如僧肇就认为老庄之言比之佛教"尤未尽善";慧远则以佛教为内道,儒学为外道,确立了"内外之道可合"的原则,认为佛教理应发挥社会教化的作用,为巩固皇权,维护社会秩序服务。他以为帝王体现的是天地生化之道,故为世俗之尊。佛则不存身于天地顺化之道,故比世俗帝王要尊高。佛可以化身为世俗帝王,世俗帝王则是菩萨行的一个阶段。在此基础上,他甚至认为"儒道九流皆糠秕耳"。伴随着佛教与道、儒思想的论战,到了南北朝时期,佛教乃有包容儒、道而为三教之首的气象。例如东晋时期曾出现僧尼是否要向王者致敬的问题,这反映了现实中佛教发展与现实王权之间的冲突,由此引发儒释道三者的论争。这个问题发展到了梁代,佛教获得了全胜。南朝谢灵运曾指出:"六经典文,本在济俗为治耳;必求性灵真

---

① 以上内容参见张连良、连遥等《中国古代哲学史》,中国社会科学出版社2015年版,第313—318页。

奥，岂得不以佛经为指南耶？"① 在隋代，隋文帝为了收民心、举贤才，在以儒学为核心的前提下，力推佛教，只是要求佛教必须树立"皇权至上"的理念。而儒、释、道三家虽然仍存有很多的纷争，但在维护君主政体这一点上则没有分歧。与此同时，佛教在广泛深入吸收儒、道思想的基础上也在不断影响、改造着其他两家文化，并将其影响扩大到了广泛的民间生活之中。在和平时期，它可谓是太平盛世的点缀与超越理想所在；在动荡的战乱与贫困时期，它又可成为人们精神上的慰藉与希望寄托，故而它体现了极强的适应现实的能力。在唐代，统治者对待三教采取的基本态度是"以儒为本，调和并用"，故而佛教思想之发展、传达始终需要服从现实政治生活的需要。但是到了睿宗李旦那里，情形有了一些变化。他主张佛道并重，认为"释典玄宗，理均迹异；拯人化俗，教别功齐"。② 除此之外，佛教中的密教思想的传播也对现实具有深远广泛的影响。南北朝以后，传播、译介咒术的僧侣很多，这些咒术应用范围很广，如安家、驱鬼役神、降龙求雨、占卜、望星等，通称为"杂密"。杂密与中国传统的道教方术、民间巫术多有相通之处，它们既流行于民间，成为大众信仰，又参与政治实践，为政权需要和统治者寻求个人长生服务。③ 在此后的历史社会生活中发挥着作用。借助以上阶段性的历史陈述，我们大略可见佛教治世之功。

概而论之，佛家在治心、治身、治世一体的诠释体系中亦有其完整的思想系统，绝非止于治心之一端。

（三）儒家的修治体系

最后，我们来重点介绍一下儒家在这方面的系统认识。

心性之学是儒学的一项重要内容。在《尚书·大禹谟》中，舜帝

---

① 参见杜继文主编《佛教史》，江苏人民出版社 2006 年版，第186—188 页。
② 《旧唐书》卷七《睿宗本纪》、卷六《则天皇后本纪》。
③ 参见杜继文主编《佛教史》，江苏人民出版社 2006 年版，第276—277 页。

曾对大禹言道："人心惟危，道心惟微，惟精惟一，允执厥中。"这个十六字箴言后来成为儒学的传心法门。唐代孔颖达在《尚书正义》中指出："居位则治民，治民必须明道，故戒之以'人心惟危，道心惟微'。道者经也，物所从之路也。因言'人心'，遂云'道心'。人心惟万虑之主，道心为众道之本。立君所以安人，人心危则难安。安民必须明道，道心微则难明。将欲明道，必须精心。将欲安民，必须一意。故以戒精心一意。"孔疏这里讲道心、人心其实还是就一个心上下功夫，以求人心安而道心明，明道而安民。到了宋代二程那里，这个问题就有了变化。二程对此问题的解释是："人心，人欲。道心，天理。"（《外书》卷二）又说："人心，私欲也。道心，正心也。危言不安，微言精微。惟其如此，所以要精一惟精"（《遗书》卷十九）、"人心，私欲，故危殆。道心，天理，故精微。灭私欲，则天理明矣"（《遗书》卷二十四）。显然，二程这是以天理释道心，以人欲、私欲释人心。对此，朱熹明确表示反对，朱熹的说法是："若说'道心，天理；人心，人欲'却是有两个心。人只有一个心，但知觉得道理底是道心，知觉得声色臭味底是人心，不争得多。'人心，人欲也'，此语有病。虽上智，不能无此，岂可谓全不是？陆子静亦以此语人。非有两个心，道心、人心本只是一个物事，但所知觉不同。"（《朱子语类》卷七十八）朱熹坚持认为："只是这一个心，知觉从耳目之欲上去，便是人心；知觉从义理上去，便是道心。""道心是义理上发出来底，人心是人身上发出来底。虽圣人不能无人心，如饥食、渴饮之类；虽小人不能无道心，如恻隐之心是。"（《语类》卷七十八）因此，人要让人心听命于道心，而绝不是相反。对此，朱熹又言："人莫不有是形，故虽上智不能无人心；亦莫不有是性，故虽下愚不能无道心。二者杂于方寸之间，而不知所以治之，则危者愈危，微者愈微，则天理之公卒无以胜夫人欲之私矣。精则察夫二者之间而不杂也，一则守其本心之正而不离也。从事于斯，无少间断，必使道心常为一身之主，而人心每听命焉，则危者安、微者著，而动静云为自无过不及之差矣。"（《中庸章句序》）以上就是儒学围绕人心、道心这对概念的内涵与关系而阐发的治心之道。应该说，这一讨论从其揭示的义理思想上讲是没有问题的，但由于它对心之实体进行了概念化的解析，从而容易引发思、存间的对立，进而导致道德的虚位，这是在这一框架下领会儒学治心之道所要着力关注的问题。

相对而言，孟子关于心的讲法就没有这方面的顾虑。孟子以为"耳目之官不思，而蔽于物，物交物，则引之而已矣。心之官则思，思则得之，不思则不得也。此天之所与我者，先立乎其大者，则其小者弗能夺也。此为大人而已矣。"（《孟子·告子上》），那么如何看待这个"思"呢？对此，我们可结合《孟子》原文来逐次体会：其一，关于"人之所求"，孟子曾讲过这样一段话："求则得之，舍则失之，是求有益于得也，求在我者也。求之有道，得之有命，是求无益于得也，求在外者也"（《尽心上》）。由此我们可以发现孟子思想中有这样一条规则，即：以"求则得之，舍则失之"为"求在我"；以"求之有道，得之有命"为"求在外"。其二，孟子言"心之官则思，思则得之，不思则不得也"（《孟子·告子上》）。结合以上孟子言求之理，可见孟子所谓的"思"属于"求在我"。其三，对于"思"的内容，孟子曾言道："仁义礼智，非由外铄我也，我固有之也，弗思耳矣。故曰：'求则得之，舍则失之。'"（《孟子·告子上》）可见，所"思"者乃仁、义、礼、智。通观以上三点内容，可知孟子所谓"思"即是人通过"求在我"的路径而获得内在固有的道德性。① 在

---

① 针对以上孟子以心思自觉人之内在德性的思想，有两点补充。其一，关于外向致知、内证于心体以成德性的思路。对此我们可以结合小程子与朱子之学来论之。小程子论心思同于大程子，皆是"集义"和"持敬"并举，故有"涵养须用敬，进学在致知"之语。只是小程子在持敬基础上，更重致知，并指出"敬只是持己之道，义便知有是有非。顺理而行，是为义也。若只守一个敬，不知集义，却是都无事也"（同上），由此可见其对致知的关注。至于如何进行致知，小程子以为："今人欲致知，须要格物。物不必谓事物然后谓之物也。自一身之中，至万物之理，但理会得多，相次自然豁然有觉处。"由此可见，小程子言心思乃有格物穷理、外索内证以成德性的理路。后来的朱子亦是侧重此一路。朱子《四书集注》言格物致知，曾有云："所谓致知在格物者，言欲致吾之知，在即物而穷其理也。盖人心之灵，莫不有知，而天下之物，莫不有理。惟于理有未穷，故其知有不尽也。是以大学始教，必使学者即凡天下之物，莫不因其已知之理而益穷之，以求至乎其极。 （转下页）

此基础上，心之官亦体现出以下三点特征：其一，心之所思乃是人之道德性，它体现了人存在之根本，故以心之官为大体。对此孟子有言曰："此天之所与我者，先立乎其大者，则其小者弗能夺也。此为大人而已矣"（《孟子·告子上》）。其二，作为人心所思之内容，道德性乃是人自身所固有，正所谓"仁义礼智，非由外铄我也，我固有之

（接上页）至于用力之久，而一旦豁然贯通焉，则众物之表里精粗无不到，而吾心之全体大用无不明矣。"朱子以外知内证、穷理存心、相须并进言心思成性，这并不合于孟子。孟子言心思本于内证德性。其并非不及外知，只是其所谓外知乃是建立在内证自得之基础上，故有"人之所以异于禽兽者几希，庶民去之，君子存之。舜明于庶物，察于人伦，由仁义行，非行仁义也"（《孟子·离娄下》）。所谓"明于庶物，察于人伦"便是此德性之知的外在开显，所谓"由仁义行，非行仁义也"便是指心知外显的内在德性之基。一个"由"字便深刻地揭示出孟子以自觉人之内在德性为心思之本的内证特点。其二，关于以心思仅为一认知功能，却无本然内在认知内容的思路。对此，我们主要结合荀子所论而言之。《荀子·性恶》云："凡古今天下之所谓善者，正理平治也；所谓恶者，偏险悖乱也。是善恶之分也已。"此荀子所谓善恶之分。随后《荀子·正名》又云"治乱在于心之所可，亡于情之所欲"。此荀子即心知、情欲而言善恶之道。并于《性恶》中指出："然则从人之性，顺人之情，必出于争夺，合于犯分乱理而归于暴。故必将有师法之化，礼义之道，然后出于辞让，合于文理，而归于治。用此观之，然则人之性恶明矣，其善者伪也。"由此可见，荀子以人性出于情欲，故由情欲而发乃为性恶之意。至于为善，荀子以为在于人的心知，《荀子·正名》云："性者，天之就也；情者，性之质也；欲者，情之应也。以所欲为可得而求之，情之所必不可免。以为可而道之，知所必出也。"《荀子·性恶》又云："今涂之人者，皆内可以知父子之义，外可以知君臣之正，然则其可以知之质、可以能之具，其在涂之人明矣。……今使涂之人伏术为学，专心一志，思索孰察，加日县久，积善而不息，则通于神明，参于天地矣。故圣人者，人之所积而致矣。"由此可见，荀子以为涂之人"皆有可以知仁义法正之质，皆有可以能仁义法正之具"。由此出发则"以所欲为可得而求之，情之所必不可免也。以为可而道之，知所必出也"。在此，荀子明确肯定了人有为善之质具。而其所谓心知便是指可以知、可以能之识别操作质具而言。故《正名》云："治乱在于心之所可，亡于情之所欲。"可是荀子虽然承认人有心知识别判断的功能，但是由于他否认人性中本有仁义善德，并指出"礼义者，圣人之所生也，人之所学而能，所事而成者也。不可学、不可事而在人者谓之性，可学而能、可事而成之在人者谓之伪。是性、伪之分也"，将仁义善德划为外在于性的行为规范，如此一来，荀子所谓的心知便成为后天的经验体察和基于此的实践价值判定，而不具有先天德性之意。由此观之，荀子所谓的心知便缺失了其人性内在质的规定，而只是外向认知的一种实践功能。故其言成善乃是对外在规范的实践认知和服从，而不具有人性内在本有的道德冲动的含义。其为不善则具有人性本于情欲之发显而为恶的原动和对外在必要规范的无知。此皆与孟子所言心思之意不合。《论语·为政》有云："子曰：'道之以政，齐之以刑，民免而无耻；道之以德，齐之以礼，有耻且格。'"意即以开启人之内在道德自觉而为制民之道乃是为政根本之策，结合以上孟荀所言心知之意，我们对此当有更深的体会。

也"（《孟子·告子上》），故人心无须倾力外求，这体现了心之思具有深刻的主体性特征。其三，由于"心之官则思"，所以人可以即时反省自身所为，避免随波逐流，对此孟子云："孔子曰：'操则存，舍则亡；出入无时，莫之其乡。'惟心之谓与？"（《孟子·告子上》）此亦是心思之主体性表现。基于以上三点内容，心之官所表达的道德性诉求乃可谓人性之价值主体。

孟子以心之官为大体，借助心思的主体性来凸显人之道德性的价值主体地位具有重要的思想意义，对此我们可以结合耳目之官与心之官的关系来作进一步理解。

首先，孟子曾有言曰："耳目之官不思，而蔽于物，物交物，则引之而已矣。"（《孟子·告子上》）朱子《集注》云："耳思聪，目思视，各有所职而不能思，是以蔽于外物。既不能思而蔽于外物，则亦一物而已。又以外物交于此物，其引之而去不难矣。"[1] 结合朱注，可知孟子所言大意是：耳目之官不思，故在外求于物的过程中容易为外物所遮蔽，导致人的生存发展出现异化现象。对此孟子亦曾举例说明，即："饥者甘食，渴者甘饮，是未得饮食之正也，饥渴害之也。"（《孟子·尽心上》）由此可见，偏执耳目之官很容易形成人的生存物化，使人失去自身的主体性。此外，由于耳目之官不思，故无法节制自身，如此则容易导致人之生物性欲求的无限膨胀。在此情况下，人为满足其生物欲求便可能无所不用其极，乃至集天下之人、物而经营一己之私利。如此一来，它便会对宇宙万物之存在形成伤害。对此，孟子曾以义利之辩而言之，所谓"万乘之国弑其君者，必千乘之家；千乘之国弑其君者，必百乘之家。万取千焉，千取百焉，不为不多矣。苟为后义而先利，不夺不餍"（《孟子·梁惠王上》）。司马迁读孟子此言时亦是感慨万千，并云："余读孟子书，至梁惠王问：'何以利吾国'，未尝不废书而叹也。曰：嗟乎，利诚乱之始也！夫子罕言利者，常防其原也。故曰：'放于利而行，多怨'。自天子至于庶

---

① （宋）朱熹：《四书章句集注》，中华书局1983年版，第335页。

人，好利之弊何以异哉"（《史记·孟子荀卿列传》）。

其次，与"耳目之官不思"相反，孟子以为"心之官则思。思则得之，不思则不得也"。在此，心思因其所求的对象乃是人植根于心、彰显存在根本的道德性，故具有了"求在我"的存在之主体性特征。而道德性也由此成为人性之价值主体。对此孟子有云："仁，人心也；义，人路也……学问之道无他，求其放心而已矣"（《孟子·告子上》），又云："君子所以异于人者，以其存心也。君子以仁存心，以礼存心"（《孟子·离娄下》）。在此基础上，孟子又进一步言道："居天下之广居，立天下之正位，行天下之大道。得志与民由之，不得志独行其道。富贵不能淫，贫贱不能移，威武不能屈，此之谓大丈夫。"（《孟子·滕文公下》）此处孟子所言之大丈夫气概即为在心思主宰下人之道德性的岿然挺立，由此我们尽可以看出道德性之价值主体确立的意义所在。那么人之本心自觉何以能够呈显仁义礼智之道德性呢？对此，孟子有自己的解释，即"理义之悦我心，犹刍豢之悦我口"（《孟子·告子上》）。也就是说，心悦理义乃是其存在的本然欲求。由此说来，人对固有道德性的思与求便是人之本心自觉呈显过程，故云"尽其心者，知其性也"（《孟子·尽心上》）。此过程亦是一个思诚的经历，故孟子有言"诚者，天之道也；思诚者，人之道也"。对于孟子即本心自觉以呈显人之道德本性的思想，我们也可以参照大程子之言来理解。大程子有云："当论以心知天，……只心便是天，尽心便知性，知性便知天。当处便认取，更不可外求。"（《宋元学案卷十三·明道学案》）大程子此言充分体现了其明心见性的思路。此外阳明先生亦曾有云："人但得好善如好好色，恶恶如恶恶臭，便是圣人……善是实实的好，是无念不善矣。恶是实实的恶，是无念及恶矣。如何不是圣人？故圣人之学，只是一诚而已"（《传习录下》）；又云："著实去致良知，便是诚意""良知只是天理自然明觉发现处。只是一个真诚恻怛，便是他本体"（《传习录中》）。在此，阳明以"诚意"和"致良知"贯通一体，即本心真诚发露以言人之德性的崛起，十分契合孟子"心悦理义"之意。

综上所述，我们可以看到，借助心之官来确立道德性之价值主体地位可具有以下两方面意义，即：一方面它可以消解生物性盲目发展所可能带来的种种非主体性的负面影响；另一方面它又可以充分体现"求在我"的心思主体性特征，彰显以德性为价值主体的人格光辉。

那么对于现实中存在的大量不善的现象又当如何解释呢？对此，孟子有言曰："乃若其情，则可以为善矣，乃所谓善也。若夫为不善，非才之罪也。……或相倍蓰而无算者，不能尽其才者也。"（《孟子·告子上》）意思是说，人本有为善的才具，即顺乎本心、发乎人情，自然可以为善。不善者乃是因为不能尽其本有的才具。针对这种情况，孟子言道："自暴者，不可与有言也；自弃者不可与有为也。言非礼义，谓之自暴也；吾身不能居仁由义，谓之自弃也。仁，人之安宅也；义，人之正路也。旷安宅而弗居，舍正路而不由，哀哉"（《孟子·离娄上》）、"不仁者可与言哉？安其危而利其菑，乐其所以亡者。不仁而可与言，则何亡国败家之有？有孺子歌曰：'沧浪之水清兮，可以濯我缨；沧浪之水浊兮，可以濯我足。'孔子曰：'小子听之：清斯濯缨；浊斯濯足矣。自取之也。'夫人必自侮，然后人侮之；家必自毁，而后人毁之；国必自伐，而后人伐之。太甲曰：'天作孽，犹可违；自作孽，不可活。'此之谓也"（《孟子·离娄上》）。由上可见，孟子对于有为善之才具而不能努力行善之人实是哀之、恨之、叹之。

为了排除以上两种因素的干扰，确立人之德性主体，孟子进一步提出要"养心"。孟子所谓的"养心"亦可从内外两方面理解：

从内在方面看，孟子提出："养心莫善于寡欲。其为人也寡欲，虽有不存焉者，寡矣；其为人也多欲，虽有存焉者，寡矣。"（《孟子·尽心下》）为此，孟子举例云："虽有天下易生之物也，一日暴之，十日寒之，未有能生者也。吾见亦罕矣，吾退而寒之者至矣，吾如有萌焉何哉？今夫弈之为数，小数也；不专心致志，则不得也。弈秋，通国之善弈者也。使弈秋诲二人弈，其一人专心致志，惟弈秋之为听。一人虽听之，一心以为有鸿鹄将至，思援弓缴而射之，虽与之俱学，弗若之矣，为是其智弗若与？曰：非然也。"（《告子上》）以上孟子之意在于说明养心重在持志如一、心无旁骛，不能朝三暮四、心不在焉。阳明先生曾有云："真有圣人之志，良知上更无不尽。良知上留得些子别念挂带，便非必为圣人之志矣。"（《传习录下》）此亦可与孟子养心寡欲之意相通。

从外在方面看，孟子所谓"养心"还可以"礼"涵养之。对此，孟子有云："仁之实，事亲是也；义之实，从兄是也。智之实，知斯二者弗去是也；礼之实，节文斯二者是也；乐之实，乐斯二者，乐则生矣，生则恶可已也，恶可已，则不知足之蹈之、手之舞之。"（《离娄上》）由此可见，孟子以为"礼"乃是仁、义的文化形式，人可即此文化历练来发动本心自觉，规范现实行为，驱除恶念，显现德性主体。

综上所述，我们基本可以获得这样的认识，即：孟子所言人之德性作为先天内容并非是一种现成的、完成的状态。它必须在人之本心自觉和存养本心的修养历程中见诸人的形色后才能得以最终证成自身。郭店简《性自命出》云："牛生而长，雁生而伸，其性（使然，人）而学或使之也。"① 其所谓"学"者也许正是此明心见性的体证经历吧。

关于儒家治身的思想，我们需要结合其治心之道来体会。郭店简《性自命出》曾讲："凡悦人勿吝也，身必从之，言及则明举之而毋伪"；"君子身以为主心"。② 郭店简《五行》讲："耳目鼻口手足六者，心之役也。"③ 以上几条材料中，"身以为主心""心之役也"都是说人当以心作为主宰，进而影响他的身体，从而实现"身心合一"。《五行》又云："（君）子之为善也，有与始，有与终也。君子之为德也，（有与始，有与）终也。金声而玉振之，有德者也。"④ 这

① 李零：《郭店楚简校读记》，北京大学出版社2002年版，第105页。
② 同上书，第108页。
③ 同上书，第80页。
④ 同上书，第79页。

里君子为德的终始之道，也可以具体体现为以上"身心合一"之道。

总之，孟子之前的儒者言气、言身，并非将它们看作与人之内在精神无涉的单纯形气之物；相反，他们已经注意到人的心志与形气之间的密切联系了，并且已经认识到，人之心志必为形气的主宰，人之形气必为心志的显现，故人当在心志的主宰下实现身心合一。

对身心关系问题，孟子亦有很多论述。这些论述既有对以前思想的合理继承，又有孟子本人的独到见解。其要点，体现为以下四个方面。

首先，孟子认识到"心志""形气"与"人性"之间的密切关系，并作了深入的阐释。孟子以为："君子所性，仁、义、礼、智根于心，其生色也睟然，见于面，盎于背，施于四体，四体不言而喻。"（《孟子·尽心上》）意思是说，人性，即人的道德性，植根于人心，并自然显现在人的形色上。孟子的这句话明确表达了人性与心志、形气合一的思想，而且，孟子还对这种思想的基础作了深刻的阐释。孟子云："诚身有道：不明乎善，不诚其身矣。是故，诚者，天之道也；思诚者，人之道也。至诚而不动者，未之有也；不诚，未有能动者也。"（《孟子·离娄上》）朱子《集注》释"诚"为"实"，并言："诚者，理之在我者皆实而无伪，天道之本然也。思诚者，欲此理之在我者皆实而无伪，人道之当然也。"[1] 亦即：人自我真实的存在状态即是诚，这也是天道本然。对此天道本然的切实理会亦即思诚乃是行人道之应当。那么人如何才能呈显真实的自我，进而实现诚身呢？孟子言："诚身有道：不明乎善，不诚其身矣。"（《孟子·离娄上》）就是说，诚身之道在明善。那什么又是善呢？孟子言："可欲之谓善。"（《孟子·尽心下》）孟子所谓"可欲"者，实际是指人禀于天命、"思则得之，不思则不得""求在内"的切己的道德性，亦即人性。由于它是受于天命，并且"思则得之，不思则不得"，"求在内"，故为可欲。[2] 此道德性即是可欲之善。明善即是实现人切己的

---

① （宋）朱熹：《四书章句集注》，中华书局 1983 年版，第 282 页。

② 参见李景林先生《论"可欲之谓善"》，《人文杂志》2006 年第 1 期。

道德性，即是诚身之道、即是思诚、行人道以尽天道。如此一来，孟子便将人性与心志、形气合一的思想，建立在即天道之本然，行人道之当然的理论框架上，并赋予它深刻的思想寓意。

其次，孟子讲到心志对形气的主宰作用。我们看下面《孟子·公孙丑上》"知言养气"章这段话：

> 告子曰："不得于言，勿求于心；不得于心，勿求于气。"不得于心，勿求于气，可；不得于言，勿求于心，不可。夫志，气之帅也；气，体之充也。

告子说"不得于心，勿求于气"，孟子曰："可。"赵歧说："孟子以为是则可，言人当以心为正也。"[1] 朱子《集注》以为："彼谓不得于心而勿求于气者，急于本而缓其末，犹之可也。"[2] 以上二注都说：孟子曰"可"，意在肯定告子以人心作为价值抉择根本的主张。由此可见，在心、气关系中，孟子很重视心的根本作用。至于孟子所云"夫志，气之帅也；气，体之充也"，则表明孟子以"志"为形气之统帅，在心志的主宰下以气通贯人身的思想。也就是说，在"心志""形气"关系中，孟子肯定了"心志"对"形气"的主宰作用。由此可见，一如此前儒者所论，孟子也以人的心志作为自身的主宰，并由此来影响形气，实现身心合一。这个思想与后来的阳明论"致良知""知行合一"自成一贯，并被阳明大力阐发。在《传习录上》中，王阳明曾言道："未有知而不行者。知而不行，只是未知。圣贤教人知行，正是要复那本体，故《大学》指个真知行与人看，说如好好色，如恶恶臭，见好色属知，好好色属行。只见那好色时，已自好了，不是见了后又立个心去好。……知行如何分得开？此便是知行的本体，不曾有私意隔断的。圣人教人必要是如此方可谓之知，不然

---

[1] （清）焦循：《孟子正义》，中华书局1987年版，第194页。
[2] （宋）朱熹：《四书章句集注》，中华书局1983年版，第230页。

只是不曾知。"在《答罗整庵少宰书》中，王阳明又说道："夫德之不修，学之不讲，孔子以为忧。而世之学者稍能传习训诂，即皆自以为知学，不复有所谓讲学之求，可悲矣！夫道必体而后见，非已见道而后加体道之功也；道必学而后明，非外讲学而复有所谓明道之事也。然世之讲学者有二：有讲之以身心者，有讲之以口耳者。讲之以口耳，揣摩测度，求之影响者也；讲之以身心，形著习察，实有诸己者也，知此则知孔门之学矣。"笔者以为，以上阳明先生所讲"致良知""知行合一"皆与孟子以心志为形气主宰，讲"真知、真行"相一致。可见孟子这一思想对后人影响很大。

再次，孟子不仅以"志"为"气"的统帅，还进一步指出："夫志至焉，气次焉。故曰：'持其志，无暴其气。'"所谓"夫志至焉，气次焉"是指心志所至，气即附之。如此一来，心志的主宰义，必即形气而成为一种具体实存的力量。而这种实存的力量，又有着它内在的心志主宰。这显然包含了志、气合一的意味。孟子曾言："存乎人者，莫良于眸子。眸子不能掩其恶。胸中正，则眸子瞭焉；胸中不正，则眸子眊焉。听其言也，观其眸子，人焉廋哉？"(《孟子·离娄上》)所谓"存"者，《尔雅·释诂》云："存，察也。"也就是说观察一个人，最好的办法就是看他的眼神。一个人的思想精神，无论善恶，都可以通过他的眼神表现出来。在这句话里，孟子就表达了一种身心合一的思想。① 对于"持其志，无暴其气"的原因，孟子的解释是："志壹则动气，气壹则动志也。今夫蹶者趋者，是气

----

① 所谓"夫志至焉，气次焉"的解释，历史上是有一定分歧的。赵歧以为孟子是从作用上讲"志"是主要的，"气"是次一级的（见焦循《孟子正义》，中华书局1987年版，第196页）。今人杨泽波先生也持此论（见《孟子评传》，南京大学出版社1998年版，第367页）。毛奇龄《逸讲笺》则以"次"为舍止，认为孟子是说"气之所至，气即随之而止"（见焦循：《孟子正义》，中华书局1987年版，第196—197页）。今人杨伯峻先生《孟子译注》亦持此说（见杨伯峻：《孟子译注》，中华书局1960年版，第65页）。朱子《集注》先从赵歧，《语类》又讲："志至焉，则气便在这里，是气亦至了。"徐复观先生合此二言，以为"志与气之职分虽殊而实不可分"（见徐复观《中国思想史论集》，上海书店出版社2004年版，第119页）。今从徐说。

也，而反动其心。"所谓"壹"者，专一也。①亦即：孟子以为，志与气之间虽然在心志主宰下具有志、气合一的关系，然二者也存在一定的相互影响和作用——心志专一则可动形气，反之形气则会拨动心志。有鉴于此，孟子言："持其志，无暴其气"，即人应当坚定自己的心志，不能任由气发挥作用而削弱心志主宰。人需要在心志主宰下，持志、养气，兼容并蓄，以实现身心合一，此即朱子所谓"内外本末，交相培养"②。

最后，孟子还谈到心志、形气合一的具体阶段性。孟子曾言："可欲之谓善，有诸己之谓信，充实之谓美，充实而有光辉之谓大，大而化之之谓圣，圣而不可知之之谓神。"（《孟子·尽心下》）所谓"信"者是指道德之善实存在身。所谓"美"者是指以道德之善充满本身。所谓"大"是说道德之善不仅充满本身，而且显现于外，即朱子所言："美在其中，而畅于四肢，发于事业，则德业至盛而不可加矣。"所谓"圣"是指"大而能化……不思不勉、从容中道，而非人力之所能为矣"。所谓"神"者，程子以为是指"圣不可知，谓圣之至妙，人所不能测"③。以上诸义，表现了心志、形气合一的阶段性。

综上所述，我们可以看出，孟子言身心关系问题既讲心志、形气合一及其统合的思想基础和发展的阶段性，又言心志对形气的统帅，持志、养气并举。我们由此可见孟子言身心关系深刻、缜密之处，这亦可为儒学言治身之道的典范。④

关于儒家治世的思想，有两点内容值得特别关注：

一是外王理念。《孟子·公孙丑上》有言："以力假仁者霸……以德行仁者王。"这里明确区分了王道与霸道，并表达了尊王抑霸的

---

① （宋）朱熹：《四书章句集注》，中华书局1983年版，第231页。
② 同上书，第230页。
③ 同上书，第370页。
④ 参见拙作《性情与礼教——先秦儒学立人思想研究》，中国社会科学出版社2016年版，第43—81页。

价值理念。故《孟子·尽心上》又云："霸者之民，骥虞如也；王者之民，皞皞如也。杀之而不怨，利之而不庸，民日迁善而不知为之者。夫君子所过者化，所存者神，上下与天地同流，岂曰小补之哉？"那么如何行王道呢？《孟子·梁惠王上》有言："保民而王，莫之能御也……老吾老，以及人之老；幼吾幼，以及人之幼。天下可运于掌……无恒产而有恒心者，惟士为能。若民，则无恒产，因无恒心。苟无恒心，放辟，邪侈，无不为已。及陷于罪，然后从而刑之，是罔民也。焉有仁人在位，罔民而可为也？是故明君制民之产，必使仰足以事父母，俯足以畜妻子，乐岁终身饱，凶年免于死亡。然后驱而之善，故民之从之也轻。今也制民之产，仰不足以事父母，俯不足以畜妻子，乐岁终身苦，凶年不免于死亡。此惟救死而恐不赡，奚暇治礼义哉？王欲行之，则盍反其本矣。五亩之宅，树之以桑，五十者可以衣帛矣；鸡豚狗彘之畜，无失其时，七十者可以食肉矣；百亩之田，勿夺其时，八口之家可以无饥矣；谨庠序之教，申之以孝悌之义，颁白者不负戴于道路矣。老者衣帛食肉，黎民不饥不寒，然而不王者，未之有也。"由上可见，行王道的核心在于"保民而王"。"保民"之道在于：先"制民之产"，然后"驱而之善"。

至于贯穿其间的文化精神则是借由"老吾老，以及人之老；幼吾幼，以及人之幼"所表现出来的儒道"通"的文化精神。

二者是德主刑辅的实践理念。儒家崇尚德治天下。何为德治呢？《论语·述而》有云："子曰：志于道，据于德，依于仁，游于艺。"孔子这里关于"道""德""仁""艺"的认识当是连贯一体的：此所谓"道"者乃指存在法则，如王弼所言"无不通也，无不由也"。从其不假人为的本原发生义言，此道属于天命范畴，可上溯解为天道；从其具体作为人之存在法则言，此道又可向下解为人道，它即人道以显天道，仍不离于天命范畴。"志于道"者即以此道为目标；"德"者，得也。刑昺疏曰："物得其所谓之德。"所谓"得其所"当指得道，朱熹《集注》亦云："德者，得也。得其道于心而不失之谓也。"就人而言，此德指由天赋人道而获得的人之内在规定，亦即人的道德品质，体现为人的行止操守。就其出处言，此德亦属天命。"据于德"即是以此德为根据；"仁"者，爱人，所谓"博施于民而能济众"之意。天道作为存在法则生生不已，人道源于天道而内化为德，自然体现仁者生民济众之意。故这里的"仁"是道、德在人这个环节上得以展开、实现的基本原则，"依于仁"即以仁为原则具体体现人的道德内涵；"艺"者，指六艺。"游于艺"指人在志于道，据于德，依于仁的宗旨下涵泳于六艺之间，化行于日用平常，此为体用相即之意。合而观之，则有关道、德、仁、艺的理解是一体贯通的。由此认识出发，所谓天赋之德，向上追问，它即天命以显天道；向下探寻，它是天道即天命而予人的内在规定（仁），而其自身的实现当须依靠人的志、据、依、游的人为践行来完成。所谓德治，即是依循此天赋之德治世，其具体实践方式即是依礼而行，亦即所谓礼治，故《礼记·曲礼上》有"道德仁义，非礼不成"的说法。与德治、礼治相对而言的是尚刑罚的法治。儒家以为，人的本质实现在于道德人格的确立，故而德治、礼治乃是治世之本。但是现实中人往往是"好恶无节于内，知诱于外，不能反躬，天理灭矣"，在此情境下，尚刑罚的法治亦不失为一种矫枉过正之治世手段。如《礼记·王制》篇讲道："司徒修六礼以节民性，明七教以兴民德，齐八政以防淫，一道德以同俗，养耆老以致孝，恤孤独以逮不足，上贤以崇德，简不肖以绌恶。命乡，简不帅教者以告。耆老皆朝于庠，元日，习射上功，习乡上齿，大司徒帅国之俊士与执事焉。不变，命国之右乡，简不帅教者移之左；命国之左乡，简不帅教者移之右，如初礼。不变，移之郊，如初礼。不变，移之遂，如初礼。不变，屏之远方，终身不齿。"可见儒家对尚刑罚的法治并不全然拒斥，而是倡导德主刑辅的方略。对于这其间的道理，孔子曾经讲道："道之以政，齐之以刑，民免而无耻；道之以德，齐之以礼，有耻且格。"（《论语·为政》）这个道理同样得到了汉代儒者的响应。汉代儒者首先反思了崇尚法治的秦朝灭亡的教训，如陆贾总结秦朝灭亡的教训，在《新语·无为》篇中讲道："秦始皇设为车裂之诛以敛奸邪，筑长城于戎境以备胡越，征大吞小，威震天下……事愈烦，天下愈治，法愈滋而奸愈炽，兵马益设而敌人愈多。秦非不欲为治，然失之者，乃举措暴众而用刑大极故也。"① 随后，《新语·道基》又言："夫人者，宽博浩大，恢廓密微，附远宁近，怀来万邦。故圣人怀仁仗义，分明纤微，忖度天地，危而不倾，佚而不乱者，仁义之所治也。"② 正所谓："君子握道而治，据道而立。席仁而坐，杖义而强……夫谋事不并仁义者后必败，殖不固本而立高基者后必崩。"③ 另如贾谊的《新书·礼》讲道："礼者，所以固国家，定社稷，使君无失其民者也。主主臣臣，礼之正也；威德在君，礼之分也；尊卑大小，强弱有位，礼之数也……故礼者，所以守尊卑之经、强弱之称者也。"④ 此外，贾谊还提出："夫礼者，禁于将然之前；而法者，禁于已然之后。是故法之所用易见，而礼之所为生难知也。"⑤ 以上这些提法皆反映了儒家德主刑辅的治世实践理念。

在以上认识基础上，儒家对于治世的理想状态进行了描述，对此我们可以参看《礼记·礼运》的经典说法："大道之行也，天下为公。选贤与能，讲信修睦，故人不独亲其亲，不独子其子，使老有所终，壮有所用，幼有所长，矜寡孤独废疾者，皆有所养。男有分，女有归。货恶其弃于地也，不必藏于己；力恶其不出于身也，不必为己。是故谋闭而不兴，盗窃乱贼而不作，故外户而不闭，是谓大同。今大道既隐，天下为家。各亲其亲，各子其子，货力为己，大人世及以为礼，城郭沟池以为固，礼义以为纪；以正君臣，以笃父子，以睦兄弟，以和夫妇，以设制度，以立田里，以贤勇知，以功为己。故谋用是作，而兵由此起。禹、汤、文、武、成王、周公，由此其选也。

---

① （汉）陆贾著，庄大钧校点：《新语》，辽宁教育出版社1998年版，第5页。
② 同上书，第2页。
③ 同上书，第3页。
④ （汉）贾谊：《贾谊集》，上海人民出版社1976年版，第101页。
⑤ （汉）班固著，（唐）颜师古注解：《汉书》，中州古籍出版社1991年版，第368页。

此六君子者，未有不谨于礼者也。以著其义，以考其信，著有过，刑仁、讲让，示民有常。如有不由此者，在势者去，众以为殃，是谓小康。"这里对于治世的状态分别作了"大同"与"小康"两种描述，前者之要在于"天下为公"，后者之要在于"天下为家"。《礼记·曲礼上》又言："太上贵德，其次务施报。"这个说法亦可与上文对应。

综上所述，在中国文化传统的内部架构中，儒、释、道三家思想作为文化主体，可谓皆以治心、治身、治世为一完整的修治体系，并由此发展出各自系统而又独具特色的文化思想，展现了不同的文化精神。而通过这一内在性的揭示，我们对于儒家思想在中国文化传统中的作用与意义也将会有进一步深入的感受。这对于现时代儒家经典研究无疑具有深度的指向意义。

第一章　儒家经典的结集历程

一　"经典"释义

《尔雅·释言》有云："典，经也。"可见，"经""典"二字可以互文见义。《说文》又云："典，五帝之书也……庄都说，典，大册也。"这应该是"经""典"二字互文的基础指意，即指重要的文献、典籍。不过追溯起来，"经"字原有丝织之名。其作为书名，最早见于《国语·吴语》的"挟经秉枹"。《墨子》则有〈经〉上、下篇，〈经说〉上、下篇。《庄子·天下》里面还曾提到"墨经"。《荀子·解蔽篇》引有"道经"，但不知道它是何时的产物。《韩非子》的《内储说》上、下和《外储说》左上、左下、右上、右下也有"经"和"说"，与《墨经》相类。但以上提到的"经"只是一种文字简单的提纲，而"说"则是对"经"作解释或用故事来作证和说明。这样看来，"经"之初起原不在儒家，也不像后来经学家以为的全是孔子所著，更不具有后来所谓永远不变的真理之意，而仅是上古时期众多典籍的一种通称。[①] 古文"典"字从竹，其作为书名，乃可见于《易传·系辞下》："易之为书也不可远，为道也屡迁，变动不居，周流六虚，上下无常，刚柔相易，不可为典要，唯变所适。"《左传·昭公十二年》载有："王曰：是良史也，子善视之，是能读三坟五典，八索九丘。"此外《后汉书·张衡列传》有云："验之以

---

① 参见杨伯峻《经书浅谈》，中华书局 2004 年版，第 1—2 页。

事，合契若神。自书典所记，未之有也。"

至于"经""典"，尤其是"经"，由上古时代典籍的通称一变而为具有特殊地位的部分典籍的专称，则需关注以下两个因素的影响：

首先，在历史演化中，部分典籍在思想教化上发挥了重要作用。历史上，统治者曾以《诗》《书》《礼》《乐》四种典籍来培养贵族子弟，这四种典籍的地位也随之提高，并受到特殊尊崇。战国时期又把《周易》和《春秋》纳入，总称"六经"。如《庄子·天运》有云："孔子谓老聃曰：'丘治《诗》《书》《礼》《乐》《易》《春秋》六经。'""六经"之名见于古代典籍者，以此最先。郭店竹简《六德》亦有"观诸《诗》《书》，则亦在矣；观诸《礼》《乐》，则亦在矣；观诸《易》《春秋》，则亦在矣"。与《庄子》说同，可互证。这样一来，起码可以说在战国时，已有明确的"六经"之说。那么当时的古人何以要在众多的典籍中确立"六经"的独特地位呢？对此《庄子·天下》有简要表述："诗以道志，书以道事，礼以道行，乐以道和，易以道阴阳，春秋以道名分。"《史记·太史公自序》则云："易著天地阴阳四时五行，故长于变；礼经纪人伦，故长于行；书记先王之事，故长于政；诗记山川溪谷禽兽牝牡雌雄，故长于风；乐乐所以立，故长于和；春秋辨是非，故长于治人。是故礼以节人，乐以发和，书以道事，诗以达义，易以道化，春秋以道义。"与此相类的说法还见于《礼记·经解》《史记·滑稽列传》。《汉书·艺文志》又把"六经"与"五常"合一，将六经与社会伦理相比附，其言曰："乐以和神，仁之表也；诗以正言，义之用也；礼以明体，明者著见，故无训也；书以广听，知之术也；春秋以断事，信之符也。五者盖五常之道，而易为之原。"正因为这六种典籍有如此特殊的重要作用，故被尊为"六经"，以示与普通典籍之分别。由此开始，"经"也逐渐由一般典籍之通称演变为部分地位高贵、最具权威性典籍的特称。起先只是儒家的几部经典称"经"，后来道、佛的重要典籍也称"经"，如凡佛所说就叫作"佛经"，道教则称《老子》为《道德经》，《庄子》为《南华真经》，《列子》为《冲虚至德真经》，继而逐渐在中国古代典籍中发展出一整套经部体系。在此基础上，"经"自然也就成为中国古代典籍的核心所在。

其次，"经"承载着中国古代思想中的核心理念"圣人观"，由此称"经"而与一般典籍相区别，此亦是"经"为中国古代典籍核心的一个重要原因。如果认真体察一下中国古代典籍，我们可以发现其中内含着两个突出的理念，即"圣"与"王"。在古人眼里，"圣"与"王"都具有至上意义。不过它们之间既区别又联系：就区别言，"圣"的含义在于："聪明睿智，足以有临也；宽裕温柔，足以有容也；发强刚毅，足以有执也；齐庄中正，足以有敬也；文理密察，足以有别也。溥博渊泉，而时出之。溥博如天，渊泉如渊。"（《礼记·中庸》）概括起来，说明"圣"须具有才具与德行两方面要求，是这两方面"出乎其类，拔乎其萃"者，用《孟子》的话说，就是"规矩，方圆之至也；圣人，人伦之至也"（《孟子·离娄上》）。比较而言，"王"的含义则是明确落实于它的现实事功地位，这是二者间的直接区别。至于二者间的联系，古人以为"大德必得其位"（《礼记·中庸》），也就是说由圣而自然为王。对于这一点，《孟子》讲得尤其明白。《孟子》有"王霸之辩"，它指出"以力假仁者霸，以德行仁者王"（《孟子·公孙丑上》）、"五霸者，三王之罪人也"，从而明确提出了由圣而王、贱霸尚王的思想。我们由此可以看出，古人是极为看重"圣"与"王"的，以二者为人生内外的理想标的，并以"圣"为"王"的基础。不过由于"王"需要落实于现实的事功之位，故除了圣的基础，还须关照一些外在时势条件。因此比较而言，圣比王更具普适性，因而也就成为中国古代思想中人们共同的生命理想标的。所以《尚书·胤征》云："圣有谟训，明徵定保。"孔子也说："君子有三畏：畏天命，畏大人，畏圣人之言。"（《论语·季氏第十六》）《孟子·尽心下》更是明确指出："圣人，百世之师也。"即便是倡导自然无为的老庄，也拥有他们的圣人理想，如《老子》第二章讲："圣人处无为之事，行不言之教。"第二十二章云："是以圣人抱一为天下式。"《庄子·逍遥游》则云："至人无己，神人无功，圣人无名。"此一认识后历汉宋而不易，如汉代扬雄曾言道："赫赫乎日之光，群目之用也；浑浑乎圣人之道，群心之用也。"（《法言·五百》）其用意在于指出广大疏通的圣人之道是人们心灵能有所知的依据。宋代张载则讲："为天地立志，为生民立道，为去圣继绝学，为万世开太平。"（《张子语录中》）而小程子在其《颜子所好何学论》中更是明确做出了"学以致圣人之道也"的答复。由此我们基本可以看出中国古代思想中那一脉相传的圣人理想。那么如何认识、把执这一"圣人理想"呢？这就需要认真体察圣人之视听言动，并以此为依皈。于是那些传载圣人视听言动、集中体现圣人思想的典籍便拥有了超越于其他典籍的特殊地位，并独立而称"经"。这亦促使"经"成为中国古代文化典籍的核心。

综上所述，我们对于"经典"之本义及其后来成为中国文化典籍之核心或可有一粗略的认识。

二 儒家经典的三种结集

儒家经典原初多是单行本出现，下面简单介绍一下其代表性的三种经典结集情况：

（一）五经（六经）合称

如前所述，先秦时期，统治者曾把《诗》《书》《礼》《乐》四种典籍作为培养贵族子弟的材料，这四种典籍的地位和重要性也随之提高，并受到特殊尊崇。后来又把《周易》和《春秋》纳入，渐渐只称这六种典籍为"经"，其他不再称"经"，以显示其特殊地位，"六经"之名由此而来。

"六经"之中，《乐》有名无书。对《乐》有无的问题，汉代今、古文学者见解相左。今文派主张"乐"本无经，"乐"即在"诗""礼"之中。清代学者邵懿辰在《礼经通论》中也说："乐本无经也……夫声之铿锵鼓舞，不可以言传也；可以言传，则如制氏等之琴调曲谱而已。……乐之原在诗三百篇之中，乐之用在礼十七篇之中。……欲知乐之大原，观三百篇而可；欲知乐之大用，观十七篇而可；而非初别有乐经也。"就是说，古人在行礼时，要按规矩歌诗、奏乐、跳舞，乐就体现于其中，可以意会而不可以用语言、文字、乐谱表达出来，所以没有单独作为典籍之《乐经》。今人杨伯峻先生猜想："无论'礼乐'的'乐'，或者'诗乐'的'乐'，到了战国，都属于'古乐'一类，已经不时兴了……依附于'诗'的乐曲乐谱自然可能废弃不用。而且根据目前已知的战国文献，西周以至春秋那种繁文缛节的'礼'也长时期不用，依附于'礼'的'乐'也可能失掉用场。'乐'的亡佚，或许是时代潮流的自然淘汰。《乐经》的失传是有它的必然性。"① 而古文派认为，"乐"本有经，因秦焚书而亡佚。以后的学者亦大体秉持此两种见解，迄今仍无定论。《乐经》既缺，"六经"实际上便只有"五经"。

总体来看，"五经"，可谓是上古三代时期历史文献资料汇编，它从多层面反映了这一时期社会生活的风貌，是中华文明初创时期优秀思想文化的积淀。它不仅是春秋战国时期百家争鸣的共同学术文化背景，更是中国文化的源头和儒家学说的根基。

从源头上讲，"五经"各有其漫长的形成历史，它们一般都跨越数个朝代，经过多人之手的创作、修订和复杂的演变，才最后定型。"五经"的发展演变大致经历了以下三个阶段：

1. 上古三代时期至孔子之前的发展

这一时期，"五经"既无定本，亦不称经，但已广为流传，并在社会上发挥了重要作用。其中，《易经》原本是为占筮者卜卦预测吉凶用的，属于占筮书。《易经》的内容涉及画卦、重卦和卦爻辞。传统说法是伏羲画卦，文王演卦、周公作卦爻辞，尽管这个说法缺乏具体材料佐证，但是画卦与重卦的出现显然比卦爻辞更早。而从卦爻辞的内容来看，则包含了殷商祖先和周代初年的历史内容。有经则有

---

① 杨伯峻等：《经书浅谈》，中华书局 2004 年版，第 4 页。

传，现存《易传》相传是孔子作，对于这个说法，自宋代以来，学术界争论已久，至今仍未能达成共识。不过《论语·述而》有云："假我数年，五十以学易，可以无大过矣。"《史记·孔子世家》记载："孔子晚而喜易，读易韦编三绝。"更重要的是，马王堆出土帛书《要》篇说："夫子老而好易，居则在席，行则在囊。"结合这些说法以及《易传》所传达的思想，基本可以得以出这样的认识，即：孔子对于《易经》的认识曾经历过曲折，最终在晚年开始着力钻研，并与弟子交流心得，由此孔子对于《易经》当有自己的独特解读。《易传》的写作完成固然不能归于孔子一人，但作为针对《易经》的研究成果，其中广泛传承了孔子的思想则是可信的。至于各篇的著作年代则并不统一，多数可能在战国中晚期，最晚的可能要到汉宣帝时期。

《书经》即指《尚书》，这个名字是汉代今文学家提出来的，意为"上古的史书"。《墨子·贵义》说："昔者周公旦朝读《书》百篇。"可见当时留存的《书》的篇目还是很多的，甚至于传说有三千多篇，广为流传，但是最终被整理结集的只是其中很少的一部分。这里面的原因是多方面的，其中有几个因素值得注意：一是记载文献的竹简很容易损坏，往往经过二三百年后就无法保存了；二是人为损毁，如《孟子·万章下》云"诸侯恶其害己也而皆去其籍"；三是流传中的散佚。此外，《尚书》诸篇在流传的过程中还出现了因损坏断烂、传抄错误、有意改造等因素而造成的内容分歧现象。今本《尚书》最早为《虞夏书》，记载的是尧舜时期的事，其他则主要是商、周两代统治者的讲话记录。这是由经常跟随统治者左右的史官记录下来的。当时的左右史官用竹简分别记其"言"与"事"，由此形成了上面的记录。

汉代以后，围绕《尚书》，先后出现了《今文尚书》《古文尚书》以及《伪古文尚书》等诸多版本。《今文尚书》二十八篇，为秦博士伏生所传，今文传注比较侧重现实政治；《古文尚书》的本子较多，比较确切的有孔安国家传本以及杜林的漆书古文本，古文传注比较侧重文字训诂、名物制度的解释；《伪古文尚书》五十八篇，为东晋豫章内史梅赜所献，刘起釪说："它积聚了八百年来人们所称引的《尚书》和四百年来今古文经师的解说，加以章栉句比，做到每句都有解释，这在《尚书》学上是一个很高的成就。"① 到了唐代，《尚书》有了孔颖达的《正义》疏，宋代则有蔡沈的《书集传》，明清时期则在《五经大全》《监本五经》中。

《诗经》是中国最早的一部诗歌总集，现在流行的《诗经》共收有三百零五篇诗作，作品上迄西周初年，下至编辑成书的春秋中期。不过这些诗作在被编辑成书之前，肯定已有漫长的口头流传历史，而且可以相信，还有许多诗作没有收录进来，最后收集成书的，也只是其中很少一部分。相传，西周时期，统治者为了了解民情，已经开始采诗和献诗活动，甚至于这项活动在春秋时期也未停止。今本《诗经》分为《风》《雅》《颂》三类：《风》即《国风》，包含了十五个国家和地区的诗，主要是具有地方特点的乐歌，多半是民谣；《雅》分《大雅》《小雅》，大部分是贵族的作品；《颂》分《周颂》《鲁颂》《商颂》，是宗庙祭神祭祖的乐歌，比较庄重肃穆。《诗经》反映了当时社会各方面的风貌，对于社会生活，风俗习惯，典章制度，自然科学、历史掌故、战争教训、宗教神话等皆有描述。从春秋时期开始，《诗》就在上层社交生活中发挥了重要作用，同时它也成为贵族教育的必要内容。孔子之后，学《诗》又称为人格塑成的必要修养，孔子本人就讲："《诗》三百，一言以蔽之，曰'思无邪'。"（《论语·为政》）孔子本人还有着自己的诗论体系。汉代以后，关于《诗经》的研究著作多起来，如西汉的《毛诗故训传》，东汉的《毛诗传笺》，唐代孔颖达的《毛诗正义》。南宋朱熹的《诗集传》以及清代的《诗经通论》等著作。②

关于"礼"的起源，《说文》有云："礼者，履也。所以事神致

---

① 杨伯峻等：《经书浅谈》，中华书局 2004 年版，第 30 页。
② 同上书，第 34—49 页。

福也，从示从豊。"王国维与刘师培对此都有详细的阐释。具体的礼的形成则经历了由民间习俗到系统礼制的漫长演化过程。现存的礼学经典有三，即《周礼》《仪礼》《礼记》，三者皆为历史产物，统称"三礼"，此名起于东汉末。"三礼"之中，《周礼》又名《周官》（《史记·封禅书》）、《周官经》（《汉书·艺文志》）、《周官礼》（《汉书·艺文志》颜师古注）、《礼经》（荀悦《汉纪》卷二十五）。将《周官》改为《周礼》始于刘歆。关于其作者与成书时间，争议较多，一说出于周公或者刘歆伪作；一说出于六国时人；一说是出自东西周之交前后时期的作品。《周礼》共有六篇，分为天官、地官、春官、夏官、秋官、冬官六部分，但"冬官"一部全亡，补以《考工记》，称为《冬官·考工记》。《周礼》的价值在于它记述了三百多种职官的职务，包含了从西周到春秋时期丰富的典章制度和变革思想，也夹杂了战国时期的社会经济制度、政法制度、学术思想，拥有丰富、宝贵的历史资料。关于《周礼》的注释有很多，可参考郑玄的《周礼注》、贾公彦的《周礼注疏》以及孙诒让的《周礼正义》。《仪礼》本称《礼》，汉朝人叫《士礼》，相对《礼记》又称《礼经》，晋代方称《仪礼》。①《仪礼》一书见诸文字当在东周时期，《史记》《汉书》认为出于孔子。其中涉及的礼仪则应当是早就存在了。《汉书·儒林传》讲汉兴时期，鲁高堂生传《仪礼》十七篇。东汉时期，大学者郑玄为它作了注解，使它获得了广泛的传播。《仪礼》记载的冠、婚、丧、祭、饮、射、燕、聘、觐等成套礼仪不仅反映了周代贵族的生活，同时也有助于我们窥见远古一些礼俗的影子。尽管《仪礼》记载的礼制有限，但是仍是后来历史上各时期制礼的重要依据，如冠、婚、丧、娶制度等。关于《仪礼》的解读，可参考清人凌廷堪的《礼经释例》，胡培翚的《仪礼正义》等著作。《礼记》又名《小戴礼记》，汉末独立成书。先秦礼学家在讲习《仪礼》的过程中，经常附带一些参考性的材料，主要用于对经文的解释、说

---

① 杨伯峻等：《经书浅谈》，中华书局 2004 年版，第 62 页。

明或者对经文之意进行补充，这些材料被称为"记"。这种"记"并非出自一人一时之作，可谓累世相传，原本很多。但是到了西汉时期，流传下来的"记"已经不多了。班固在《汉书·艺文志》中说："《记》百三十一篇，七十子后学所记也。"西汉礼学家在传习《仪礼》的过程中，也各自选编了一些"记"作为辅助材料，但没有独立成书，并且篇目、篇数也不确定。到了东汉中期以后，经过多次淘汰，形成了八十五篇本和四十九篇本两个本子。前者称为《大戴礼记》，后者称为《小戴礼记》。东汉学者郑玄为《小戴礼记》作了详细的注解，从而使它摆脱了从属于《仪礼》的地位，独立成书，并获得士人的尊崇和传习，由此开始，《礼记》地位不断被提升，以致到了明朝，"五经"之中没有《仪礼》而有《礼记》。《小戴礼记》共有四十九篇，内容庞杂，属于儒家礼学思想杂编，是研究战国秦汉时期儒家礼学思想发展变化的重要材料。关于《礼记》的注释，可以参考郑玄的《礼记注》、孔颖达的《礼记正义》、卫湜的《礼记集说》、朱彬的《礼记训纂》以及孙希旦的《礼记集解》。①

《春秋》本为各国史书通名。《汲冢琐语》记商太丁时事者，名《夏殷春秋》。《墨子》中曾言《百国春秋》。由此推测，夏商时期已有相应的史书流传，广称"春秋"。杜预《春秋左氏传序》曾云："春秋者，鲁史记之名也。"《孟子·离娄》则云："晋之乘，楚之梼杌，鲁之春秋，一也。"这类记载则证明，春秋时期许多邦国皆有史书，其中鲁国的史书专名《春秋》。这些史书出自史官之手，多为编年史，简略记载邦国内外的重大事件，以备查考、借鉴。现存《春秋》，作为鲁国的史书，当是由鲁国不同时期的太史所作，孔子曾以其为教本。

它从鲁隐公记述到鲁哀公，历经 12 代君主，共计二百四十二年，其中文字不少脱落、失载。《春秋》原为单行本，后与各种传文合并，出现了《春秋公羊传》《春秋穀梁传》《春秋左氏传》。

---

① 杨伯峻等：《经书浅谈》，中华书局 2004 年版，第 73—83 页。

此一时期，五经内容十分庞杂并且变动很大，它们从各个层面反映了社会由蒙昧向文明转化的历史进程，对后世影响深远。

2. 孔子对"五经"的梳理

至春秋时期，礼乐制度已经遭到破坏，王官文化失坠，学术开始走向民间。由此，"五经"这些重要的文化典籍，不再为上层贵族少数人所垄断，而逐渐扩展到民间士人之中，成为春秋战国时期诸子百家共同的知识基础和文化背景，并由此发展出各种学术流派，进而形成了百家争鸣的繁荣学术景象。

孔子以"述而不作，信而好古"著称，相对于其他各家思想而言，其所开创的儒家文化一方面承继了传统经典著述，保留了其天命观与礼乐精神；另一方面则又开启了从神秘天命到人道确立的理性人文自觉历程。在教授弟子的过程中，他一方面以"五经"为教材，另一方面则为了进一步阐发自己的仁学思想意蕴而对"五经"进行了重要的编辑、整理工作。

《史记·儒林列传》云："孔子闵王路废而邪道兴，于是论次诗书，修起礼乐。""论次诗书"就是把现存诗书逐篇加以讨论、辨析，去掉重复，取其合乎礼义教化的篇章，分类编辑、列目、成书。《史记·孔子世家》曾云："古者诗三千余篇，及至孔子去其重，取可施于礼义，上采契、后稷，中述殷周之盛至幽厉之缺……三百五篇，孔子皆弦歌之，以求合韶武雅颂之音。"班固亦沿袭其说云："孔子纯取周诗，上采殷，下取鲁，凡三百五篇。"虽然孔子删诗之说虽不可为信史，但言孔子在整理《诗经》篇目、校正音乐等方面做了大量工作还是可信的。孔子本人几次提到"诗三百"，可见在孔子之前，《诗经》的规模已经基本成型。不过同样需要肯定的是孔子自己也讲过："吾自卫反鲁，然后乐正，雅颂各得其所。"（《论语·子罕》）但是今本《诗经》则已经不是孔子的整理本，甚至也不是西汉毛亨传本的原貌了。关于《尚书》，《尚书纬》有云："孔子求书，得黄帝玄孙帝魁之书，迄于秦穆公，凡三千二百四十篇，断远取近，定可以为世法者百二十篇，以百二篇为尚书，十八篇为中侯。"类似说法在汉代典籍中还能找到一些。这些说法虽不完全可靠，但作为古代文书档案之类的官方文献保存下来必定很多，经过前人以及孔子反复筛选、编辑乃至逐渐形成百十多篇规模的简本也是可能的。

所谓"修起礼乐"之"礼乐"，原本是与"诗"结合为一体的。诗皆有曲调可唱。行礼时，奏乐、歌诗、跳舞皆有相应规范，用以维系社会秩序，使众人各安其位。礼乐之教原本出于一。但春秋以来，王室衰微，诸侯、大夫、陪臣相继执掌大权，故而旧有的礼乐规范不断被破坏，乃至出现所谓"礼崩乐坏"的局面。孔子周游列国，眼见诸侯、大夫专权僭越事例所在皆有，且愈演愈烈，甚为不满，以致发出"是可忍，孰不可忍"之语。他深感要改变现状，必须对传统礼制规范进行恢复与修订，并对传统礼义进行再诠释。众所周知，古礼是极为烦琐的，所谓"经礼三百，曲礼三千"（《礼记·礼器》）。随着时代的变迁，其中许多内容已经不合时宜，必须对其加以简化和重新阐释，使其更为适用。孔子出生于士族家庭，他批判地继承了传统的礼乐文化。《史记·孔子世家》讲："孔子为儿嬉戏，常陈俎豆，设礼容。"可见孔子少有学礼。《论语》中讲礼共有七十五次，记载了许多孔子学礼、重礼、辩礼的内容。其涉及的领域很广泛，从家庭生活、人事交往，到国家政治、经济、战争、文化制度、祭祀，等等。其论礼的内涵亦有了深层义理的发展。孔子讲礼有两方面的价值取向：（1）肯定了礼法存在的现实意义，固有"君君臣臣""不学礼，无以立"的说法；（2）他不再是单纯地强调礼法的天命神授以及行礼的职业性，而是逐步赋予它德性的内涵，从而逐步实现由天命向人道的转化。总的来说，孔子论礼具有返本开新的意义，他通过义起的模式以自己的人道思想来整合古礼的礼义系统，并由此展开对其礼仪系统的解读与改造。这个过程既是一种经典的创造性诠释经历，也是一种哲学的突破。

孔子与《周易》关系密切。马王堆出土帛书《要》篇很好地解释了孔子好《易》的原因。

　　子赣曰："夫子它日教此弟子曰：'德行亡者，神灵之趋；智谋远者，卜筮之繁。'赐以为然矣。以此言取之，赐缙行之为也。夫子何以老而好之乎？"夫子曰："君子言以矩方也。前羊而至者，弗羊而巧也，察其要者，不诡其德。《尚书》多勿矣。《周易》未失也，且又（有）古之遗言焉。予非安其用也。""赐闻诸夫子曰：'孙（逊）正而行义，则人不惑矣。'夫子今不安其用而乐其辞，则是用倚（奇）于人也，而可乎？"子曰："校（谬）哉，赐！吾告女（汝）。《易》之道……故《易》刚者使之瞿（惧），柔者使之刚，愚人而不忘（妄），（渐）人为而去诈。文王仁，不得其志以成其虑。纣乃无道，文王作。讳而辟（避）咎，然后《易》始兴也。予乐其知……"子赣曰："夫子亦信其筮乎？"子曰："吾百占而七十当，唯周梁（梁）山之占也，亦必从其多者而已矣。"子曰："《易》，我后其祝卜矣，我观德义耳也。幽赞而达乎数，明数而达乎德，又仁（守）者而义行之耳。赞而不达于数，则其为之巫，数而不达于德，则其为之史。史巫之筮，乡之而未也，好之而非也。后世之士疑丘者，或以《易》乎？吾求其德而已，吾与史巫同途而殊归者也。君子德行焉求福，故祭祀而寡也；仁义焉求吉，故卜筮而希也。祝巫卜筮其后乎。"

　　从子贡对孔子发出"夫子它日教此弟子曰：'德行亡者，神灵之趋；智谋远者，卜筮之繁。'赐以为然矣。以此言取之，赐缙行之为也。夫子何以老而好之乎？"这一疑问中，我们大体可以获得这样一个认识，即：孔子老而好《易》之前，曾把《易》看作卜筮问神求取福报之书而不重之。孔子本人的仁学思想强调的是"孙正而行义，则人不惑矣"的人道践行理念，重在自立自成的仁德修养而非依赖外在神灵的保佑和启示。但是在孔子老年之后，具体说就是在五十岁以后，孔子对《易》的认识发生了改变，态度也因之而变化。在《论语·为政》中，孔子曾言道："吾十有五而志于学，三十而立，四十而不惑，五十而知天命，六十而耳顺，七十而从心所欲不逾矩。"这是孔子对自己一生修养历路所作的总结。而在《论语·述而》中，孔子又有言："加我数年，五十以学易，可以无大过矣。"结合两段文字记载来看，大体可以确定，孔子在五十岁还没有学《易》乃至"好之"的时候就已经领会天命了。应该说，"知天命"这已经是一个很高的境界。这样看来，孔子在学《易》之前对于人道和天命都已有了自己的深刻认识。只不过相对而言，他对众弟子谈人道修养比较具体而微，而对天命则是点到即止、有所讳言罢了。那么孔子当时为何会采取如此方式来处理这一问题呢？这就触及孔子晚年之所以好《易》的原因了。据帛书《要》篇载孔子之言曰："君子言以矩方也。前羊而至者，弗羊而巧也，察其要者，不诡其德。《尚书》多勿矣。《周易》未失也，且又（有）古之遗言焉。"在此，孔子认为君子之言行举止虽然应遵循一定规范，但更重要的还在于体察、把握由这些具体行止规范所彰显出来的具有内在超越特征的普遍性原则。只有如此，方能作到既知其然，又能知其所以然的通贯境界。这也就是上面原文中所说的"察其要者，不诡其德"的含义。在晚年的孔子看来，《易》之为书，恰恰是既得"察其道者，不诡其德"之义理，亦不违"君子言以矩方"之道，人道之德与天命之理辐辏相合，于上下、内外通贯而无所淤滞，故有好之。不仅如此，孔子还由《易》中的言、象、意关系发现了《易》不同于一般语言文字的一种新的表达方式，从而突破了一般语言所无法突破的言意矛盾，实现了对内在超越的普遍性原则的合理陈述，亦即发现了性命天道的恰当表达方式。如前所述，孔子学《易》前虽然明人道、知天命，但是并没有发现准确表述性命天道的方法，因此罕言之。晚年学《易》后，他的观点则发生了很大变化，亦即孔子找到了性命天道的有效表达方式。由此，他为儒家性与天道相通之形上原则的确立，提供了方法论的基础。① 总之，依据帛书《要》篇来看，孔子晚年确曾深研《易》理，乃至达

---

① 参见李景林《教养的本原》，辽宁人民出版社 1998 年版，第 33—47 页。

到"居则在席，行则在囊"的地步。这不仅使其易学观念发生了变化，而且这种变化直接影响了他对天道性理的表达。由此我们完全可以推测，孔子在整理《周易》古籍的过程中，应当会有自己的一些表述。这些表述与《易传》也必然有其内在的思想关联。

《春秋》本为史书通名，鲁国国史即称"春秋"。孔子与《春秋》有一定关系。如《公羊传》《穀梁传》都在襄公二十一年十一月写"庚子，孔子生"，《左传经》则在哀公十六年写"夏四月乙丑，孔丘卒"。但是如孟子说孔子著《春秋》则不足信。自《左传》作者以来，一直有人说孔子修《春秋》，即在鲁史基础上按一定的政治标准加以修订，用以表达其寓褒贬、扬善恶的治世之道，这亦仅是一种可能，只是无论如何也不像后世宣扬的那样，即《春秋》经孔子"笔削"，一字一句皆具微言大义而已。可以明确的是孔子确以《春秋》为教本教导过学生。

"五经"经过孔子及儒家学者的编辑整理加工，逐渐形成定本。而未被收入的，因当时保存条件所限，便不断消亡了。

3. "五经"之学的形成和确立

"五经"是诸子百家的共同文化基础，但儒家与其他各家对待"五经"的态度是完全不同的。儒家虽然讲"述而不作"，但其实质则是述中有作、以述为作，他们是通过对"五经"的编辑、整理来阐发自己的思想理论体系，而其他诸子则是以"五经"为素材，取其所用，各自为方，由此形成自己的思想体系，恰如《庄子·天下》所说："天下之人，各为其所欲焉，以自为方。"从这个角度看，儒家对传统经学典籍的继承是其他学派不可比拟的。孔子以后，孔门后学对经学的形成、发展仍起到了重要的推动作用。徐复观先生说："由《礼》之《大小戴记》，《易》之十翼，《春秋》之三传，可以推知另有一批经学家，以某一经为中心，做了许多解释和创发的工作。他们的思想，与思想家型的不同之点，在于他们是顺着他们所治的经以形成他们的思想，有广狭之不同。但先秦两汉，断乎没有无思想的经学家。……先汉经学家型的人物，在经学家的形成中，居于主要的地位，尤其是自孔子的晚年，一直到战国中期，是他们最活跃的时代，但除《春秋》三传外，他们几乎都是无名英雄，难作以姓名为标题的叙述，这是非常可惜的。"① 除了这些人以外，对经学贡献突出的重要人物当数孟子和荀子。《史记·儒林列传》："孟子、荀卿之列，咸尊夫子之业而润色之，以学显于当世。"徐复观先生曾指出："孟子发展了诗书之教，而荀子则发展了礼乐之教。若就经学而论，经学的精神、意义、规模，虽至孔子已奠其基，但经学之所以为经学，亦必具备一种由组织而具体化之形式。此形式，至荀子而始挈其要。"②

当然，"五经"之学的发展也受到多种因素之影响，这其中就包括秦始皇焚书事件。钱穆先生认为，始皇焚书内容主要包括六国史记、《诗》《书》及百家语等。在此背景下，儒家之《诗》《书》《春秋》等经典及研究成果以及诸子典籍，必然遭受较大损失，特别是保存在官府的典籍。汉兴，至惠帝时废除禁书令，经籍复出日多。刘歆《移太常博士》有云："汉兴，至孝文皇帝，天下众书，往往颇出，皆诸子传说，犹广立学官，为置博士。"可见，当时复出之书多为诸子百家语，诸子学置博士，而"五经"并未受到特别重视。到了武帝时期，中央集权大一统制度开始确立，要求有统一的思想体系给予理论支持，诸子立异的局面急需改变。董仲舒有言："春秋大一统者，天地之常经，古今之通谊也。今师异道，人异论，百家殊方，指意不同，是以上亡以持一统；法制数变，下不知所守。臣愚以为诸不在六艺之科孔子之术者，皆绝其道，勿使并进。邪辟之说灭息，然后统纪可一而法度可明，民知所从矣。"（《汉书·董仲舒传》）董氏这一说法得到汉武帝赞同，并积极推行。建元五年（公元前136年），武帝下令立五经博士，六艺之学获得独尊地位，其他百家之学则相应被冷落，通经者可由此入仕途，于是经学发展日盛。

---

① 徐复观：《中国经学史的基础》，学生书局2004年版，第51页。
② 同上书，第34页。

（二）十三经合集

"十三经"的形成有着漫长的发展过程。战国时期已经存在"六经"之称。至汉代。只有《诗》《书》《礼》《易》《春秋》"五经"立于学官，《乐》则亡佚。据文献记载，两汉经学时期，有了"七经"之称，但没有具体说明哪几种。后人对此有几种说法，其中一种较为普遍的说法是传统的"五经"加《论语》《孝经》而为"七经"。当时学者纷纷对其进行训诂注说，借以阐扬自己的见解。到了唐代，则又有了"九经""十二经"之称。具体说来，就是唐代开元年间，开科取士，乃分三礼三传，结合传统"五经"，合有"九经"之称。唐文宗开成年间，"九经"外又增加了《论语》《尔雅》《孝经》，乃有"十二经"之称。其在治学方法上则经历了由经学训诂到义理阐发的转折，但依托诠释经典来展示自己思想的模式依然是其治学的基本标的。南宋绍熙年间，又增加了《孟子》，于是定型为"十三经"。宋代曾有人力图将《大戴礼记》加入，合为"十四经"，但是没有得到公认。

"十三经"中，《左传》和《公羊传》《穀梁传》乃是针对《春秋》的解说。三传单独成书。《左传》乃是《左氏传》的简称，成于战国初期，于民间得到传授。它不仅解释了《春秋》中许多书法，还订正和补充了许多当时的史料，是研究先秦历史必读的古代典籍。西晋杜预做了《春秋左氏经传集解》，《十三经注疏》中则有《春秋左传注疏》。皆是很好的注本。《公羊传》《穀梁传》直到汉代才写成定本。两者多有矛盾之处，《穀梁传》更晚于《公羊传》。与以叙事为主的《左传》不同，《公羊传》《穀梁传》主要是解释《春秋》经文，注重所谓的"微言大义"。《春秋公羊传注疏》乃汉何休解诂，唐徐彦疏；《春秋穀梁传注疏》则是晋范宁集解，唐杨士勋疏。

《论语》为先秦古籍，是我们研究孔子及其弟子思想的首要材料，也因此而历史影响深远。关于它的内容以及成书过程，两汉学者多有记载。《汉书·艺文志》曾引用刘歆的说法，认为"《论语》者，孔子应答弟子、时人及弟子相与言而接闻于夫子之语也。当时弟子各有所记，夫子既卒，门人相与辑而论撰，故谓之《论语》"。可见，《论语》的内容主要是记载孔子及其弟子、时人的言行、语录。而"论语"者，实乃讲论之语的撰集。至于郑玄对此一系列颇有深意的解释恐怕未必可靠。① 这些语录如何得来的呢？《论语·卫灵公》中有这样一段话："子张问行。子曰：'言忠信，行笃敬，虽蛮貊之邦，行矣。言不忠信，行不笃敬，虽州里，行乎哉？立则见其参于前也，在舆则见其倚于衡也，夫然后行。'子张书诸绅。"由此可见，孔门弟子对于孔子的言行教诲有记录、整理的习惯，这也为以后《论语》的结集打下了基础。至于《论语》的成书问题，今人杨伯峻先生以为，其非某一人的专著，乃成于多人之手，并且指出这些作者的年代相去不止三五十年，最终编辑成书约在战国初期。②

《论语》传到汉代有三种不同的版本，即：《鲁论语》二十篇；《齐论语》二十二篇，多出《问王》《知道》两篇；《古论语》二十一篇，没有《问王》《知道》两篇，但是将《尧曰》中的"子张问"另分为一篇，于是有了两个《子张篇》。并且篇次也与前二者不同。西汉末年，汉成帝师傅张禹整合《鲁论语》《齐论语》，并以《鲁论语》为篇目根据，"采获所安"，号为《张侯论》。后汉灵帝时所刻《熹平石经》即采用《张侯论》。东汉末年，郑玄以《张侯论》为依据，参照《古论语》《齐论语》，作了《论语注》。今本《论语》基本就是《张侯论》。

古文《论语》是汉景帝时期由鲁恭王刘余在孔子旧宅壁中发现的，当时没有传授。何晏《论语集解·序》中讲孔安国曾为它做了训解，然当世不传。何晏的《论语集解》中多引用孔安国的注，可资参照。

---

① 郑玄解"论语"，以为："论"者，纶也，轮也，理也，次也，撰也；郑玄《周礼》注云："答述曰语"。而在论之下者，必经论撰，然后载之。

② 杨伯峻：《论语译注》，中华书局 2002 年版，第 27—30 页。

当代学者郭沂先生在其《郭店竹简与先秦学术思想》一书中认为孔子弟子众多，且有听学做笔记的习惯，所以当时一定有大量记录孔子语的笔记。孔子死后，孔子后学即分化，时有"儒分为八"的说法，门人相与辑而论撰，故而当时一定有许多结集孔子言行录而成的《论语》类文献，且风格各异。今本《论语》重视道德修养，由此来看只是由孔门德行科弟子结集而成。此外还应有《论语》类其他文献。在现存西汉以前的文献中，常见集中记载孔子言行的文字，郭沂先生断定这是《论语》类文献的佚文，其史料价值可与《论语》同，此亦聊备一说。

汉代注释《论语》的书籍基本上全部亡佚，今天剩下的以郑玄注为多，其他各家多在《论语集解》中。现存《论语注疏》，乃是由魏何晏集解、宋刑昺疏。此外，具有代表性的《论语》注解还有宋朱熹的《论语集注》、清刘宝楠父子（刘恭冕）的《论语正义》以及近人程树德《论语集释》、杨树达《论语疏证》等。

《孟子》亦是先秦古籍，记述了孟子言行以及他与时人、弟子或门弟子互语之言。《史记·孟子列传》说："是以所如者不合，退而与万章之徒序《诗》《书》，述仲尼之意，作《孟子》七篇。"东汉的赵歧认为，《孟子》是仿造《论语》而作。至于具体成书，则说法纷纭。参考先秦古籍著述通例，比较可取的是司马迁在《史记·孟荀列传》中的说法，即由孟子与弟子万章、公孙丑等合著而成，非一人一时所就。两汉时期，《孟子》的地位仅次于《论语》，在诸子中地位较高。但至魏晋时期，《孟子》虽有著录、引用，可地位并不突出。中唐时期，韩愈等人为了整顿世务，与佛老争胜，乃开始复兴儒学、明确倡导儒家道统。在此过程中，为了对抗佛老心性思想的影响，韩愈等人着力发掘儒学心性理论。由此，《论语》《孟子》《大学》《中庸》等一系列相关经典著述的地位得到了提升。唐以前因奉持五经而尊周、孔；中唐之后，韩愈等人出于复兴儒学的目的而一体提升了孔、孟的地位，由此乃普遍合称孔孟，孔孟之道的说法也逐渐流行起来。不过在唐代，孟子的地位还不行，尚进不得孔庙。自宋代起，孟子的地位开始崛起，《孟子》一书的研究也取得了长足的进展。孟子其人在宋以前只是儒家代表之一，属于诸子系列。宋以后则开始受封公爵，供奉于孔庙之中。元朝时，孟子被加封为"亚圣公"。到了明世宗嘉靖九年，更进一步直接尊奉为亚圣。《孟子》一书在宋代以前只是子部儒家类的一部重要著作，宋代以后则进入经书行列，直到清末。历史上，关于《孟子》的代表性研究，宋代有以朱熹《四书章句集注》为核心的孟子学研究、清代有焦循的《孟子正义》、王夫之的《读四书大全说》《四书训义》以及戴震的《孟子字义疏证》、康有为的《孟子微》等。

《尔雅》在"十三经"中属于比较特殊的一部典籍。刘熙《释名》云："尔雅：尔，昵也；昵，近也。雅，义也；义，正也。五方之言不同，皆以近正为主也。"这样看来，《尔雅》是一部古代有代表性的词语解释之书，是一部训诂的词典而非思想义理的阐释之作，对研究古代文献和古汉语词汇颇有助益。纪昀的《四库全书总目提要》解说了《尔雅》列入经书的原因："持说经之家，多资（《尔雅》）以证古，故从其所重，列之经部。"《尔雅》成书亦非一人一时所就，乃是集合几代各家的训诂材料，多次汇编而成，并非独创，其初具规模约在战国时期，至汉代乃有今日之面貌。关于《尔雅》的代表性的注疏本有晋代郭璞注、宋代邢昺疏的《尔雅注疏》，清代邵晋涵的《尔雅正义》以及清代郝懿行的《尔雅义疏》等。

（三）四书合集

所谓"四书"，乃是由儒家经典《论语》《孟子》《大学》《中庸》四种合并而成。四书体系正式兴起源于宋代理学。但在唐代，它就已经有了雏形。唐代中期以后，佛老盛行，儒学不昌，社会动荡。在此背景下，一些文人开始积极反佛老，倡儒学。不过在开始阶段，许多儒生反对佛学多是指责佛教徒废财害政，却很少触及佛学理论。众所周知，未有内不整而外可以服人者，故欲抗佛老，首先就要强化儒学自身。在这方面，韩愈、李翱等人可谓贡献突出。为了批驳佛老玄虚、空疏的心性论思想，韩愈等人努力建构儒学自身的心性论体系以与佛老相抗衡。为此，他们依托传统儒家经典《论语》《孟子》以及《礼记》中的《大学》《中庸》来阐发儒家的心性之学，这既在学理上批判了佛老，又为后来宋学的发展奠定了基础。在一定程度上，它代表了唐代儒者反佛的最高成就。此后，《论语》《孟子》《大学》《中庸》乃得到宋儒的相当重视，并逐步建构成为儒学四书体系。

在朱熹之前，四书中的《论语》《孟子》仍处于单经的孤立状态，而《大学》《中庸》则是非独立的《礼记》中的两篇材料。北宋时期的司马光、二程等人对于四书结集做了重要的前驱性工作。在他们的努力下，儒学四书体系初具雏形。朱熹则在南宋淳熙年间完成了整体意义上的四书结集工作，其标志就是《四书章句集注》的形成。由此，儒家经典形成了一个新的体系。这一体系的形成，使原始儒学获得了新生，也提示着宋代新儒学的内容与形式建构。事实上，朱熹从二十岁开始就对北宋以来的有关《大学》《中庸》《论语》《孟子》的文本解释进行了详细的研究。六十岁在福建漳州做太守期间，他将这四种文本汇集一体，并著成《四书章句集注》，由此有了"四书"这个称谓。《四书章句集注》使宋代新儒学义理精神与汉儒经学考据精神熔为一炉，可谓意义重大。

众所周知，传统经学始于西汉。传、注、章句、义疏是汉代解经的基本方式。其中，"经"是稳定的文本典范，传、注、章句、义疏则是思想家活动的思想的体现形式。具体而言，"传"是训诂、随条解释，"注"是释经以明其意，"章句"则是在注释字词之外还解释大意，"义疏"则是为传、注等释义。朱熹的《四书章句集注》在形式上综合了以往的经注传统，而在义理思想上更含有校正时弊之意。对此，朱子有言曰："秦汉以来，圣学不传，儒者惟知章句训诂之为事，而不复求圣人之意，以明夫性命道德之归。至于近世，先知先觉之士始发明之。则学者既有以知夫前日之为陋矣。然或乃徒诵其言以为高，而又初不知深求其意，甚者遂至于脱略章句，陵藉训诂，坐谈空妙，辗转相迷，而其为患，凡有甚于前日之为陋者。"（《朱子大全》四部备要本，卷七十五）从这里的言论可以清晰地看出，朱熹治经乃有将经学训诂与义理发挥两相统摄之意。在具体诠释文本的时候，朱子很注意将他的诠释与当下现实和学术理想相关，其目的就是要实现义理思想与日用平常的统合。故而他解《大学》就是要达成一番"于国家化民成俗之意，学者修己治人之方，则未必无小补"（《大学章句》）的事业。因此他将《大学》中的"亲民"释为"新民"，指出："新者，革其旧之谓也，言既自明其明德，又当推以及人，使之亦有去其旧染之污也。"（《大学章句》）甚至为了系统表达自己的思想而对《大学》进行经传体例的调整乃至补传，真可谓"小作课程，大施功力"（《朱子语类》卷十）。

对于四书的内涵及其思想特点，朱熹有其自己的审订。在《朱子语类》卷十九中，他曾指出："《论语》不说心，只说事。《孟子》说心，后来遂有求心之病。"在《朱子语类》卷十四中，他认为："《大学》所载，只是个题目如此，要须自用功夫做将去。"《朱子语类》卷六十二又言："《中庸》都说无形影，如鬼神，如天地参等类，说的高，说下学处少，说上达处多。"原本朱子已嫌《孟子》说的高。与《孟子》比，《中庸》说得更高。在此，朱熹决不是否定《中庸》，只是说："学者须是见得个道理了，方可看此书，将来印证。"（《朱子语类》卷六十二）基于以上的认识，在施教方面，朱熹主张先读《大学》，其次是《论语》，再次是《孟子》，最后是《中庸》。其意义在于："先读《大学》，以定其规模；次读《论语》，以立其根本；次读《孟子》，以观其发越；次读《中庸》，以求古人之微妙处。"（《朱子语类》卷十四）在教人方面，朱子主张以《四书》教人，由四书以通六经。他认为："《语》《孟》功夫少，得效多；六经功夫多，得效少。"（《朱子语类》卷十九）近人钱穆先生在《朱子新学案》中对朱熹所做的这一番功夫曾言道："退六经于《四书》之后，必使学者先《四书》后六经，更为于中国学术史上有旋乾转坤之大力。"我们说正是由此功夫，孔子方才真正实化于历史，取得了真正的独尊的地位。这一点犹须把握。

四书之中，《大学》《中庸》乃《礼记》篇目。自汉至唐，二者无特别称道者。直至韩愈在《原道》中以《大学》《中庸》古经之诚意正心说来批驳佛老，方始引发众人关注、讨论，并以此为基础着力建构儒家心性思想体系。

《大学》原为《礼记》第四十二篇。《四库全书总目提要》说："惟《大学》，唐以前无别行之本。"北宋二程之后，关于《大学》的专门研究开始多起来，如吕大临、苏总龟的《大学解》，廖刚、何㮇的《大学讲义》，张九成的《大学说》，萧欲仁的《大学篇》等。这些书多半已经亡佚。南宋的朱熹一生用功于《大学》，他认为此篇是"圣人做天下的根本"，是一般人"修身治人底规模"，是"为学纲目"，士子应"先通《大学》，立定纲领，其他经皆杂说在里许。通得《大学》了，去看他经，方见得此是格物、致知事，此是正心、诚意事，此是修身事，此是齐家、治国、平天下事"（《朱子语类·卷十六》）。为此，他专门撰写了《大学章句》和《大学或问》，并将其选为"四书"之一，使之成为宋代新儒学之重要经典。朱子的《大学章句》由于被收入《四书》也在后世成为官方肯定的经典与教材，流传甚广，几成为定本。

不过，朱熹为了方便其对《大学》作义理性阐释，对《大学》进行了结构调整和内容增补，这导致《大学》的真实面目变得越发模糊了。具体而言，朱熹的《大学章句》将《礼记·大学》的内容划分为经、传两部分。其中，经文部分由"大学之道，在明明德，在亲民，在止于至善"始，至"其本乱而莫至治者否矣，其所厚者薄，而其所薄者厚，未之有也"。对此，朱熹言道："上经一章，盖孔子之言而曾子述之。凡二百五字。"其后的内容，朱熹别之为传，以为"其传十章，则曾子之意而门人记之也"。朱熹认为："旧本颇有错简，今因程子所定，而更考经文，别为序次如左。"可见，朱熹对"传"文部分的次序进行了调整。不仅如此，朱熹还补写了"格物致知"的新传文。朱子之所以这样做，就在于他要使传文部分与经文部分之"三纲领""八条目"的内容与顺序相合，以服务于其义理性的诠释。朱熹对《大学》内容的调整与增补，从儒家经学传统上看，自然是惊人之举，但其目的也很明确，就是依托《大学》文本，讲出自己"格物穷理"的义理体系，即于事事物物上穷理致知，进而明善成功。

后世儒家对《大学》是否阙文以及朱熹的增补是否合宜曾广泛提出疑义。这当中，王阳明可谓是一个典型代表。他明确反对朱熹对《大学》的改造，主张"去分章而复旧本"，恢复《大学》古本面貌。阳明这一做法源于他对《大学》进行心学化诠释的义理性诉求。相较于朱子侧重对《大学》作"格物穷理"的外向认知性诠释，阳明对于《大学》的诠释早期侧重于"诚意"，而后期则侧重于"致知"。前者体现了阳明心学凸显主体良知的内向性，对此阳明言道："《大学》之要，诚意而已。"又言："圣人惧求之于外也，而反覆其辞。旧本析而圣人之意亡矣。"（《大学古本序》）；后者则彰显了阳明推致良知的功夫论，为此阳明乃将《大学》中的"知"阐释为道德"良知"。阳明的《大学古本旁释》和《大学问》皆属此类思想著述。

应该说，朱熹与阳明对《大学》的诠释虽然不同，但都属于一种跨文本的诠释，皆在于以《大学》为文本依托，阐发自己独特的义理思想体系，属于一种思想创见，故在思想史上具有深远意义。当然，这也正是《大学》作为经典的意义所在。因为经典之所以永恒，正在于在绵延不绝的时间之流中，历代都有继起的诠释者，他们不断地怀抱着自己的问题进入经典世界，努力去寻求一种源流有渐而又异彩纷呈的解释体系，以实现对现实的合理回应。就当时而言，阳明对《大学》的迥异诠释固然挑战了朱子的权威，引发了激烈的论争，但同时也极大地解放了思想，以致晚明时期，《大学》研究兴盛起来，出现了各种注释和改本。值得注意的是，在中国文化传统中，众多学子之所以尊经与改经，其根源在于尊道。他们对于共同经典的各自迥异诠释，皆可视为他们对道的切身体悟。

《中庸》属《礼记》第三十一篇，在朱熹之前，并无单行的《中庸》一书。《汉书·艺文志》中有《中庸说》两篇。对此，颜师古注曰："今《礼记》有《中庸》一篇，亦非本《礼经》，盖此之流。"徐复观先生认为颜氏之意在于《汉书·艺文志》之《中庸说》与《礼记》之《中庸》就"非本《礼经》"这一点而言，性质相同。但是二者并非同一书。后来的王鸣盛在《蛾术编·说录》中说："《汉志》《中庸说》二篇与上《记》百三十一篇，各为一条，则今之《中庸》，乃百三十一篇之一，而《中庸说》二篇，其解诂也。不知何人所作。惜其书不传。"显然，王氏将《中庸说》二篇看作对今《礼记·中庸》之解诂，而与《中庸》乃是相异的两文。此外，《隋书·经籍志》指出南朝刘宋时的戴颙曾作《礼记中庸传》二卷。梁武帝著《中庸讲疏》一卷，其臣张绾、朱异、贺琛等人还在"士林馆"轮流讲述"制旨礼记中庸义"。宋代的欧阳修在点评唐代李翱《复性书》时指出，李翱《复性书》实乃"《中庸》之义疏耳"。可见，在宋以前，《中庸》已经颇为引人注目。有宋以来，宋仁宗曾把《中庸》赐给新及第的王尧臣，宋高宗又御书《中庸》，再后来经过程朱等理学大儒的一番注疏后，《中庸》一书乃备受尊崇，有关《中庸》的研究亦可谓蔚为大观。至于《中庸》一文的作者，《史记·孔子世家》上说："子思作《中庸》。"随后，郑玄、《孔丛子》、沈约、孔颖达、韩愈、李翱、二程、朱熹、黎立武、陈襄等皆从之。宋代欧阳修、清代崔东壁、近人冯友兰则以为《中庸》晚出。现代学者郭沫若、杨荣国、杜维明则认为它是思孟学派著作。总体来看，我们以为《中庸》乃是子思类著作，其主体思想的出现当在《孟子》之前的战国时期。这是我们讨论《中庸》的前提。至于《中庸》内容的来源，则大体包含两种，即子思记孔子语以及子思之议论。刘向的《别录》把《中庸》视为《礼记》中"通论"一类，即关于儒家义理的通体诠释，因而它与《礼记》中其他具体阐解礼的篇目有着根本的区别。

关于《中庸》的思想内涵，郑玄《目录》有云："中庸者，以其记中和之为用也。庸，用也。"其注《礼记·中庸》"君子中庸"章又言："庸，常也。用中为常道也。"而北宋程子则言："不偏之谓中，不易之谓庸；中者天下之正道，庸者天下之定理。"（《四书集注·中庸章句》）在此，"中庸"显现为一平常所行的中道原则。不过宋人王柏认为，今本《中庸》思想内涵乃由"中庸"和"诚明"两部分组成，正所谓："'中庸'二字为道之目，未可为纲，'诚明'二字，可以为纲，不可为目。"（参见王柏《题跋·古中庸跋》，载《鲁斋集》卷十三，四库全书本）在以上认识背景下，结合《中庸》本文，我们大体可以从以下几个方面来把握《中庸》之大义。第一，《中庸》之规模尽在起首三句教，即："天命之谓性，率性之谓道，修道之谓教。""天命之性"对应"中"与"诚"，"率性之谓道，修道之谓教"则对应"和"与"诚之"之"明"。第二，慎独、修教乃至中致诚之功夫。第三，天下至中、至诚以三达德通于五达道，并以礼这一具体的文化形式落实下来。

三 "四书"与"四书学"

有宋以来，学者多据"四书"进行自我诠释，以此来寻求修身治世之方。到了南宋，朱熹将"四书"正式合集，使之成为一个有内在联系、能够体现一个系统思想的整体，并由此成为儒家之经典文献。随着程朱理学成为官学正统，"四书"也开始占据学术中心，并成为科试之依据，"四书学"由此也成为一种重要的学术方向。

"四书"本身所蕴含的儒家人学思想原属于先秦儒学成就，然秦汉以后，其内圣义理隐微难传，外王造化之道则大肆铺张。迄隋唐佛老心性之理盛行、世道衰微之后，儒者乃开始寻求建立儒家内圣之学以为其外王之道奠基，成就本末一贯之意。在此背景下，"四书"之称，即内含着唐宋以来的儒者努力建构儒家人学思想体系以修身治世、反抗佛老的人生理想。而历代学者围绕"四书"所进行的系列诠释皆可视之为"四书学"，这一学术方向的发展伴随唐代儒学复兴而兴起，历经宋、元、明、清等不同历史时期，拥有着丰富的思想内涵与时代特征。其核心在于本乎天命性道之形上学建构来展开心性修养与外王事功，从而实现合内外，一上下，通天人的生存理想。当

第一章 儒家经典的结集历程

· 101 ·

然，不同历史阶段的四书学研究亦有其自身的特点。

唐代中晚期，儒学复兴，其代表人物韩愈、李翱等人对"四书"皆有发明。如韩愈依托《论语》《孟子》《大学》来发掘儒家道统与大学精神，以实对虚，反佛老、倡儒学；李翱则是本乎《中庸》之义，发明先秦儒家性理，讲论儒学复性之道。欧阳修曾有云："予始读翱《复性书》三篇，曰此《中庸》之义疏尔。智者诚其性，当读《中庸》。愚者虽读此，不晓也，不作可焉。"①李翱也认为自己对《中庸》的解读乃是接续先秦儒家性命之学，心通前圣，故云："（前人）以事解者也，我以心通者也""夫子复生，不废吾言矣。"（《复性书》）

北宋以来，学者们接续了唐人对于"四书"价值的重视，并将相关的研究进一步深化了，即依托对"四书"的诠释来阐发其理学思想体系，故而这一过程同时也是"四书"理学化的进程。在此过程中，学者们将儒家心性义理向上追溯至天命、天道的层面，寻求其形上学根据；向下则贯注于家庭、社会、政治等人道实践之中，彰显其生活世界里体用不二、即体即用的人格塑成之义。这当中，周敦颐主要是依托《易传》来诠释《中庸》，以太极为人道之形上学根据，以"诚"为打通天人之枢纽，凭借中正仁义而主静之功夫上下其手，希圣希贤，以求性命与天道为一。张载则是"以《易》为宗，以《中庸》为体，以孔孟为法""知人知天，求为圣人"（《宋史·张载传》），其理论创新之处就在于以"太虚之气"实化儒家性命天道之体，以"悟则有义有命，均死生，一天人，惟知昼夜，通阴阳，体之不二"（《正蒙·乾称》）以及"存，吾顺事；没，吾宁也"（《西铭》）之儒学生死精神自洽于生活世界，以消解佛老关于人生的"寂灭者往而不反"以及"徇生执有者物而不化"等极端化认识所带来的负面影响。其《乾称篇》更是将《周易·说卦传》中"乾，天也，故称乎父；坤，地也，故称乎母"之乾坤义理与《孟子·公孙丑》之养气说相贯通，借此以推出其"民吾同胞，物吾与也"之人生境

---

① 李逸安：《欧阳修全集》，中华书局 2001 年版，第 1049 页。

界。二程对《论语》《孟子》《中庸》《大学》皆极推重。关于《中庸》,《二程粹言》有言:"中庸,天理也。不极天理之高明,不足以道乎中庸。中庸乃高明之极耳,非二致也。"① 在此,二程以"天理"解中庸,视中庸为"天理",可谓极高之论。不仅如此,小程子还以《中庸》为"孔门传授心法",属圣人之学。在解读中,大程子以为:"不偏之为中,不易之为庸,中者,天下之正道;庸者,天下之定理。中庸始言一理,中散为万事,末复合为一理。"② 此言彰显了理事无碍,即体即用之理学精神。对于《大学》一文,《四库全书总目》有载:"惟大学自唐以前无别行之本。然书录解题载司马光有大学广义一卷、中庸广义一卷,已在二程以前,均不自洛闽诸儒始为表章。特其论说之详,自二程始。"二程基于宋儒义理诠释之风,在四书架构下对《大学》进行了改订和重释。改订情况可由现存的《明道先生改正大学》和《伊川先生改正大学》获得了解;在改订基础上的重释则凸显了格物穷理与新民与之义,由此打通了形上与形下、内圣与外王之关联,可谓是开创性的认识。关于《论语》《孟子》,《二程粹言·论书篇》有云:"于语、孟二书,知其要约所在,则可以观五经矣。读语、孟而不知道,所谓虽多,亦奚以为?"③ 程颐更进一步说道:"学者当以论语、孟子为本。论语、孟子既治,则六经可不治而明矣。读书者,当观圣人所以作经之意,与圣人所以用心,与圣人所以至圣人,而吾知所以未至者,所以未得者,句句而求之,昼诵而味之,中夜而思之,平其心,易其气,阙其疑,则圣人之意见矣。"④总之,北宋学者对于四书的诠释为后来四书经典结集做了奠基性的努力,意义重大。

《四库全书总目提要·四书类一》记载:"论语、孟子,旧各为

① (宋)程颢、程颐:《二程集》,中华书局 1981 年版,第 1181 页。
② (宋)卫湜:《礼记集说》,《四库全书荟要》(第 56 册),世界书局 1988 年版,第 34 页。
③ (宋)程颢、程颐:《二程集》,中华书局 1981 年版,第 1024 页。
④ 同上书,第 322 页。

帙。大学、中庸，旧礼记之二篇。其编为四书，自宋淳熙始。"① 这个时期正是南宋朱熹完成《四书章句集注》的时间，可以说，四书体系的正式确立是凭借朱熹之手完成的。朱子著有《论语要义》《论语训蒙口义》《孟子集解》《论孟精义》《大学集解》《中庸集说》《大学章句》《中庸章句》《论语集注》《孟子集注》等一系列著作，而后四者构成《四书章句集注》。对于四书，朱子可谓用功一生，他的这一工作使北宋诸子学义理精神与汉儒经学考据精神熔为一炉。其意义重大、工程浩繁。在此过程中，他于诸家解说广泛涉猎，探赜索隐而后断其是非。他本人很重二程，后则又广取各家之说，甚至包括他素所不喜者。《四书集注》所征引的自汉至宋共五十余家，即便一些朱熹素所不喜的思想家的观点，《集注》也相应采纳了。这一工作一直持续到他晚年，乃至病榻之上依然不住手削之。黄俊杰以为："朱子毕生理会《四书》，并通过以'体''用'以及'理''气'等概念为核心之哲学系统，赋《四书》以新解，就是中国哲学史上的代表作。"② 同时，朱子也从方法论的角度对四书阅读次序做了自己的排定，即先《大学》，次《论语》《孟子》，最后为《中庸》，正所谓："先读大学，以定其规模；次读论语，以立其根本；次读孟子，以观其发越；次读中庸，以求古人之微妙处。大学一篇有等级次第，总作一处，易晓，宜先看。论语却实，但言语散见，初看亦难。孟子有感激兴发人心处。中庸亦难读，看三书后，方宜读之。"③ 总之，"论语，先汉时已行，诸儒多为之注。大学、中庸二篇在小戴礼记中，注之者，郑康成也。孟子初列于诸子，及赵歧注后遂显矣。爰自河南程子实尊信大学、中庸而表章之，论语、孟子亦各有论说，至朱子始合四书谓之'四子'：论语、孟子则为之注，大学、中庸则为之章句，或问自朱子之说而行而旧说尽废矣。于是四子者与六经并行，而

---

① 四库全书研究所整理：《钦定四库全书总目》，中华书局1997年版，第1页。
② 黄俊杰：《东亚儒学：经典与诠释的辩证》，台大出版中心2007年版，第4页。
③ （宋）黎靖德：《朱子语类》，中华书局1985年版，第249页。

教学之序莫先焉。"①

　　自元仁宗皇庆二年始，朱子的《四书集注》便成为科举考试的重要参考，由此开启了四书的官学化历程。元明清三朝时期，四书与五经并立，地位突起。由此，有关四书的研究蔚然成风，出现了大量的针对四书的注解、诠释与考证、辨疑。如明代蔡清为了纠正科举以经术取士"不务实造于理，而徒务取给于文"②的流弊而以自己读书所感撰成《四书蒙引》一书。黄宗羲以为"其释经书，至今人奉之如金科玉律"③。

　　《明史·艺文志》有《四书》一门，《四库全书总目》经部中也专有一个"四书"类，它们包括了此前历代学者对《论语》《大学》《中庸》《孟子》的注解之作。严格来说，"四书"之名确立以前的各种有关《论语》《大学》《中庸》《孟子》的注疏之作不应归入"四书"类之中。然而正如四库馆臣所说，朱熹《四书章句集注》流行于世后，"四书"之称已相沿成习。更何况"赵歧、何晏以下，古籍存者寥寥，梁武帝义疏以下，且散佚并尽。元明以来之所解，皆自《四书》分出者耳"。故《明史》等将历代有关《论语》《大学》《中庸》《孟子》的著作归入《四书》类，是"循其实"而"不复强析其名"（《四库全书总目》卷三十五，《经部·四书类一》，《序论》，中华书局1965年版）。④而朱彝尊的《经义考》就曾收录了清代康熙之前四书类研究专著334种以及《论语》类371种、《孟子》类150种、《中庸》类160种、《大学》类178种，由此可见"四书"在漫长历史时期的巨大影响力。

---

　　①　（清）朱彝尊：《经义考》，"中央研究院"中国文哲研究所筹备处1998年版，第541页。

　　②　（明）蔡清：《四书蒙引·四书蒙引原序》，《钦定四库全书·经部八·四书类》，《景印文渊阁四库全书》本，台湾商务印书馆1986年版。

　　③　沈善洪主编：《明儒学案》卷46《诸儒学案上四·司成蔡虚斋先生清》，《黄宗羲全集》，浙江古籍出版社2004年版，第394页。

　　④　参见肖永明、殷慧《北宋心性之学的发展与宋代〈四书〉学的形成》，《中国哲学史》2008年第1期。

第二章 儒家经典的诠释方式

一 经典诠释的目的

经典诠释是中西共有的文化现象。这种诠释通常具有两种目的：一种是努力克服历史背景差异以及语言文字变迁所带来的障碍，以新时代的文化表现形式来追究经典之原意，意在还原文本；另一种是将经典的文化精神与时代精神相结合，努力实现对经典的创造性诠释，在完成经典文化精神的时代转化与创新性发展的过程中来解决现实问题，从而成就经典的新生。以上两种诠释目的在中西文化发展中皆有清晰表现。

陈来先生曾在《从道德的"抽象的继承"转向"创造的继承"——兼论诠释学视野中的文化传承问题》一文中概要地梳理了西方诠释学发展历史。他认为 18 世纪以来，诠释学对待文本问题围绕"何为理解"有两种基本路向和形态：一种是强调作者意图的具体历史性的理解路向，以施莱尔马赫为代表。施莱尔马赫曾力图把真理内容与作者意图分开，只关注作者意图。另一种是重视文本的真理内容，重视文本的一般意义的理解路向，以伽达默尔为代表。按照伽达默尔的看法，诠释学自古就担负将文本的意义和真理运用于当下的具体境况的任务，而这些在施莱尔马赫的思想中都消失不见了。也就是说，只注重具体意义的方法使得文本应用与实践的能力消失不见了。陈先生还指出："哲学诠释学强调应用实践，其中又特别重视'创造'的观念，强调理解不是复制和还原为具体，而是就文本的普遍意义发生创造性的行为和创造性的诠释。伽达默尔所代表的哲学诠释学强调一切理解都包含应用，这鲜明地表现了诠释学的实践能力。伽达默尔对创造性的突出强调则表示创造性应当是诠释的本质，这种创造性要体现在应用之中。"①

相对于西方的诠释学而言，中国文化传统中没有类似的思想体系，却并不缺乏相关的诠释思想。这一点已经被今人所认识，并且今人已经开始着力整理这些内容，以努力整合与建构符合中国文化传统与现代需求的诠释理念与诠释体系。大体来说，中国古代经典文献的诠释是以训诂形式为基础来进行的。所谓"训诂"，也叫"训故""故训""古训""解诂"等，其意实为"注解"，其作用正如孔颖达所言"通古今之异辞，辨物之形貌"（《毛诗正义》）。"训""诂"连用，最早见于战国时期鲁国人毛亨注释《诗经》的书名《诗故训传》。"训""诂"合用则始见于汉朝的典籍。

传统经典的训诂材料因其各自性质的差异而存在诸种名称，如"传""说""章句""诠""解""集解""疏""证""微""诂""注""正义""义证""笺""义疏"等。所谓"传"，指传述，主要是传述经文的文义，孔颖达说："传者，传通其义也。"一般是先释词句，再明经意。这是汉代注释家注解先秦文献时经常使用的体例，侧重于对经典思想的解说；所谓"注"，是注释的通称，取"灌注"之义，意思是经书意义难懂，需要训解才能通晓，有如水道阻塞，需要灌注才能疏通；所谓"笺"，《说文》解为"表识书也"，这是对传文进行补充订正的一种注释；所谓"义疏"，简单说就是疏通经义，是一种既解释经文又解释注文的注解体例。南北朝时期义疏盛行，著述颇多。唐代学者则对魏晋以下的义疏进行了分析整理，订正谬误，这时的"疏"也叫"正义"；所谓"章句"，就是"离章辨句"之意，除了对经文进行逐词解读以外，还要对句意和章意进行说明；所

---

① 陈来：《从道德的"抽象的继承"转向"创造的继承"——兼论诠释学视野中的文化传承问题》，《文史哲》2017 年第 1 期。

谓"集解"就是汇集各家之说，再加上汇集者自己的评断和阐发，故而又称为"集注""集释""集说"等。

至于训诂学，则是在以往训诂材料以及训诂工作的基础上建立起来的有关文献词义、语义理论的一门学问。它萌发于先秦，鼎盛于清乾嘉时期。大约在公元前400—前300年初具规模的《尔雅》被认为是最早的训诂学著作，训诂学的传统观念大体形成于唐代的孔颖达，国学大师黄侃则创立了训诂学的现代观念。自20世纪70年代末开始，这一门学问又逐渐复兴，开始了其自身原理性的现代建构，正如黄侃先生所言："夫所谓学者，有系统条理，而可以因简驭繁之法也。明其理而得其法，虽字不能遍识，义不能遍晓，亦得谓之学。不得其理与法，虽字书罗胸，亦不得名学。"[①] 依照吕叔湘先生的划分，传统训诂学主要包含四个方面内容的展开，即词典学、语义学、语源学和语法学。[②] 以上四方面内容在中国古代经典训诂的不同历史进程中皆有其相应的呈现。这其中，"语义"揭示是最为重要的，而语义揭示的方法与规律又必须建立在汉语语法与汉字音、义的发掘整理基础上，而不能盲目套用其他语系的规律，这是显而易见的。在当前西化的思潮下，这一点尤须指明。

如上所述，在中国文化传统中，经典诠释的形式可谓多种多样。但究其实，其内部始终贯穿着两个指向，即考据求实与义理阐发。前者在"实事求是""无征不信"的原则下努力探寻文本的原意，汉代学者于此贡献颇丰。如汉代贾逵会通今古文经学，为《左传》《国语》作过51篇解诂，既正本清源，又辨析异同；马融则博采众家，以实事求是的态度作了《周官传》；许慎作有《说文解字》，他认为自己做《说文解字》是"博采通人，至于小大，信而有证"，目的是"将以理群类，晓学者，达神恉"。这本书自唐代以后就被视为文字学、音韵学、训诂学的经典之作；郑玄则继承了贾逵、马融的学术趋

---

① 黄侃：《文字声韵训诂学笔记》，上海古籍出版社1983年版，第2页。
② 参见王宁《训诂学原理》，中国国际广播出版社1996年版，第12页。

向，综合了两汉今古文之学，遍注群经。正如皮锡瑞所言："今古之学若无郑注，学者欲治汉学，更无从措手矣。"① 后者则是作者立足于自己的思想体系，依托文本而进行义理发挥，这方面，宋明学者贡献甚为突出。如宋代学者张载依托《易传》《中庸》和《孟子》等经典来发挥其气论和人性论思想，阐发知礼成性、变化气质之道，标明其民胞物与、天人合一之人生境界；小程子则依托《中庸》发明"天理"之意，阐发其"理一分殊"之精要。又依托《易传》讲述其道器、理象体用一源，显微无间之关系。更据《大学》本文而创造性地将其"格物"释为"穷理"，并将其转化为人格修养方法，以至实现"己与理一"，乐而成圣；朱熹是理学的代表性人物，其集毕生精力创作的《四书章句集注》可谓是义理创新性的经典诠释著作，在得到官方认同后，它更是引发了后来的四书学研究。与此同时，朱子与阳明乃至刘宗周分别对《大学》进行的理学化与心学化的跨文本诠释更是彰显了宋明学者在经典诠释中的义理创新精神，这反映了在历史发展中思想的解放与思想的多元化发展的面貌。

然而，以上两种经典诠释指向无论存在怎样的差异，却都共有一个传道的理念。如训诂求实者以为"故训明则古经明，古经明则贤人圣人之理义明，而我心之所同然者，乃因之而明"②。而侧重义理创新的朱熹与阳明等理学人物其对经典文本的选择以及调整、改动乃至增补亦是源于承道的需要。朱子以为："秦汉以来，圣学不传，儒者惟知章句训诂之为事，而不知复求圣人之意，以明夫性命道德之归。至于近世，先知先觉者始发明之，则学者既有以知夫前日之为陋矣。然或乃徒诵其言以为高，而又初不知深求其意，甚者遂至于脱略章句，陵藉训诂，坐谈空妙，展转相迷。而其为患，反有甚于前日之为

① 参见许抗生等《中国儒学史》（两汉卷），北京大学出版社 2008 年版，第 453—487 页。

② （清）章学诚：《题惠定宇先生授经图》，转引自陈祖武等《乾嘉学术编年》，河北人民出版社 2008 年版，第 182 页。

陋者。"① 换句话说，经典文本的合法性或者神圣性就在于载道。只有"道"才是神圣的，无论朱熹还是阳明、刘宗周，都认为自己是继承孔孟之道的。因此可以说，尊"经"、释"经"实为尊圣，最终则是为尊"道"。那么"道"与"经"以及经典诠释究竟是什么关系呢？这是我们需要仔细思考的一个重要问题。

二　经典诠释中"道"与"经"的关系

众所周知，经典是讲述圣人言行的稳定的文本典范，而圣人之为圣人则主要取决于以下四点内容：

首先，圣者通天人之道。作为子思或子思一系的著作，《五行》篇以仁、义、礼、智为"四行"，"四行"和为"善"，为人道；以仁、义、礼、智、圣为"五行"，"五行"和为"德"，为天道。长沙马王堆汉墓帛书《老子》甲本卷后第四种佚书，学者称作《四行》②，其中讲："知人道曰知，知天道曰圣。"这里的"知"与"圣"实为儒家崇尚的两种德目。如果结合前面《五行》的说法，则"知"指向的是"四行"和，"圣"指向的是"五行"和。前者以"知""善"、得人道为标志；后者以"圣""德"、合天道为标志。它们既是分属于两个不同层级的生命境界，然又因其内涵上的关联而共属一体，从而表现出一种差异性上的连续性，亦即以五行包四行，以德包善，以天道包人道，以圣包知。这体现了儒家意义上的生命存在的全面展开。

其次，圣者时中而化。时中是得道的内在规定。作为道的理想代表，圣者自然要体现时中原则。张载说："大率时措之宜即时中也。"（《张子语录下》）这是讲顺时变化而合宜乃为"时中"。圣者行"时中"其具体表现就是"能化"，亦即因而合道之意。

---

① 《朱子大全》卷75，四部备要本。
② 参见魏启鹏《德行校释》，巴蜀书社1991年版。

再次，圣者不勉而中道。《中庸》云："诚者，天之道也……诚者不勉而中，不思而得，从容中道，圣人也。"孔颖达疏："至诚之道，天之性也……是上天之道不为而诚，不思而得……唯圣人能然，谓不勉励而自中当于善，不思虑而自得于善，从容间暇而自中乎道，以圣人性合于天道自然，故云'圣人也'。"这是说圣即诚者，性合于天道自然，不假刻意人为，此为至上人格境界。对此《中庸》又云："自诚明，谓之性。"要言之，圣者与道为一而表现为一自由的生命活动。

最后，圣者具有以听涵视的证显方式。《白虎通·圣人》篇有云："圣者通也，道也，声也。道无所不通，明无所不照，闻声知情，与天地合德，日月合明，四时合序，鬼神合吉凶。"可见声闻是圣通于天道的方式。帛本《五行》"说"部云："道者，圣之臧（藏）于耳者也。""明也者，知之臧（藏）于目者。"此可为一说明，即：圣者通天道，天道化而无形无对象可寻，故必借心灵开放状态下的听闻来了解。而知（智）者知其不化，在于所知人道有形象可见，故以视觉之明来把握。上引《五行》又云："见而知之，智也。闻而知之，圣也。"在此，智（知）者著于明视而知，圣者著于听闻而知。《五行》以圣包知（智），则圣者在证显方式上自然也就体现为以听涵视。由此，圣所体现的得道之境亦必然呈现为在一心灵自由状态下通过以听闻涵摄明视的道德活动所获得的理想人格。

正是通过以上四点内容，圣得以传达了道之内涵。那么如何看待圣人所传之道呢？在中国传统文化中，道之本源在于天，道从根本上讲亦即天道。此天道实即天命之显。故论天道必及于天命。

在中国传统文化中，天命思想为天人关系的深刻反映，其本质则为人生关怀。据傅斯年先生考证："命之一字，作始于西周中叶，盛用于西周晚期，与令字仅为一文之异形。"[①]"在西周晚期金文中，一器中或专用令字，或专用命字，或命令二字互用，可知此时命令二字

---

① 傅斯年：《性命古训辩证》，上海商务印书馆 1940 年版，第 1 页。

虽作两体，实是一字"①，不过"令字在甲骨文字中频出现，其语意与金文同，命字则无之，足知命为后起之字也"②。另许慎《说文》与阮元《经籍纂诂》皆以令字来说明命字，即命字乃脱胎于令字，由令字加口以突出外行而来。比较而言，令字原指王令、天令之类，终归于天令，突出"发号"之主体，带有主动色彩；命字原指王命、天命之类，终归于天命，具有发号者和受令者两重含义，且更突出使动色彩。③ 从令字到命字的发展体现了古人由关注发号施令的主宰者逐渐发展到关注受令者自身的思想历程。无论是"先王有服，克谨天命"（《尚书·商书·盘庚》）还是"天命玄鸟，降而生商"（《诗经·商颂·玄鸟》），都既体现了上天之令，又体现了存在自身所受之天命，表达了对本原于天的令落实为存在自身之命的切实领会。它深刻反映了由殷周政权变更所带来的古代宗教意识的变化与人文精神的跃动。正如《礼记·表记》所言："殷人尊神，帅民以事神，先鬼而后礼……周人尊礼尚施，事鬼敬神而远之，近人而忠焉。"此后对存在自身所受之天命的领会由起始着眼于群体性又逐渐走向关注个体性，即从早期集中体现王权国祚、与百姓个人无关，逐渐发展到对个人命运的关切，由"恭天成命，肆予东征"（《尚书·武成》）发展到"死亡有命，吾不可以再亡之"（《左传·昭公二十一年》）。天命内涵由此也得到不断充实，乃至出现了诸如"天命之谓性"（《礼记·中庸》）、"性自命出，命自天降"（郭店楚简《性自命出》）等说法，由此逐步建立起中国传统哲学丰富而深邃的天命思想，并深刻反映了其人生关怀这一主题。

传统天命思想所具有的人生关怀义其直接的体现就是神道设教。可以说，传统天命发端于古代的天国神灵世界。天国神灵世界的形成意味着先秦社会历史由原始混沌状态走向人类理性的觉醒，由此人把

---

① 傅斯年：《性命古训辩证》，上海商务印书馆1940年版，第41页。

② 同上书，第5页。

③ 参见丁为祥《命与天命：儒家天人关系的双重视角》，中国人民大学复印报刊资料《中国哲学》2008年第1期。

自己和自然区别开来，体现了人从野蛮走向文明、从原始混沌走向理性思维的最初一段历程。不过至商、周时期，天国神灵世界中的神仍然存在于个人之外，其代表就是帝、天。① 传统天命即由此而来。它的出现既是信仰的反映，也体现为一种教化，最初的神道设教即是如此。《易·观》卦的《象传》云："观天之神道，而四时不忒。圣人以神道设教，而天下服矣。"孔颖达《疏》云："'神道'者，微妙无方，理不可知，目不可见，不知所以然而然，谓之'神道'，而四时之节气见矣。岂见天之所为，不知从何而来邪？盖四时流行，不有差忒，故云'观天之神道，而四时不忒'也。'圣人以神道设教，而天下服矣'者，此明圣人用此天之神道，以'观'设教而天下服矣。天既不言而行，不为而成，圣人法则天之神道，本身自行善，垂化于人，不假言语教戒，不须威刑恐逼，在下自然观化服从，故云'天下服矣'。"（《十三经注疏·周易正义》）这里圣人之教的根据即在于"天之神道"，此亦是天命所在。不过商周时代的"神道设教"到诸子百家时期有了根本性的变化，这就是外在的神命逐渐内化到人自身，具体体现在对天、道、命、德、性等问题的讨论上。于是乎社会思想由神灵世界开始转向人世间、由神教转向德教，这体现了社会文明的进一步发展。不过即使在孔子着力阐明人道、释解仁义等道德观念时，天命神教仍然在当时社会观念中发挥着重要作用。这至少与三个原因密切相关：一者如上所谓"天之神道"无论是属于神灵世界的天命还是源于理性自觉后的形上本体都在一定程度上体现了时人对现实生活的领会与适应；二者依《淮南子·泛论训》的说法，神道设教体现了"重仁袭恩"，不忘先人业绩，此为教育之一种，其社会影响是很可观的；三者如王充《论衡·辨祟》所言："圣人举事，先定于义。义已定立，决以卜筮，示不专己，明与鬼神同意共指，欲令众下信用不疑。"

由上可见，道源于天命，乃是天命之显。圣人之功在于通天人之

---

① 参见晁福林《先秦社会思想研究》，商务印书馆2007年版，第246页。

道，以神道设教。阅读经典乃至诠释经典其根本就是借助了解圣人言行以明天人之道，察受天命。这是中国古代经典诠释之要，亦是其合法性的基础。那么进一步的问题又来了，人们为什么要阅读经典乃至诠释经典以了解圣人言行以明天人之道，察受天命呢？换言之，中国传统文化经典诠释的前提是什么呢？如果回顾一下中国文化的立人立场，我们就会发现，经典诠释作为一种活动的思想，其提起的原因就是反思现实人生问题，寻求一种当下合理自洽的生存方式。那么人为什么要进行这一反思并着力展开这项寻求呢？对此，中国古人有着一种明察。孔子曾言："天何言哉？四时行焉，百物生焉，天何言哉？"（《论语·阳货》）这是讲四时之行、百物之生皆为自然之成。当然，对于每一事物而言，其所谓的自然之成皆有其天赋的本质规定，就这个天赋的本质规定而言，一切事物只能是其所是，而不能是其所非是。故《孟子·告子上》有云："《诗》曰：'天生蒸民，有物有则。民之秉彝，好是懿德。'孔子曰：'为此诗者，其知道乎！故有物必有则，民之秉彝也，故好是懿德。'"朱子《集注》释云："有物必有法……是民所秉执之常性也。"① 朱子又曾有言："天下无无性之物。盖有此物，则有此性，无此物，则无此性。"② 朱子在这里可谓明确点出了"有物有则"之意。与此同时，事物的是其所是也体现了一种价值肯定，即以其所是为善，并使其真正地存在起来，此即事物合理的生存之道，它明确表达了一种对事物存在之应然之境的追求。《易·系辞上》有云："天地设位，而易行乎其中矣。成性存存，道义之门。"孔颖达疏："此明易道既在天地之中，能成其万物之性，使物生不失其性，存其万物之存，使物得其存成也。性谓禀其始也，存谓保其终也。"③ 此可谓得其意旨。所谓事物存在的"是其所是"就体现为它本质的实存与实现的统一，它是事物诸种生存原则得以表

---

① （宋）朱熹：《四书章句集注》，中华书局 1983 年版，第 329 页。
② （宋）黎靖德：《朱子语类》卷 4，中华书局 1986 年版，第 56 页。
③ （唐）孔颖达：《周易正义》，北京大学出版社 1999 年版，第 274 页。

达的基础与动因。但是作为存在，人与自然物的本质实现具有一个根本的区别。自然物乃是一个依乎自然本能的存在，它天然地实现自己的本性，不与其相背离。在这意义上讲，自然物与宇宙本身并无矛盾可言。但是人则不同，人之本性虽然也是自然天赋，可是它的实现则有待于通过人之所为、所致才能完成。《礼记·中庸》曾云："诚者，天之道也。"朱熹《集注》解"诚者"为"真实无妄""天理之本然"。但是对于人而言，如何实现它呢？《中庸》言："诚之者，人之道也。"何为"诚之"呢？《孟子·离娄上》明确地说："思诚者，人之道也。"可见，"诚之"之人道在于"思诚"；"思诚"者，即人心之明觉的人文化成活动，其具体历程便是《易传·说卦传》中所言的"穷理尽性以至于命"。非此无以成人，故《孟子·尽心上》有言："莫非命也，顺受其正。是故知命者不立乎岩墙之下。尽道而死者，正命也。桎梏死者，非正命也。"对此人、物之别，程颐说得通透："'万物皆备于我'，此通人物而言。禽兽与人绝相似，只是不能推。然禽兽之性却自然，不待学，不待教，如营巢养子之类是也。"可见，人的本质实现不是一个单纯的自然过程，而是需要一个自觉的人文化成经历。在此经历中，人才能实现天赋之则，成就自己。所谓经典阅读与诠释即是此人文化成之一重要路径。

但是随之带来另一个问题。在人文化成的历程中，人心之思作为一种智识活动，既要实现本质呈现，又要行而知止。前者证成的是文质统一，而后者则是要规避以文害质，实现文化解蔽。对此小程子有着精到的解析，其言曰："人虽是灵，却椓丧处极多。只有一件，婴儿饮乳是自然，非学也，其佗皆诱之也。欲得人家婴儿善，且自小不要引佗，留佗真性，待他自然，亦须完得些本性须别也。"（《遗书》卷二下）在此基础上，程子又进一步把人的自然本性的丧失归结为："人只为智多害之也。"（《遗书》卷十九）也就是说，人为了达成本质实现而必然展开人文化成的智识活动，但经由这种智识活动而被文化了的人如果不能知止则将必然导致与自然天性相疏离，从而出现生存的异化，造成存在的弊端。这当中，对语言文字以及由语言文字所构成的经典的合理把握尤为值得关注。

文化的一个重要标志即是语言文字。传统经典以文字的形式将圣人体道之言行以一种固化的方式记载下来，从而成为一种可供他人资鉴的形式。但是问题也随之而来。《易·系辞》有云："书不尽言，言不尽意。"《庄子·天道》亦有言："世之所贵道者，书也，书不过语，语有贵也。语之所贵者，意也，意有所随。意之所随者，不可以言传也，而世因贵言传书。世虽贵之，我犹不足贵也，为其贵非其贵也。故视而可见者，形与色也；听而可闻者，名与声也。悲夫！世人以形色名声为足以得彼之情！夫形色名声果不足以得彼之情，则知者不言，言者不知，而世岂识之哉！"可见，在中国文化传统中，对于得道之意与言的关系始终存在着一种文化自觉。经典意图以言传道。而得道之意却不能离开个体心灵之质，言作为一种普遍的形式是否能传达出不离个体生命的得道之意呢？道家对此悲观很多，以为"道可道，非常道；名可名，非常名"，进而以为一切文化形式皆是得道的阻碍。儒家则不然，它说"不尽"，它讲求"文质统一"下的中道原则，既强调人的情质发明，又重视它的普遍表达形式，强调二者的即时统合。由此出发，在借助经典阅读与经典诠释来得道的过程中，儒家一方面强调经典传承，一方面则强调会意于心，这种会意于心的得道方式，儒家称其为"心法"。

对此，我们可以参考朱熹的一些说法。朱熹在《中庸章句》中讲道："上古圣神继天立极，而道统之传有自来矣……夫尧、舜、禹，天下之大圣也。以天下相传，天下之大事也。以天下之大圣，行天下之大事，而其授受之际，丁宁告戒，不过如此。则天下之理，岂有以加于此哉？……子思惧夫愈久而愈失其真也，于是推本尧舜以来相传之意，质以平日所闻父师之言，更互演绎，作为此书，以诏后之学者。盖其忧之也深，故其言之也切；其虑之也远，故其说之也详。其曰'天命率性'，则道心之谓也；其曰'择善固执'，则精一之谓也；其曰'君子时中'，则执中之谓也。世之相后，千有余年，而其言之不异，如合符节。历选前圣之书，所以提挈纲维、开示蕴奥，未有若是之明且尽者也。自是而又再传以得孟氏，为能推明是书，以承先圣之统，及其没而遂失其传焉。则吾道之所寄不越乎言语文字之间，而异端之说日新月盛，以至于老佛之徒出，则弥近理而大乱真矣。然而尚幸此书之不泯，故程夫子兄弟者出，得有所考，以续夫千载不传之绪；得有所据，以斥夫二家似是之非。盖子思之功于是为大，而微程夫子，则亦莫能因其语而得其心也。惜乎！其所以为说者不传，而凡石氏之所辑录，仅出于其门人之所记，是以大义虽明，而微言未析。至其门人所自为说，则虽颇详尽而多所发明，然倍其师说而淫于老佛者，亦有之矣。"由上可见，儒家道统之传原属意言辞典籍，后惧日久失真，故一面质言作文，一面推本原意，其要就在于因其语而得其心。"因其语"在于"吾道之所寄不越乎言语文字之间"，此乃一种共文形式，这种共文形式的作用在于分别，正如董仲舒所言："名者所以别物也。"故其对道的表达属于支离。但古人对此已有自觉，故而在经典表述方式上，往往采用既能体现自然真实，又能激发人们想象力的具有象征和隐喻的语言力图实现对道体的了悟，故有圣人"拟诸其形容，象其物宜……拟之而后言，议之而后动，拟议以成其变化"之语，目的在于"以通神明之德，以类万物之情"为此，孔子甚至倡以"不言之教"，以点化道体；"得其心"在于得乎道心，道心即是得道之心。道体浑沦，不可析、不可分，故必借助人之心体整体直觉之功来显那个整全性的道。故而"因其语而得其心"实即由共文形式出发而又超越此共文形式而走向人的个体心灵世界，创造性地重现那个圣人得道之意，借此以与他人之心相通，此即"得意忘言"之义。基于以上认识可以发现，经典的共文形式可谓世人体道通常的出发点，但如果固执于此，它也可以演化为一种偏离道体、割裂心灵的抽象形式，故王弼说："立言垂教，将以通性，而弊至于湮；寄旨传辞，将以正邪，而势至于繁。……是以修本废言，则天而行化。以淳而观，则天地之心见于不言。"（《论语释疑》、皇侃《义疏》《阳货》引）所谓"修本废言""以淳而观"就是指超越经典文本而以个体通达之心灵来直觉圣人之意，领悟整全的道体。

那么个体心灵如何突破对经典文本的鹦鹉学舌而使共文形式经由人的个体体验重新展开于个体生命世界中以实现对圣人之意，整全道体的揭示呢？对此我们参考李景林先生的说法。李先生认为："中国解释理论，也是中国哲学的一个重要观念：理解、学问本身，不单是一个知识的问题，不只是辨名析理，其核心是一个教养的问题。"①故而小人之心无法知"圣心"。李先生指出，圣人言行只是其心灵创造活动的结果，是为"圣迹"；圣人创造此圣迹的根由是为"所以迹"。这是圣人合道的心灵境界。圣人不离言行，故有迹；然又从心所欲，唯道是从，故不执于迹。由此出发，中国文化中的经典诠释就是即文言而超越文言，将共文形式体贴于个人生命实践体验之中，凭借自由的心灵活动和真实的情感体验所达成的人文教养以实现对圣人得道之意的证悟。儒家经典诠释亦本于此。

---

① 李景林：《中国哲学中的解释理论》，《吉林大学社会科学报》1990 年第 3 期。

第三章　《论语》广义之一：为学之道

　　《论语》开篇即言"学而时习之"，文中又多处言学，如子夏言："日知其所亡，月无忘其所能，可谓好学也已矣。"又言："博学而笃志，切问而近思，仁在其中矣""仕而优则学，学而优则仕"（《论语·子张》）等。然而其所谓"学"究竟何解呢？古来注家虽多，然意见纷纭，缺乏通贯认识，故值得一探。

　　《论语》中言学之处甚多，指向也颇为复杂：

　　就学习能力而言，有"德之不修，学之不讲，闻义不能徙，不善不能改，是吾忧也"（《述而》）、"三年学，不至于谷，不易得也"（《泰伯》）、"生而知之者，上也；学而知之者，次也；困而学之，又其次也；困而不学，民斯为下矣"（《子张》）等。

　　就学习对象而言，有"行有余力，则以学文""君子食无求饱，居无求安，敏于事而慎于言，就有道而正焉，可谓好学也已"（《学而》），"不学诗，无以言……不学礼，无以立"（《季氏》）"君子学道则爱人，小人学道则易使也"（《阳货》）等。

　　就学习目的而言，有"古之学者为己，今之学者为人""下学而上达。知我者，其天乎！"（《宪问》）、"君子学以致其道"（《子张》）等。

　　就学习方法而言，有"学而时习之"（《学而》）、"学而不思则罔，思而不学则殆"（《为政》）、"君子博学于文，约之以礼"（《颜渊》）"博学而笃志，切问而近思，仁在其中矣"（《子张》）等。

　　就学习态度而言，有"吾十有五而志于学"（《为政》）、"敏而好学，不耻下问，是以谓之文也"（《公冶长》）、"默而识之，学而不厌"（《述而》）、"笃信好学，守死善道"（《泰伯》）等。

以上乃是明言学者，除此以外，还有其他论学之处值得参考。概括起来看，《论语》言学主要具有这样几重含义。

一　学之对象

学习能力主要是指两种能力，一种是对象性认知能力；另一种则是内省觉知的能力，其所觉所知者即是学习之对象。

（一）对象性认知

对象性认知显然是外向的求知，其所求者大体分为以下几类：

1. 六艺

"艺"为"艺能"之意。古代的六艺，包括礼、乐、射、御、书、数六种。"礼"即礼仪、礼节、礼制，可谓行为规范的总和，涵盖了我们生活的方方面面，礼主"别"与"让"，深刻体现了我们的民族精神；"乐"即音乐、舞蹈、诗歌的总和。《礼记·乐记》有云："凡音之起，由人心生也。人心之动，物使之然也。感于物而动，故形于声。声相应，故生变；变成方，谓之音；比音而乐之，及干戚羽旄，谓之乐。"又云："凡音者，生于人心者也。乐者，通伦理者也。是故知声而不知音者，禽兽是也；知音而不知乐者，众庶是也。唯君子为能知乐。是故审声以知音，审音以知乐，审乐以知政，而治道备矣。"乐主和同，调和万方；"射"是指射箭之技，是古人保家卫国、修养身心以及日常社交的重要技能；"御"是指驾驭马车的技术，它是涉及小到日常出行，大到国家外交与战争的重要技能；"书"是指造字、识字、写字的技能，此为六艺之基础；"数"即术数，它的主要功能包括丈量土地、算账收税、计算天体，推演历法等。"六艺"的特点是文、武并重。其中，礼、乐、射、御被称为"大艺"，为从政所必需；书与数称为"小艺"，是日用所必需。《大戴礼记·保傅》

有云："古者年八岁而出就外舍，学小艺焉，履小节焉。束发而就大学。学大艺焉，履大节焉。"贾谊的《新书》卷六又云："古者，年九岁入就小学，蹍小节焉，业小道焉。束发就大学，蹍大节焉，业大道焉。"可见，六艺之学体现了古人完整的教育体系。《周礼·地官·保氏》有云："保代掌谏王恶，而养国子以道。乃教之六艺：一曰五礼，二曰六乐，三曰五射，四曰五驭，五曰六书，六曰九数。"这里提到的"六艺"就是周代教育贵族子弟的六种科目。其中，"五礼"是指吉、凶、宾、军、嘉等五类礼仪；"六乐"是指云门、大咸、大韶、大夏、大濩、大武等古乐；"五射"是指白矢、参连、剡注、襄尺、井仪等五种射技；"五驭"是指鸣和鸾、逐水曲、过君表、舞交衢、逐禽左等五种驾驭技术；"六书"是指象形、指事、会意、形声、转注、假借等六种书法；"九数"是指数艺九科：方田、粟米、差分、少广、商功、均输、盈胏、方程、勾股。《论语》很注重古代六艺之学，如《论语·子罕》有云："志于道，据于德，依于仁，游于艺。"又云："吾不试，故艺。"具体而言，《论语·为政》又云："道之以德，齐之以礼。"《尧曰》云："不知礼，无以立。"《子罕》有云："子曰：'吾自卫反鲁，然后乐正，雅颂各得其所。'"《宪问》云："子曰：'若臧武仲之知，公绰之不欲，卞庄子之勇，冉求之艺，文之以礼乐，亦可以为成人矣。'"此外《子罕》中还有这样的记载："达巷党人曰：'大哉孔子！博学而无所成名。'子闻之，谓门弟子曰：'吾何执？执御乎？执射乎？吾执御矣。'"可见《论语》很重视六艺之学。

2. 六经

六经包括《诗》《书》《礼》《乐》《易》《春秋》等六种典籍。六经各有其用，《庄子·天下》云："诗以道志，书以道事，礼以道行，乐以道和，易以道阴阳，春秋以道名分。"《史记·太史公自序》亦有专述："易著天地阴阳五行，故长于变；礼经纪人伦，故长于行；书记先王之事，故长于政；诗记山川溪谷禽兽牝牡雌雄，故长于风；乐乐所以立，故长于和；春秋辨是非，故长于治人。是故礼以节人，乐以发和，书以道事，诗以达义，易以道化，春秋以道义。"正因为六经具有如此职能，故《国语·楚语上》中记载申叔时之语："教之春秋，而为之从善而抑恶焉，以戒劝其心；教之世，而为之昭明德而废幽昏焉；教之诗，而为之导广显德，以辉明其志；教之乐，以疏其秽而镇其浮；教之语，使明其德，而知先王之务，用明德于民也；教之故志，使知废兴者而戒惧焉；教之训典，使知族类，行比以焉。"而《礼记·王制》又云："乐正崇四术，立四教，顺先王诗书礼乐以造士。春、秋教以礼乐，冬、夏教以诗书。王大子、王子、群后之大子、卿大夫元士之适子、国之俊选，皆造焉。凡入学以齿。"孔子曾自言："我非生而知之者，好古，敏以求之者也。"（《论语·述而》）可见孔子很重视通过古代经典文献来求知。如前所述，孔子对于六经自己做了整理，并以此教授子弟。《庄子·天运》有载："孔子谓老聃曰：'丘治《诗》《书》《礼》《乐》《易》《春秋》六经。'"具体说来，《论语·述而》有云："子所雅言，诗、书、执礼，皆雅言也。"《论语·季氏》又云："不学诗，无以言…不学礼，无以立。"《八佾》云："子语鲁大师乐。曰：'乐其可知也：始作，翕如也；从之，纯如也，皦如也，绎如也，以成。'"《述而》又云："子曰：'加我数年，五十以学易，可以无大过矣。'"

3. 贤圣之人

主要指那些富于德、才的人物。《论语》很重视向富于德、才的人物问学求知。因为《论语》以为人的现实存在是具有差异性的。在《论语·季氏》中，孔子就曾讲道："生而知之者，上也；学而知之者，次也；困而学之，又其次也；困而不学，民斯为下矣。"又在答哀公问"弟子孰为好学"时讲道："有颜回者好学，不迁怒，不贰过。不幸短命死矣！今也则亡，未闻好学者也。"《雍也》则言："中人以上，可以语上也；中人以下，不可以语上也。"由这些材料可以看出，《论语》以为人在才性上存在现实的上下之别。为此，人自身的发展就有必要向贤圣人物求教。故《学而》有言："泛爱众，而亲仁""就有道而正焉"；《里仁》有言："里仁为美。择不处仁，焉得知？"；

《述而》则云："三人行，必有我师焉。择其善者而从之，其不善者而改之"；《泰伯》云："以能问于不能，以多问于寡；有若无，实若虚，犯而不校，昔者吾友尝从事于斯矣""禹，吾无间然矣。菲饮食，而致孝乎鬼神；恶衣服，而致美乎黻冕；卑宫室，而尽力乎沟洫。禹，吾无间然矣"；《子罕》又云："仰之弥高，钻之弥坚；瞻之在前，忽焉在后。夫子循循然善诱人，博我以文，约我以礼。欲罢不能，既竭吾才，如有所立卓尔。虽欲从之，末由也已"；《子张》则云："文武之道，未坠于地，在人。贤者识其大者，不贤者识其小者，莫不有文武之道焉。夫子焉不学？而亦何常师之有？"由上可见，《论语》倡导人在现实中要努力学习他人之长，增进自己。

4. 天地自然

除了以上列举的人文方面内容以外，《论语》还倡导人们应该领悟、效法天地自然。《论语·雍也》云："知者乐水，仁者乐山"；《泰伯》则云："大哉，尧之为君也！巍巍乎！唯天为大，唯尧则之"；《子罕》有云："岁寒，然后知松柏之后凋也"；《宪问》云："骥不称其力，称其德也"；《季氏》云："君子有三畏：畏天命，畏大人，畏圣人之言。小人不知天命而不畏也，狎大人，侮圣人之言"；《阳货》又云："天何言哉？四时行焉，百物生焉，天何言哉？"由上可见，《论语》论学亦有体察、了悟自然万物以成就现实人生之意。

（二）内省觉知

所谓内省觉知的学习能力，其所觉知者则在人自身之性情。《论语》一书中直言"性"处极少，仅有两处，即"子贡曰：夫子之文章，可得而闻也；夫子之言性与天道，不可得而闻也"（《论语·子贡》）以及"子曰：性相近也，习相远也"（《阳货》）。然此两处言性究竟当作何解呢？如果仅从《论语》本文来看，我们恐怕很难获得确当的认识。众所周知，孔门弟子有记录的习惯，《论语》的内容主要就是记载孔子及其弟子、时人的言行、语录。这样的语录还有很多，散见于先秦两汉诸种著作之中。《论语》一书极重道德修养，由此来看当是由孔门德行科弟子结集而成。但深入解读孔子的思想，恐怕还需要参考一下其他的《论语》类文献。前者子贡言夫子罕言性与天道，如果结合帛书《要》篇及其他材料内容可知，夫子在"老而好易"之前，虽然境界上已知天命，但却尚未找到表达存在本质（性与天道）的合理方式，故而罕言之，子贡不得闻。但到他晚年学《易》后，由易理而发明了儒家性道相通的形上学方法，由此儒家性道形上学得以表里相应。至于后者孔子言"性相近也，习相远也"，联系孔子的整体思想来考察，可见后天学习实践对于天赋之性的保养与证成至关重要，换言之，人的自我（本性）的实现绝非是一个先天既成的自然经历，必经由一个人文的自觉学习了悟的历程。那么如何认识与把握人性进而成人呢？对此，《论语》是通过对人情的体察与辨析来实现的。

蒙培元先生曾言："儒家哲学有一个显著特点，就是重视人的情感，……就是把情感放在人的存在问题的中心地位，舍此不能谈论人的存在问题；反过来，要讨论人的存在及其意义、价值等重要问题，必须从情感出发，从情感开始。对于人的存在而言，情感具有基本的性质。正是在这个意义上，我们称儒家哲学为情感哲学。"① 蒙先生这番话点出了儒学的情感特质，由此出发，对情感的自觉体验与了悟亦是儒家论学应有之义。《论语》论学即内含了对人自身之情切己而深刻的领会。对此，我们首先可以参考《论语·阳货》中宰我与孔子的一段对话来仔细体会：

> 宰我问："三年之丧，期已久矣。君子三年不为礼，礼必坏；三年不为乐，乐必崩。旧谷既没，新谷既升，钻燧改火，期可已矣。"子曰："食夫稻，衣夫锦，于女安乎？"曰："安。""女安则为之！夫君子之居丧，食旨不甘，闻乐不乐，居处不安，故不

---

① 蒙培元：《人是情感的存在——儒家哲学再阐释》，《社会科学战线》2003 年第2 期。

为也。今女安，则为之！"宰我出。子曰："予之不仁也！子生三年，然后免于父母之怀。夫三年之丧，天下之通丧也。予也，有三年之爱于其父母乎？"

在此，人心之"安"作为一种切己的情感体验已经成为人思考行为合理性的事实标准。事实上，在《论语》中，孔子对人之存在合理性的思索便是基于对人的哀乐、骄敬、好恶、耻怨、喜怒、忧惧、悔欲、狂荡、忿戾等不同情感表现的关注。如《论语·为政》云："道之以政，齐之以刑，民免而无耻；道之以德，齐之以礼，有耻且格"；《八佾》云："居上不宽，为礼不敬，临丧不哀，吾何以观之哉"；《里仁》云："富与贵是人之所欲也，不以其道得之，不处也；贫与贱是人之所恶也，不以其道得之，不去也。君子去仁，恶乎成名？君子无终食之间违仁，造次必于是，颠沛必于是。"又云："我未见好仁者，恶不仁者。好仁者，无以尚之；恶不仁者，其为仁矣，不使不仁者加乎其身"；《公冶长》云："我不欲人之加诸我也，吾亦欲无加诸人"；《雍也》云："贤哉回也！一箪食，一瓢饮，在陋巷。人不堪其忧，回也不改其乐。贤哉回也""务民之义，敬鬼神而远之，可谓知矣""夫仁者，己欲立而立人，己欲达而达人。能近取譬，可谓仁之方也已"；《述而》又云："富而可求也，虽执鞭之士，吾亦为之。如不可求，从吾所好""饭疏食饮水，曲肱而枕之，乐亦在其中矣。不义而富且贵，于我如浮云"；《泰伯》云："子恭而无礼则劳，慎而无礼则葸，勇而无礼则乱，直而无礼则绞。君子笃于亲，则民兴于仁；故旧不遗，则民不偷""狂而不直，侗而不愿，悾悾而不信，吾不知之矣"；《子罕》云："知者不惑，仁者不忧，勇者不惧"；《颜渊》云："己所不欲，勿施于人。在邦无怨，在家无怨""君子不忧不惧"；《子路》云："乡人之善者好之，其不善者恶之"；《宪问》云："邦有道，谷；邦无道，谷，耻也"；《卫灵公》云："众恶之，必察焉；众好之，必察焉"；《季氏》云："益者三乐，损者三乐。乐节礼乐，乐道人之善，乐多贤友，益矣。乐骄乐，乐佚游，乐宴乐，损矣""君子有三畏：畏天命，畏大人，畏圣人之言。小人不知天命而不畏也，狎大人，侮圣人之言"；《阳货》云："恶紫之夺朱也，恶郑声之乱雅乐也，恶利口之覆邦家者""恶称人之恶者，恶居下流而讪上者，恶勇而无礼者，恶果敢而窒者"；《子张》云："士见危致命，见得思义，祭思敬，丧思哀，其可已矣。"；《尧曰》云："君子惠而不费，劳而不怨，欲而不贪，泰而不骄，威而不猛"等。这当中，尤其是以对人之好恶的体察为最。孔子曾言："众恶之，必察焉；众好之，必察焉"（《论语·卫灵公》）。"好""恶"无疑是人情，在此则成为孔子思考人性、探求人存在合理性的基础。当然《论语》中这一认识亦是源来有渐的。《左传·昭公二十五年》曾记载子大叔引子产之语云："天地之经，而民实则之，则天之明，因地之性，生其六气，……民有好恶、喜怒、哀乐，生于六气，是故审则宜类，以制六志。哀有哭泣，乐有歌舞，喜有施舍，怒有战斗；喜生于好，怒生于恶。是故审行信令，祸福赏罚，以制死生。生，好物也；死，恶物也。好物，乐也；恶物，哀也。哀乐不失，乃能协于天地之性，是以长久。"这段话将喜、怒、哀、乐之人情总归为好、恶，以之为"六气"所出。因六气又出于"则天之明，因地之性"，故天地之明性亦为人情之本原。

从义理上言，《论语》对于人情的关注在于在此基础上发掘情理，体知人性，寻求人的合理生存方式。这种发掘首先是建立在情感的真实性上。对于这种真实性，《论语》往往以"质""直"称之。"质"描述的是一种人自然、真实的情感存在，"质"的直接表达引出"直"情。对此，《论语·子路》中有着精彩的讲述：

> 叶公语孔子曰："吾党有直躬者，其父攘羊，而子证之。"孔子曰："吾党之直者异于是。父为子隐，子为父隐，直在其中矣。"

这里讲到的直情即是心有所好恶而能如实出之，真心真意，真情直露。这种意义上的真情的价值在《论语》中得到了充分的肯定，如《学而》云："巧言、令色、足恭，左丘明耻之，丘亦耻之。匿怨而友其人，左丘明耻之，丘亦耻之"；《阳货》云："乡原，德之贼也。"这一价值认同在郭店简《性自命出》中亦得到确认。《性自命出》多言情，其中有云："苟以其情，虽过不恶；不以其情，虽难不贵。苟有其情，虽未之为，斯人信之矣。"我们从这里可以看到，情可谓是善、贵、信的基础，唯真情可当此意。故《性自命出》又云："凡人伪为可恶也""凡人情为可悦也"。《语丛一》则云："人亡能伪。"《礼记·表记》则有"情欲信，辞欲巧"一说。此皆是在言情感的真实性，这是儒学情感特质确立之前提。

其次，《论语》还发掘了情理，以此来察识人性，寻求人之合理的存在方式。《礼记·乐记》曾云："物至知知，然后好恶形焉。好恶无节于内，知诱于外，不能反躬，天理灭矣。"又云："夫物之感人无穷，而人之好恶无节，则是物至而人化物也。人化物也者，灭天理而穷人欲者也。"这里两次提到好恶无节的问题。《礼记·檀弓下》又云："有直情而径行者，戎狄之道也。"孔颖达疏云："直肆己情而径行之也。无哭踊节制，乃是夷狄之道。"[1] 可见儒学对于纵情无制是持贬抑态度的。相对而言，它更强调情感的条理，依此而达情。孔、孟对此皆有阐释。如在《论语·八佾》中，孔子曾言道："《关雎》乐而不淫，哀而不伤"，这是借论诗从"正乐之和"[2] 的角度讲哀乐之情的条理，以彰显"性情之正"[3]。在《论语·子路》中子贡与孔子有这样一段对话：

子贡问曰："乡人皆好之，何如？"子曰："未可也。""乡人

---

[1] （唐）孔颖达：《礼记注疏》，《四库全书荟要》第 51 册，世界书局 1988 年版，第 216 页。

[2] （宋）邢昺：《论语注疏》，北京大学出版社 1999 年版，第 41 页。

[3] （宋）朱熹：《四书集注章句》，《四库全书荟要》第 72 册，世界书局 1988 年版，第 24 页。

皆恶之，何如？"子曰："未可也。不如乡人之善者好之，其不善者恶之。"

此外孔子又言："唯仁者能好人，能恶人。"（《论语·里仁》）对此朱熹引游氏语曰："好善而恶恶，天下之同情。然人每失其正者，心有所系而不能自克也。唯仁者无私心，所以能好恶也。"[1] 这是依仁者之德讲好恶之情的条理。以上两点反映了《论语》中孔子对情之条理的基本认识。后来的孟子则对此有进一步阐发。孟子有言："故凡同类者，举相似也……口之于味也，有同嗜焉；耳之于声也，有同听焉；目之于色也，有同美焉。至于心，独无所同然乎？心之所同然者何也？谓理也，义也……故理义之悦我心，犹刍豢之悦我口。"在此，孟子据人之同好列举了两类欲求：生物欲求与道德欲求。如何看待这两类欲求及其相互关系呢？这就涉及情感的条理问题了。孟子言："人之所以异于禽兽者几希，庶民去之，君子存之。"（《孟子·告子上》）所谓"几希"，一是指人与禽兽相差无几。孙奭疏云："以其皆含天地之气而生耳，皆能辟去其害而就其利矣。"[2] 这是讲人与禽兽都是秉天地之气而生，故同质，都有趋利避害的一般生物欲求。二是指人禽几希之差。孙奭疏又云："小人去其异于禽兽之心，所以为小人也；君子知存其异于禽兽之心，所以为君子也。所谓异于禽兽之心者，即仁义是也。"[3] 这是讲人禽之别要在存仁义之心，这是人道德欲求的体现。由此生物欲求为人求生的基础，道德欲求则为成人的根本。对此孟子又云："人之有道也，饱食、暖衣、逸居而无教，则近于禽兽。圣人有忧之，使契为司徒，教以人伦，父子有亲，君臣有义，夫妇有别，长幼有序，朋友有信。"（《孟子·滕文公上》）这

---

[1]（宋）朱熹：《四书集注章句》，《四库全书荟要》第72册，世界书局1988年版，第26页。

[2]（宋）孙奭：《孟子注疏》，《四库全书荟要》第71册，世界书局1988年版，第186页。

[3] 同上。

里讲明饱食、暖衣、逸居等纵情无教的一般生物欲求近于禽兽，而人道之本在于仁义的确立，此为"心悦理义"之道德欲求。由上可见，借助人禽之辨，孟子梳理了人情之条理，即：在达成基本生物欲求的基础上，通过道德欲求的实现来凸显人的本质存在、建起人道。总之，儒学基于对人的各种情感性质的思考而达成了对情之条理的认识，《论语》对此尤其有着清醒的自觉。值得注意的是，在儒学中，人情固为好恶，情之条理则是对此好恶之好恶，二者皆是情感显现，并不离人的情感世界。故孔子言："富与贵，是人之所欲也，不以其道得之，不处也。贫与贱，是人之所恶也，不以其道得之，不去也"（《论语·里仁》）、"富而可求也，虽执鞭之士，吾亦为之。如不可求，从吾所好"（《论语·述而》）。

再次，《论语》还指出，情理的实现在于人的心志的自觉。对此，孔子曾言："志于道，据于德，依于仁，游于艺"（《论语·述而》），又言："富而可求也，虽执鞭之士，吾亦为之。如不可求，从吾所好"（《论语·述而》）、"吾十有五而志于学，三十而立，四十而不惑，五十而知天命，六十而耳顺，七十而从心所欲，不逾矩"（《为政》）、"回也，其心三月不违仁，其余则日月至焉而已矣"（《雍也》）、"饱食终日，无所用心，难矣哉"（《阳货》）、"操则存，舍则亡"（《孟子·告子上》）等。以上皆是在讲人的心志自觉对于梳理人情、察识情理、明道成人的意义。后来的孟子更直接点明："求则得之，舍则失之"（《孟子·尽心上》）。郭店简《性自命出》则明确提出："君子身以为主心""凡道，心术为主"，又说："凡学者求其心为难"。这都是在《论语》之后进一步肯定心在成人实践过程中所具有的关键作用。再进一步言，心的作用内含两个相互关联的方面，即心志与心智。心志即心之所向。孔子曰："三军可夺帅也，匹夫不可夺志也。"（《论语·子罕》）孟子言："夫志，气之帅也；气，体之充也。"（《孟子·公孙丑上》）可见心志在成人实践中具有主宰地位。当然，儒家讲的这个心志是具有特定指向的，即指向基于情理的仁道。如孔子言："志于道，据于德，依于仁，游于艺"（《论语·述而》），孟子言："苟不志于仁，终身忧辱，以陷于死亡"（《孟子·离娄上》），荀子则言："志意修则骄富贵，道义重则轻王公。"（《荀子·修身》）从本体层面讲，儒学言心志反映的是"心悦理义"的道德情感欲求，一种"闻一善言，见一善行，若决江河，沛然莫之能御也"（《孟子·尽心上》）的内在情志主张，它是人超越自然生物锁链、实现自身的自由的道德情感欲求，由此达成的乃是一种得志行其道的大丈夫气概；心智即心之明觉、理智之功，其要在于"知者不惑"（《论语·子罕》）。所谓"不惑"，就其表层言具有认知、辨析的意义，如"孰谓鄹人之子知礼乎"（《论语·八佾》）、"乐其可知也"（《论语·八佾》）之类。礼乐乃人情之节文，知礼乐实在于通情理；就其深层言则具有转识成智而归于立人之道的终极意义，如"择不处仁，焉得知""仁者安仁，知者利仁"（《论语·里仁》）之类，这体现了心对于情理的理解和自觉认同能力。故后来的孟子言："心之官则思，思则得之，不思则不得也。此天之所与我者。先立乎其大者，则其小者不能夺也。此为大人而已矣。"（《孟子·告子上》）这里的"思"与"立"即体现了心智之功，人由此而"不惑"，继而得以成"大人"之心志。反之，郭店简《五行》则云："君子无中心之忧则无中心之智，亡中心之智则亡中心之悦，亡中心之悦则不安，不安则不乐，不乐则亡德。"总之，儒学言人之情理必基于以上心的作用方得以实现，这一点在《论语》中已发其端。

值得注意的是，对于即心显情以立人，《论语》中蕴含了两种思想路径：一种是以心为体，满心而发，直情而显。如孔子言："七十而从心所欲，不逾矩"（《为政》），又言："女安则为之！夫君子之居丧，食旨不甘，闻乐不乐，居处不安，故不为也。今女安，则为之！"（《阳货》），由此出发引出了后来孟子超越以往"生之谓性"的理论而提出了著名的"性善"论。其所谓"性善"者即在于直接肯认人的道德情感欲求，以此欲求为人之本性，以此欲求的实现为立人之本，而其实现的基础则在于"心悦理义"。由此性、情、心一体而成为人的存在本体，而在此意义上的性、情、心亦可谓之人的本性、本情、本心；另一种则是以"生之谓性"为前提，在知识学习、教化修养意义上讲心对性情的操持作用。如孔子言："性相近也，习相远也"，又言："好仁不好学，其蔽也愚；好知不好学，其蔽也荡；好信不好学，其蔽也贼；好直不好学，其蔽也绞；好勇不好学，其蔽也乱；好刚不好学，其蔽也狂。"（《论语·阳货》）《子张》又云："百工居肆以成其事，君子学以致其道。"后来的郭店简《性自命出》对此则有了进一步的讲明。其云："喜怒哀悲之气，性也。"又说："情生于性。"由此树立了性情一体观。然人"虽有性，心弗取不出"①，可见性的呈显需依赖心的作用。而心应如何作用呢？《性自命出》云："凡心有志也，亡与不［可］。"这是说心志一旦确定，则必然会发挥其主身显性的作用。问题是，"凡人虽有性，心亡奠志，待物而后作，待悦而后行，待习而后奠"②，即现实中，人虽有性，但因心无定志，以致性受其影响而发生变化，必经一定教化习行方能定。故《性自命出》又云："四海之内，其性一也；其用心各异，教使然也。"此亦凸显了人心教化的重要性。《礼记·中庸》有言："自诚明谓之性，自明诚谓之教。"前者可谓是存在本体的自在呈显经历，而后者则可谓是教化修养的历程。此或可与以上所论两方面内容互为发明。③

二 学之宗旨

以上我们大体讲明了《论语》所学之对象。那么其为学的宗旨或曰根本又是什么呢？对此我们可以参考《论语》中以下内容来领会。《论语·学而》有云："贤贤易色，事父母能竭其力，事君能致其身，与朋友交言而有信。虽曰未学，吾必谓之学矣。"又云："君子食无求饱，居无求安，敏于事而慎于言，就有道而正焉，可谓好学也已。"

---

① 荆门博物馆：《郭店楚墓竹简》，文物出版社1998年版，第179页。
② 同上。
③ 参见梁涛《郭店竹简与思孟学派》，中国人民大学出版社2008年版，第320—336页。

《子张》则云："百工居肆以成其事，君子学以致其道。"由以上引文可以发现，《论语》所谓"学"究其本在于践行成人之道，通过对此道的修养，以达成理想的道德人格，而绝非单纯的抽象知识学习抑或技能训练。具体而言就是努力践行由家庭以至社会、国家等不同层面的道德规定以成人。

为此我们需要处理两个方面的问题：一是德与才的问题；二是为己与为人的问题。以下分别述之。

（一）德与才

《论语》中讲人道最终皆落实在"仁"德上。《里仁》云："君子去仁，恶乎成名？君子无终食之间违仁，造次必于是，颠沛必于是。"由此可见，《论语》以成仁为人道。而其所谓"仁"者，一个核心内涵就是"爱人"（《颜渊》）。所谓"才"则指向"知"与"勇"。在《论语》中，代表德的"仁"与代表才的"知""勇"往往三者连提。如《论语·宪问》中，孔子有言曰："君子道者三，我无能焉：仁者不忧，知者不惑，勇者不惧。"那么如何认识知与勇这两种才性的内涵并看待它们与仁德的关系呢？这便是以下所要解决的问题。

《论语》言知具有两层含义，即历史文化知识和生存技能以及以人格建立为核心的人生智慧。关于历史文化知识，《论语·八佾》说孔子"入太庙，每事问"。这是讲求知的。《论语·雍也》中说"君子博学于文"，《论语·述而》则说"默而识之，学而不厌"。关于此一类知的具体内容，孔子亦有具体论及，如《季氏》上讲："不学诗，无以言""不学礼，无以立"。这里讲的诗、礼当指六经中的内容，此乃春秋末年孔子立私学教授的重要内容。此外，《论语·子路》载："樊迟请学稼，子曰：'吾不如老农。'请学为圃。曰：'吾不如老圃。'樊迟出。子曰：'小人哉，樊须也！上好礼，则民莫敢不敬；上好义，则民莫敢不服；上好信，则民莫敢不用情。夫如是，则四方之民襁负其子而至矣，焉用稼？'"《述而》上讲"志于道，据于德，依于仁，游于艺"，这里讲的艺当指古代的六艺：礼、乐、射、御、书、数。此六者与前文中的稼、圃皆属于当时人们的生存技能。所谓"游"者，刘宝楠《论语正义》说是"不迫遽之意"[1]，朱熹《集注》以为是"玩物适情之谓"[2]，大意是指涵泳其间，悠然自得之意。总起来说以上所言的学习内容包含了历史文化知识和生存技能，这是当时知识分子所应具备的条件。《论语》以为此一类知的学习是十分必要的，《公冶长》上讲"未知，焉得仁"就是这个意思。孔子本人对此一类内容亦是熟稔的，如《述而》上讲："子所雅言，诗、书、执礼，皆雅言也。"不过掌握这一类知的必要性也是有限度的，即这种必要并非是要在纯粹立知的立场下建立一种客观知识体系，而是要以此作为立仁成人的一个重要条件，也就是说孔子教人以学的核心立场和终极目的是在于人的道德理想人格的成就，亦即为仁。在此基础上所进行的知的了解乃是《论语》言知的第二个层面。在这个层面上的知乃是在仁的基础上知与仁的一体化，二者最终的统一则在于实现"义"的道德要求。儒家讲"义"在于"合宜"。《雍也》中樊迟问知，孔子的答复是："务民之义，敬鬼神而远之，可谓知矣。"这里的"知"就是行义，亦即"合宜"的道德含义，它所表达的是以人格成就为核心的人生智慧。《论语·阳货》上记载了这样一段话："子曰：'由也，女闻六言六蔽矣乎？'对曰：'未也。''居！吾语女。好仁不好学，其蔽也愚；好知不好学，其蔽也荡；好信不好学，其蔽也贼；好直不好学，其蔽也绞；好勇不好学，其蔽也乱；好刚不好学，其蔽也狂。'"所谓六言是指六种品德，《论语》在此讲述了好学与成德的内在联系。基于这一认识，《论语》所言的知最终必然指向合于义的人格成就。故孔子有言："下学而上达，知我者，其天乎！"（《宪问》），《颜渊》中孔子论"知"曰："知人。"《学而》中孔子言："君子食无求饱，居无求安，敏于事而慎于言，就有道而

---

① （清）刘宝楠：《论语正义》，中华书局1990年版，第257页。
② （宋）朱熹：《四书章句集注》，上海古籍出版社2006年版，第120页。

正焉，可谓好学也已。"以上《论语》所言的知天命、人道皆非独立的单纯的知识学习，而是着眼于道德理想人格的修养、树立。知识的学习乃是博取于外，以自我人格成就为核心的人生智慧的建立则是约成于内，二者既联系又区别。

正是基于这样一个文化立场，《论语》提出了"志于道，据于德，依于仁，游于艺"的说法。这里的"艺"是指知识技能层面的内容。所谓"道""德""仁"则是指人格修养的目的、依据和原则。"志""据""依"三者相比较于"游"而言乃充分体现了人格修养超越于历史文化知识和生存技能之知的核心地位。在此前提下，所谓"游于艺"的态度便具有了以下两层含义：一者在肯定学习历史文化知识和生存技能的必要性基础上强调道德人格修养相对于历史文化知识和生存技能之知的价值主体地位，由此提示出学习的立场并非固执地向外建立客观独立的知识而在于向内立仁成德。为此《论语》有言曰："君子不器。"（《论语·为政》）所谓器者，就物言是指具有特定用途的东西；就人言是指在知识技能方面具有专长的人。《论语》讲"君子不器"就是要人们不要单纯地满足于特定知识技能的了解掌握，而要明确这一学习的终极目的在于立仁、行义以成德。所以他强调要学思并举，故言："学而不思则罔，思而不学则殆"（《论语·为政》）。《论语·季氏》上则讲："言思忠，事思敬……见得思义。"以上所论皆在于强调历史文化知识和生存技能之知的学习了解必以其情志方面的德性要求为根本。二者在以上理解基础上更进一步指出向内立仁成德的进程乃是一个摆脱抽象的知识规范，摆脱固定、教条文化形式的中道解蔽的经历。在此经历中，仁得以具体真实地显现表达。这也正是《论语》不以名言界定的方式论仁，而是针对具体情境来点化仁的用意所在。其目的就是在仁的总体意识下使事物能够切实地符合自身。不过也正由于《论语》在立仁的过程中不断消解文化知识的抽象原则，代之以随机点化，导致其具有虽不乏言传身教，然却无迹可寻的文化风貌。故而颜回感叹孔子之教是："仰之弥高，钻之弥坚。瞻之在前，忽焉在后……既竭吾才，如有所立卓尔。虽欲

从之，末由也已。"（《论语·子罕》）

统合以上所论，可见《论语》言知虽包含历史文化知识和生存技能的内涵，然其终极形态则表现为以建立道德人格为核心、以合于义为宗旨的人生智慧。故在知与仁的关系中，仁无疑是知的核心与归宿，知则是践行仁的手段。所以《论语》说："里仁为美。择不处仁，焉得知？"（《论语·里仁》）在此形势下的知显然并不在于刻意表现为独立客观的知识，而是突出表现为一种以修身成德为终极目的的人生智慧。《论语·里仁》中孔子讲"仁者安仁"，《宪问》中讲"仁者不忧，知者不惑"皆是建立在此认识基础上。也正是在此基础上，《论语·雍也》云："女为君子儒，无为小人儒。"对此，邢疏云："君子则将以明道。小人则矜其才名。"① 此言有其深意可寻。《周礼·天官·太宰》云："四曰儒，以道得民。"这是古代文献中唯一提到儒作为一种官职，其要在于以道得民。那么这里的儒凭借的是什么道呢？郑玄注云："儒，诸侯保氏，有六艺以教民者。"可见儒所凭之道在于六艺，由此儒有六艺以教民之责。历史学家钱穆先生亦曾经指出儒为术士，即通习六艺之士。古人以礼、乐、射、御、书、数为六艺，通六艺，即得晋身贵族。可见，原初言儒在于通六艺，乃是就才而言，无关德性。此正对应孔子所言的"小人儒"。而《论语》所讲的儒乃是君子儒，其要则在于以仁德统摄才知。二者殊别，不可不察。

除此之外，《论语》还讲到了作为人的才性的知的现实具体形态。《论语·季氏》有云："生而知之者上也；学而知之者次也；困而学之又其次也。"《礼记·中庸》也有一段类似的描述："或生而知之；或学而知之；或困而知之：及其知之，一也。或安而行之；或利而行之；或勉强而行之：及其成功，一也。"这里讲到的知是指人的天赋学习能力。《论语》以为这一能力人是普遍具有的，正所谓"为仁由己"（《论语·子罕》）、"我欲仁，斯仁至矣"（《论语·述而》）。不过《论语》也承认现实中人的这种能力存在着明显的个体差异性。

① 李学勤主编：《论语注疏》，北京大学出版社1999年版，第76页。

有的人资质较高，行为自然中道；有的人则资质较差、私欲较重，需要经历反复学习实践才能对人道有所认识。不过无论如何，其所知的对象及其最终的目的则是一致的。

《论语》关于勇的认识亦具有两层含义：首先勇是指一种无惧的精神状态。《论语·宪问》中即言："君子道者三，我无能焉：仁者不忧，知者不惑，勇者不惧。"此所谓"勇者无惧"即是指一种无惧的精神状态。在《论语·公冶长》中，孔子曾有言曰："道不行，乘桴浮于海。从我者，其由与？"子路闻之喜。孔子继言之曰："由也好勇过我，无所取材。"那么子路所好之勇为何呢？在《论语·述而》中，子路曾对孔子言："子行三军，则谁与？"孔子对曰："暴虎冯河，死而不悔者，吾不与也。必也临事而惧，好谋而成者也。"由此段文字我们可以看到子路所言之勇乃是指一种无所畏惧的精神气概，此亦是《论语》言勇的表面含义。《论语》言勇的更为深刻的内涵则在于它把勇与仁联系起来，使勇成为一种建立在道德人格修养基础上的精神气质。这是《论语》言勇的第二层含义。它与前者的区别就在于是否守义。对此，子路曾对孔子有言曰："君子尚勇乎？"孔子的答复是："君子义以为上。君子有勇而无义为乱，小人有勇而无义为盗。"（《论语·阳货》）可见《论语》言勇的深意在于把它与义联系起来，并最终使其具有道德人格的内在规定。在此基础上，《论语》有云："见义不为，无勇也。"（《论语·为政》）也是在此基础上，《论语》讲："仁者必有勇，勇者不必有仁。"（《论语·宪问》）

综合以上关于《论语》中代表德的"仁"与代表才的"知""勇"关系的讨论，可以看出《论语》强调学以成人，践行仁道，这也是《论语》讲学的出发点和落脚点。所以《论语》论学不是独立、抽象的知识之学与纯粹的技能训练，而是讲究实践体验的人格修养之学，为人之学。当然，在《论语》那里，仁的实现必得知、勇之才性的支撑方能完成；同样，知、勇必以仁为宗旨，以合义为原则，方能呈显其在道德人格修养中的价值与意义，亦即体现《论语》为学的思想特质，其所谓"笃信好学，守死善道"（《论语·泰伯》）、

"仁者不忧"（《论语·宪问》）、"乐亦在其中矣"（《论语·述而》）的生命境界亦是在此认识基础上达成的。

《论语》为学思想中有关德与才的认识是发人深省的。总体而言，在中国历史上，成人的标准是强调德、才兼备的。但是在具体时势下，这一标准也会发生变化，从而展现为德、才相辅，各有侧重。通常情况下，每逢乱世则是才重于德。如战国初期秦孝公于公元前361年下了一道"求贤令"，其言曰："昔我缪公自歧雍之间，修德行武。东平晋乱，以河为界。西霸戎翟，广地千里。天子致伯，诸侯毕贺，为后世开业，甚光美。会往者厉、躁、简公、出子之不宁，国家内忧，未遑外事，三晋攻夺我先君河西地，诸侯卑秦，丑莫大焉。献公即位，镇抚边境，徙治栎阳，且欲东伐，复缪公之故地，修缪公之政令。寡人思念先君之意，常痛于心。宾客群臣有能出奇计强秦者，吾且尊官，与之分土。"而三国时期，曹操的《求贤令》则意图更为明确了，其《令》云："昔伊挚、傅说出于贱人，管仲，桓公贼也，皆用之以兴。萧何、曹参，县吏也，韩信、陈平负污辱之名，有见笑之耻，卒能成就王业，声著千载。吴起贪将，杀妻自信，散金求官，母死不归，然在魏，秦人不敢东向，在楚，则三晋不敢南谋。今天下得无有至德之人放在民间，及果勇不顾，临敌力战；若文俗之吏，高才异质，或堪为将守；负污辱之名，见笑之行，或不仁不孝而有治国用兵之术：其各举所知，勿有所遗。"曹操于建安十五年（公元210年）、建安十九年（公元214年）和建安二十二年（公元217年）曾先后三次颁布《求贤令》，明确提出"唯才是举"的人才政策；每逢治世则是德重于才。如汉代选人实行察举制度。正式作为选拔官吏的察举制度，是从汉文帝起始的，而成为比较完备的制度，则是在汉武帝时代。汉武帝以儒家思想作为统治思想，相应地以儒术取士的察举制度也就应运而生。汉武帝之后，围绕察举大致确定了四项基本标准，也称"四科取士"。这里所谓"四科"，不是指具体科目，而是指四项基本要求，以此"四科"作为察举的标准。当然，每个科目不可能要求四项兼备，不同科目可以侧重某一项或某两项的要求，但孝悌廉公则必然皆有。由此可见，汉代察举制度选人是德重于才的。
至于唐玄宗注《孝经》倡导孝悌精神，清代发扬儒学，尊崇孔子等
做法，皆彰显了治世德重于才的文化价值取向。

　　《论语》为学思想中有关德与才的认识对于今天我们的文化教育与
成人评价亦是富于启发与警示意义的。现当代以来，我们的文化教育
在所谓西方化与现代化的背景下呈现出一个突出的特征，这就是知识
化、技术化。传统西方文化的一个突出特征就是其努力建构具有普适
意义的知识体系，借此以表达真理性认识。这是其一贯的追求。为此，
它经历了本体论、认识论乃至生存论等一系列思想转向。这种知识体
系的建构在思维方式上往往展现为对象化认知，具有强烈的逻辑实证
精神，并带动了技术化的发展，现代文明的确立与此密切相关。与之
相应，西方文化又为知识化、技术化的发展寻找了一个价值奠基者，
这就是宗教信仰，即人们求知、学习技能、努力工作乃是服从上帝的
召唤。然而在我们的现当代文化教育中，我们在引进、传播西方文化
中的知识与技术的进程中，却忽视或去除了其应有的文化价值属性。
由此而导致人被知识化、技术化，失去了人之为人的价值诉求。换言
之，伴随着知识与技能的发展与分化，人自身被其创造物所异化，而
成为一种工具性的存在。在此背景下，反思《论语》为学思想中有关
德与才的认识，努力寻求德与才的统一，确立人的合理发展方向与形
式，避免生存异化、工具化便成为当下极有意义与价值的一项工作。

　　（二）为己与为人

　　关于为学的动机与目的，《论语·宪问》中有一个经典的说法，
即："古之学者为己，今之学者为人。"对此，孔安国注："为己，履
而行之；为人，徒能言之。"孔颖达疏："徒能言之，谓己但能称说
以求知于人也。"范晔云："为人者冯誉以显物，为己者因心以会
道也。"①

---

　　① 李学勤主编：《论语注疏》，北京大学出版社1999年版，第196页。

《北堂书钞》引《新序》墨子对齐王曰："古之学者，得一善言，以附其身，今之学者，得一善言，务以悦人。"由此可见，为己之学宗旨在于践行所学以修身成德立人；为人之学则是以所学为工具，借此取悦于人以谋取自己的功利目的。对此，《荀子·劝学》作了极为生动的阐释："君子之学也，入乎耳，著乎心，布乎四体，形乎动静。端而言，蝡而动，一可以为法则。小人之学也，入乎耳，出乎口；口耳之间，则四寸耳，曷足以美七尺之躯哉！古之学者为己，今之学者为人。君子之学也，以美其身；小人之学也，以为禽犊。"不过从历史的角度来看，这里面还有许多细节问题需要解释，才能真正系统明白《论语·宪问》中这句话的内涵。

首先，《论语·宪问》中孔子提到的"古之学者为己"是渊源有自的。这里的"古之学者"可谓之西周时期王官文化背景下"学在官府"的贵族子弟。那么古之学者的为己之学又是什么学问呢？这就需要进一步了解西周王官之学的精神主旨了。

中国原始时代的人们笃信神秘的力量。从自然多神崇拜到统一至上神崇拜反映了时人崇信异己之神力，而缺乏对人自身的觉知与自信。从商周之巫的行事意义上看主要有两点：一是借助一定的方法来预测或者解释神意以此指导人的行为；一是希图以一定的仪式规范来左右实际行为的效果。这两者都是以窥测、尊奉神意为根本的。就第一点内容而言，时人采用了很多方法，如《左传·僖公四年》提到"筮短龟长"，《周书》多言龟卜，《周礼》则提到大卜职掌"三兆""三易""三梦"之法。这些做法的目的就是测知、解读神意。就第二点而言，时人主要是通过祭祀来实现。《左传·成公十三年》讲："国之大事，在祀与戎。"可见祭祀同战争一样同是国家大事，其具有正反两方面的意义：一为祈福，一为去祸。

然而在揣测、解读神意的过程中，时人不可避免地会发挥自身的理解认识能力，从而为神意打上人类主体的印记。对此一点的反思与认知表明人已经开始产生了自我生命的理性自觉。《尚书·洪范》于第七稽疑一畴就曾说："立时人作卜筮，三人占，则从二人之言。汝则有大疑，谋及乃心，谋及卿士，谋及庶人，谋及卜筮。"这表明当时人们已经认识到人的行为决策不能只凭卜筮的外在决定，更需要关注人之心灵的自我决断。此一认识的发展着落在人的具体行为上便体现为一种由民意、人情见神意的观念。《左传》《国语》数引《太誓》之言："民之所欲，天必从之。"(《左传·襄公三十一年》《昭公元年》《周语中》《郑语》)《孟子·万章上》又言："《太誓》曰：'天视自我民视，天听自我民听。'"正是在这种重视人自我觉解和于民意见天意的思想影响下，时人才演化出了"德"的丰富内涵。

德的观念源于人对自己权利与责任的自觉。它在殷代就已经出现，只是殷人过于迷信。《礼记·表记》讲："殷人尊神，率民以事神，先鬼而后礼。"因而德的观念显得十分淡薄。比较而言，周人则是"尚德"的。所谓"敬德保民"乃是周人政治思想的一个核心内容。《尚书·康诰》集中体现了周初以德治民的思想，如《康诰》云："丕则敏德，用康乃心，顾乃德，远乃猷裕，乃以民宁。不汝瑕殄。"这是讲用心修德，使臣民安定。这里讲到了人心与修德的关系。对此，在《康诰》中，周公讲道："敬哉……往尽乃心，无康好逸豫，乃其乂民。"这是说人不能放纵其心，要勤于王事，以便达到治理民众、配天永命的目的。所谓立德、修德即在于收束心思欲念，不放纵自己，以便利民永命。如此来看，周人也并未将德彻底归于人内心世界的自我规定。周人的这种态度源于它小邦继大命的历史身份。正是这种历史身份使周初统治者对现实十分警惧。一方面他继承了传统的天命王权的思想观念，另一方面他又对王权得失直接听之于天命表示怀疑，以为其必以人为中介。如殷中宗"享国七十有五年"在于他"严恭寅畏，天命自度，治民祗惧，不敢荒宁"(《尚书·无逸》)。周王也是如此，如"文王卑服，即康功田功。徽柔懿恭，怀保小民，惠鲜鳏寡。自朝至于日中昃，不遑暇食，用咸和万民。文王不敢盘于游田，以庶邦惟正之供。文王受命惟中身，厥享国五十年"(《尚书·无逸》)。反之，如果人为享乐过度，骄奢淫逸，则必然失去天命，如夏、殷之亡。周人之敬德慎行皆在于求治民、求永固天下、永享天命。与后世思想家强调德乃内在自我规定的树立思想相比，周人的敬德思想显然是在历史经验事实反省中涌现出来的外向的宗教功利主义。但与此前人们的思想认识相比，他已经不再一味直接听命于天了，而是具有了一定程度的人文自觉，即在宗教性的天人关系中使福与德区别开来，以为通过人自己修德、立德以配享天帝之命，从而实现德与福的统一。这显然是人在自身发展过程中的一个进步。与此相应，西周王官之学的教育宗旨亦在于教化成德，担负家、国之责任，以自觉敬天承命。此可谓是以德育为主、通过修身来顺承天命，求得福佑的王官文化学习传统，亦是"古之学者为己"之历史内涵。

当然，在《论语》中，孔子讲"古之学者为己"亦自蕴含着原始儒家自己的深意。因为在孔子那里，修德已经不再具有外向的功利目的，而成为切己成人的内在诉求。孔子秉持儒家一贯的于继承中有所发展的文化态度，对传统的德的观念执有一通贯的人生理解。他曾云："志于道，据于德，依于仁，游于艺。"（《论语·述而》）孔子这里关于"道""德""仁""艺"的认识是连贯一体的。此所谓"道"者乃指存在法则，如王弼所言"无不通也，无不由也"。从其不假人为的本原发生义言，此道属于天命范畴，可上溯解为天道；从其具体作为人之存在法则言，此道又可向下解为人道，它即人道以显天道，仍不离于天命范畴。"志于道"者即以此道为目标；"德"者，得也。刑昺疏曰："物得其所谓之德。"所谓"得其所"当指得道，朱熹《集注》亦云："德者，得也。得其道于心而不失之谓也。"就人而言，此德指由天赋人道而获得的人之内在规定，亦即人的道德品质，体现为人的行止操守。就其出处言，此德亦属天命。"据于德"即是以此天赋之德为根据；"仁"者，爱人。天道作为宇宙存在法则生生不已，人道源于天道而内化为德，自然体现仁者生民济众爱人之意。故这里的"仁"是道、德在人这个环节上得以展开、实现的基本原则，"依于仁"即以仁为原则具体体现人的道德内涵；"艺"者，指六艺。"游于艺"指人在志于道，据于德，依于仁的宗旨下涵泳于六艺之间，化行于日用平常，此为体用、本末相即之意。合而观之，则有关道、德、仁、艺的理解是一体贯通的。由此认识出发，所谓天赋之德，向上追问，它即天命以显天道；向下探寻，它是天道即天命而予人的内在规定（仁），而其自身的实现当须依靠人的志、据、依、游的人为践行来完成，这充分体现了人之所为、所致对此一天命内容实现的必要性。

在此基础上，孔子对人的天赋之德还有着进一步的认识，并集中体现在对仁的理解上。在孔子那里，仁作为人天赋之德实现的基本原则获得了一种本质性的肯定：一方面，孔子讲"仁远乎哉？我欲仁，斯仁至矣"（《述而》）"为仁由己，而由人乎哉"（《颜渊》），表明行仁属于人切己自求的求在内的事，这充分体现了人本己的自由意志；另一方面，他又讲"君子去仁，恶乎成名？君子无终食之间违仁，造次必于是，颠沛必于是"（《里仁》），表明行仁乃是人生之应当。这两方面说法揭示出行仁对人所具有的本质规定意义（自由与应然），此亦可视为《礼记·中庸》哀公问政时孔子答以"仁者，人也"之宗旨所在，其背后透显出来的则是对人之存在本质亦即人性的理解。《大戴礼记·本命》曾有言："分于道谓之命，形于一谓之性。"如何看待这里"道""命""性"的关系呢？《诗经·维天之命》云："维天之命"，郑笺："命，犹道也。"《广雅·释诂三》亦云："命，道也。"由此可见，此处的"命"可视为天道的现实表达，而"性"则是天道即天命着落于事物上的内在具体规定。结合前文的理解，可见天道即天命而显为人的天赋之德，又依仁之基本原则而成为具有本质意义的人性规定。由此天、道、命、德、仁、性成为一贯，天赋之德终转为性，以致德、性一体。德乃由原初的天命神意逐步展现为人的精神品质，而其具体内容（仁性）的实现则在人之所为、所致中最终得以达成。总之，在孔子那里，性作为人的存在本质是天道即天命而显的天赋之德，它以仁为实践的基本原则。尽管它在本原发生环节上隶属于自在的天命，但在自身实现环节上它并非是不假人为的，而是一需要人经历觉与证的修养历程才能得以实现的内容。人对天赋德性的自觉与担当充分体现了孔子天命思想在自我实现环节上所具有的内在超越性。如孔子曾言："富而可求也，虽执鞭之士，吾亦为之。如不可求，从吾所好。"（《述而》）何为"可"与"不可"呢？孔子的解释是："富与贵，是人之所欲也；不以其道得之，不处也。贫与贱，是人之所恶也；不以其道得之，不去也。"（《论语·里仁》）由此可见，"可"与"不可"的依据是人道，而人道实现的基本原则是"仁"。在孔子那里，道、仁的现实载体为人的天赋德性。"可"与"不可"乃是就人的心志对道的自觉和依仁而行的担当言，无此自觉与担当则天赋德性难以呈显，人亦不足以自立。也是在这个意义上孔子说"人能弘道，非道弘人"（《论语·卫灵公》）。此皆体现了人在行天道、证履天赋德性过程中的自觉与担当。

殷商之后，人们对天的权威有了进一步的质疑，尤其是在人行德之后而不能配享天命福佑的情况下，天作为德福统一之保证的信念就被动摇了，其作为道德本源的意义也随之遭到质疑。故而《诗经·小雅·雨无正》云："浩浩昊天，不骏其德。降丧饥馑，斩伐四国……如何昊天，僻言不信……胡不相畏，不畏于天。"在此，由于以往天命所保证的德福一体的观念被现实经验世界所颠覆，故天的权威遭到了深切的质疑，天的道德本源义得以失落，此一现象发展到春秋之世，其现实的直接后果便是天子失政，诸侯争霸。传统的旧思想、旧观念、旧秩序在残缺地延继，而新思想、新观念、新秩序则不断在萌生。至春秋中晚期，天下私学兴起，一个不同于原来贵族阶层的士人阶层开始发展壮大起来。所谓"今之学者"，即指春秋末年新兴的士人阶层的学者。他们掌握着一定的学术知识和生存技能，以入仕为官为职业理想，和农、工、商并列，并成为四民之首。对此，《管子·小匡篇》有云："士农工商四民者，国之石民也，不可使杂处，杂处则其言哤，其事乱。"这里所谓的"石民"意为柱石之民。在《孟子·公孙丑上》中，孟子亦有云："尊贤使能，俊杰在位，则天下之士皆悦而愿立于其朝矣。市廛而不征，法而不廛，则天下之商皆悦而愿藏于其市矣。关讥而不征，则天下之旅皆悦而愿出于其路矣。耕者助而不税，则天下之农皆悦而愿耕于其野矣。廛无夫里之布，则天下之民皆悦而愿为之氓矣。信能行此五者，则邻国之民仰之若父母矣。率其子弟，攻其父母，自生民以来，未有能济者也。如此，则无敌于天下。无敌于天下者，天吏也。然而不王者，未之有也。"这里面亦明确提到了士农工商四民。比较而言，士这个阶层在于以知识才能为依托来谋取仕途地位进而获取价值，正所谓"学以干禄"者。孔子所谓的"今之学者为人"，就是指这一现实情况。这一为学宗旨在当时时代变局中可谓是十分普遍的。即使是孔门弟子，也不乏拥有这种主张的人物。如子夏言："仕而优则学，学而优则仕。"（《论语·子张》）这种情况到了战国时期，随着社会兼并斗争的强化，就更是愈演愈烈。当时各个诸侯国争相招揽人才以图进取，从而吸引了大批人物转换身份，由学入仕，以图进取。在《史记·苏秦列传》中，家人嘲笑游困而归的苏秦，说："周人之俗，治产业，力工商，逐什二以为务。今子释本而事口舌，困，不亦宜乎。"由此可见当时世风之变。同书又记苏秦之语云："夫士业已屈首受书，而不能取尊荣，虽多亦奚以为。"由此可见，苏秦之流的学者其以学谋利的心态是昭然若揭的。当然这一做法背后也体现了打破"世卿世禄"的世袭制以及传统社会等级制的时代进步精神，它使社会上更多的有才之士可以通过学习教育参与到现实政治生活中来，在一定程度上推动了政治生活的健康发展。

　　《论语》中，孔子对于古今学者不同的为学宗旨执一种怎样的态度呢？事实上，面对当时"学以为人"的现实，孔子并未全然对之否定，而是承认其具有一定的合理性。如孔子曾言"富而可求也，虽执鞭之士，吾亦为之"（《论语·述而》），又云"富与贵，是人之所欲也……贫与贱，是人之所恶也"（《论语·里仁》）。这就在一定程度上肯定了人以自己学习所得的知识和技能来满足自己欲求的合理性。诚如上文所言，当时执"学以为人"的态度来实现自己功利欲求的学者是很多的，即使孔门弟子亦有不能免者，以致孔子教授弟子亦不得不言"多闻阙疑，慎言其余，则寡尤；多见阙殆，慎行其余，则寡悔。言寡尤，行寡悔，禄在其中矣"（《论语·为政》），"君子谋道不谋食。耕也，馁在其中矣；学也，禄在其中矣。君子忧道不忧贫"（《论语·卫灵公》），并发出"三年学，不至于谷，不易得也"的感叹。但是究其根本，孔子论为学之宗旨乃是在于确立人（仁）道的为己之学。所谓"为人之学"的合理性亦是依附于此。换言之，《论语》中孔子论为学之价值核心就在于人道的确立，人格的养成，其学可谓之切己的立人之学，绝非"为人"的工具化、功利化之学。

那么《论语》确立这一儒学为学宗旨的背景与意义何在呢？阎镇珩在《六典通考·序》中曾言："由三代以上，治与道出于一。由三代以下，治与道出于二。"① 所谓"治"，即社会制度与行为规范之总和，可对应礼的有形部分，即礼仪系统；所谓"道"，即蕴含于其中的价值原则，可对应礼的无形部分，即礼义系统。三代上下，社会生活变迁带动了治与道亦可谓礼仪系统与礼义系统关系的变化，在形式上表现为"出于一"和"出于二"的转换，在内容上则表现为新的价值原则对旧制度规范的批判、融合与创新。这对儒学的形成、发展产生了重要影响。三代以上（含三代）作为"治与道出于一"的纯正古礼时代主要体现为礼仪与礼义的统一。此二者的统一正是古人生活哲理系统的现实反映。基于崇天敬祖的生活哲理，三代以上（含三代）之古人形成了"反本修古，不忘其初者也"的礼义系统。这一系统依循"时""顺""体""宜""称"等五个历史实践原则又具体体现在包含自然、家庭、社会和政治等级等方面的礼仪系统之中。正是凭借这种礼义系统与礼仪系统的统一，三代以上（含三代）的社会方呈现为治、道一体、代代损益相因以致"习焉而不察"的纯正古礼时代。三代以降，社会发生巨变，这体现在生活、制度、学术等各个方面。如上所述，阎镇珩将这种变化概括为"由三代以下，治与道出于二"。就古礼而言，这是指礼仪与礼义相分离，从而开启了以义制仪的变礼进程。从礼的历史发展过程来看，三代以上（含三代）

---

① （清）阎镇珩：《六典通考·序》，江苏广陵古籍出版社1990年版，第1页。

为纯正古礼时代，三代以后的春秋战国时期则是古礼衰落、新礼待议的变礼时期，直至汉代乃真正建立起今礼，开启礼的新阶段。原始儒学的发生、发展则正值变礼时期。此时，社会价值开始失序，社会结构发生变迁，进而引发剧烈的社会动荡。一方面时人由原初一味敬畏与依赖自然的崇天观念开始转向思考人存在的内在依据，即开始出现由天到人的人文转向；另一方面时人因追求物欲享受，开始谋求打破古礼所着力维护的社会生活秩序和政治等级秩序。与此同时，暴力刑罚手段开始超越古礼的教化职能。如鲁季孙氏曾"八佾舞于庭"，以致孔子说"是可忍也，孰不可忍也"（《论语·八佾》）。《礼记·郊特牲》曾解释说："故天子微，诸侯僭。大夫强，诸侯胁。于此相贵以等，相覿以货，相赂以利，而天下之礼乱矣。"孔子对此概括为"天下有道，则礼乐征伐自天子出；天下无道，则礼乐征伐自诸侯出。自诸侯出，盖十世希不失矣；自大夫出，五世希不失矣；陪臣执国命，三世希不失矣。天下有道，则政不在大夫。天下有道，则庶人不议。"（《论语·季氏》）与此同时，郑国子产铸刑鼎。《左传·昭公二十九年》又记载了晋国铸刑鼎一事，孔子对此的评论是"晋其亡乎！失其度矣"。所谓"度"者，实即周礼。再联系《论语·为政》中孔子讲"道之以政，齐之以刑，民免而无耻；道之以德，齐之以礼，有耻且格"的话，可以看出春秋之时已经出现了由礼到刑的原则转变。总之，时代的变迁与演进引发了时人对名利的追逐，进而推动他们打破古礼所维护的社会生活和政治等级秩序，乃至其手段无所不用其极（包括暴力的刑罚）。由此人与人之间的关系便成为为个人名利的满足而相互倾轧、争斗、诈伪，不复原初古礼下的协和的群体生活风貌。以上诸种变化皆极大地动摇了古礼的存在基础，并带动了家庭与社会生活、政治制度、学术思想的巨大变迁。

面对此一时代变局，先秦诸子因势而起，借助共同的六经文化资源和私学教育形式纷纷阐发自己的救世主张，正所谓"各为其所欲焉以自为方"。在此背景下，道家的老子基于文化异化的立场提出了"小国寡民"的观点；墨家基于"兴天下之利，除天下之害"的宗旨，以"天志""明鬼"为前提提出了"兼爱""非攻""尚贤""尚同"等认识；法家以性恶为起点，结合法、术、势三项手段，提出了以法治国的专制理论，以致"天下之治方术者多矣，皆以其有为不可加矣"，结果导致"天下大乱，贤圣不明，道德不一，天下多得一察焉以自好……是故内圣外王之道，闇而不明，郁而不发，天下之人各为其所欲焉以自为方。悲夫！百家往而不反，必不合矣。后世之学者，不幸不见天地之纯，古人之大体，道术将为天下裂"（《庄子·天下》）。

比较而言，在这一进程中，儒学思想的贡献尤为值得关注。因为它强调历史与现实的统一。它承认甚至赞同生产力的进步和随之而来的名利追求，但反对物欲横流即名利追求的极端化。为此它努力通过认识与确立人的道德本质来建构一种属人的自觉的道德生活理念，并以返本开新的方式使其成为新的礼义系统的核心，从而推动古礼变革。儒家正是借助这种变革来实现新形势下人与自身、人与人、人与外物的统一，以图"救世之弊"（《淮南子·要略》），回应时代进一步发展的要求，由此儒家形成了自己的儒学思想，并对以后中国历史发展产生了深远的影响，亦为当代中国建设提供了有益的借鉴。

仅就《论语》而言，它同样表达了一种对传统历史文化精神的合理继承态度，而非一味否定、批判，从而体现了中国文化发展的连续性特征，这集中体现在他对道之内涵的历史与时代解读和价值推崇以及对传道精神的阐发上。在《论语·里仁》中，孔子讲道："富与贵是人之所欲也，不以其道得之，不处也；贫与贱是人之所恶也，不以其道得之，不去也。"又言："士志于道，而耻恶衣恶食者，未足与议也。"这就是在表达一种君子学以为己、切己修身、"谋道不谋食""忧道不忧贫"（《论语·卫灵公》）的超越性的价值理念。在此理念指引下，孔子强调君子要"笃信好学，守死善道。危邦不入，乱邦不居。天下有道则见，无道则隐。邦有道，贫且贱焉，耻也；邦无道，富且贵焉，耻也"（《论语·泰伯》），甚至于"朝闻道，夕死可矣"（《论语·里仁》）。并且孔子将此道之兴废上溯至天命，其言曰："道之将行也与？命也。道之将废也与？命也"（《论语·卫灵公》），并指出："吾之于人也，谁毁谁誉？如有所誉者，其有所试矣。斯民也，三代之所以直道而行也。"（《论语·卫灵公》）可见，孔子论学以致道乃是慨然传承三代之文化精神，正所谓"文王既没，文不在兹乎"（《论语·子罕》）。值得注意的是，《论语》中孔子所倡导的"君子学以致其道"乃是落实在切己修身以立人的人格实践上，是为"为己之学"，这与其他学派的为学宗旨可谓大相径庭。不过在《论语》中，孔子并未将为学与入仕完全对立起来，只是把它视为谋道成人的一种途径、手段、工具，不将其视为终极价值目的而已。故《论语·泰伯》有云："天下有道则见，无道则隐。邦有道，贫且贱焉，耻也；邦无道，富且贵焉，耻也。"《论语·先进》则云："所谓大臣者：以道事君，不可则止。"《宪问》则言："邦有道，谷；邦无道，谷，耻也。"《卫灵公》则云："邦有道，则仕；邦无道，则可卷而怀之。"后来的孟子与荀子对此精神亦多有发明。如在《孟子·告子下》中，当陈臻问孟子"古之君子何如则仕"时，孟子答曰："所就三，所去三。迎之致敬以有礼，言将行其言也，则就之；礼貌未衰，言弗行也，则去之。其次，虽未行其言也，迎之致敬以有礼，则就之；礼貌衰，则去之。其下，朝不食，夕不食，饥饿不能出门户。君闻之曰：'吾大者不能行其道，又不能从其言也，使饥饿于我土地，吾耻之。'周之，亦可受也，免死而已矣。"同样，《荀子·尧问》中亦载："夫仰禄之士犹可骄也，正身之士不可骄也。彼正身之士，舍贵而为贱，舍富而为贫，舍佚而为劳，颜色黎黑而不失其所，是以天下之纪不息，文章不废也。"对此更为系统的认识乃在《礼记·大学》之中。《大学》有言："大学之道，在明明德，在亲民，在止于至善……古之欲明明德于天下者，先治其国；欲治其国者，先齐其家；欲齐其家者，先修其身；欲修其身者，先正其心；欲正其心者，先诚其意；欲诚其意者，先致其知，致知在格物。物格而后知至，知至而后意诚，意诚而后心正，心正而后身修，身修而后家齐，家齐而后国治，国治而后天下平。自天子以至于庶人，壹是皆以修身为本。

其本乱而末治者否矣，其所厚者薄，而其所薄者厚，未之有也！此谓知本，此谓知之至也。"以上《大学》所言皆是在肯定入仕手段的前提下来点明儒家"为己之学"之真精神。

概括地说，《论语》中提出的"为己之学"与"为人之学"乃是在为学领域中通过对为学之动机与归宿的划分来深入思考为学之本质这样一个问题，并最终提出了学以致其道、立德成仁这样的主张。这表明原始儒家学者已经认识到，治学不应执于个人功利诉求，而应在觉知与践行人道、努力担当家国天下之责任的过程中达成自我人格的完善。为此，原始儒学甚至依照这种为学宗旨的差异而将人分为"君子"与"小人"、"人"与"禽兽"。而《荀子·劝学》更是将二者贯通言之："君子之学也，以美其身；小人之学也，以为禽犊。"在儒学后来的发展中，"为己之学"与"为人之学"一直是一个重要的话题。随着时代课题的转换以及讨论的深入，对其认识亦越发具体而深刻。

两汉时期，在特定的历史形势下，儒学经历儒学政治化与政治儒学化的现实发展历程。其在为学的价值理念上秉持了原始儒学"为己之学"的传统，故董仲舒有言："夫仁人者，正其谊不谋其利，明其道不计其功，是以仲尼之门，五尺之童羞称五伯，为其先诈力而后仁谊也。苟为诈而已，故不足称于大君子之门也。"（《汉书·董仲舒传》）徐干的《中论·治学》篇则云："昔之君子，成德立行，身没而名不朽，其故何哉？学也。学也者，所以疏神达思，怡情理性，圣人之上务也。"王符的《潜夫论·赞学》篇亦云："天地之所贵者，人也。圣人之所尚者，义也。德义之所成者，智也。明智之所求者，学问也。"

为了具体实现这一点，董仲舒还发展出一套名号之学。首先，董仲舒赋予名号以神圣性，故其言："臣闻天者，群物之祖也，故遍覆包涵而无所殊，建日月风雨以和之，经阴阳寒暑以成之"（《汉书·董仲舒传》）、"名则圣人所发天意，不可不深观也"（《春秋繁露·深察名号》）、"是非之正，取之逆顺；逆顺之正，取之名号；名号之正，取之天地，天地为名号之大义也"（同上）、"古之圣人，谪而效天地谓之号，鸣而施命谓之名""名号异声而同本，皆鸣号而达天意者也"（同上）。其次，他指出名号在于指明存在之真实，故云："名物如其真，不失秋毫之末"（《春秋繁露·深察名号》）、"名者，圣人之所以真物也，名之为言真也"（《深察名号》）。最后，董仲舒从名号的角度讨论了人的合理存在与发展。其言曰："名生于真，非其真，弗以为名……故凡百讥有者，各反其真，则者还昭昭耳。欲审曲直，莫如引绳；欲审是非，莫如引名。名之审于是非也，犹绳之审于曲直也。诘其名实，观其离合，则是非之情不可以相谰已。今世暗于性，言之者不同，胡不试反性之名。性之名非生与？如其生之自然之资谓之性。"（《深察名号》）在《荀子·性恶》中，人性就被视为天赋之资。在此基础上，《荀子》以为"人之性恶，其善者伪也"（《荀子·性恶》），即天赋之人性在价值上为恶，所谓善乃是后天人为教化扭转的结果。董仲舒在《深察名号》篇中也有相似的阐释，他说："生之自然之资谓之性""万民之性待外教然后能善"。（《深察名号》）但是董仲舒并不简单地讲人性是善或者是恶。其云："诘性之质于善之名，能中之与？既不能中矣，而尚谓之质善，何哉？性之名不得离质。离质如毛，则非性已，不可不察也。《春秋》辨物之理，以正其名。名物如其真，不失秋毫之末……人之受气苟无恶者，心何哉？吾以心之名，得人之诚。人之诚，有贪有仁。仁贪之气，两在于身。身之名，取诸天。天两有阴阳之施，身亦两有贪仁之性。天有阴阳禁，身有情欲，与天道一也。"（同上）在此基础上，董仲舒以为"圣人之性，不可以名性；斗筲之性，又不可以名性；名性者，中民之性"（《实性》）。在他看来，"性者，天之质朴也；善者，王教之化也"（《深察名号》）。人之所以可以成善，一者在于身有天赋善质，一者在于外在教化染习。为此他还作了形象的譬喻说明："必知天性不乘于教，终不能。察实以为名，无教之时，性何遽若是。故性比于禾，善比于米。米出禾中，而禾未可全为米也。善出性中，而性未可全为善也。善与米，人之所继天而成于外，非在天所为之内也。天之所为，有所至而止。止之内谓之天性，止之外谓之人事。事在性外，而性不得不成德。民之号，取之瞑也。使性而已善，则何故以瞑为号？

以者言，弗扶将，则颠陷猖狂，安能善？性有似目，目卧幽而瞑，待觉而后见。当其未觉，可谓有见质，而不可谓见。今万民之性，有其质而未能觉，譬如瞑者待觉，教之然后善。当其未觉，可谓有善质，而不可说服力善，与目之瞑而觉，一概之比也。"（《深察名号》）总之，在董仲舒那里，"性待教而为善，此之谓真天。天生民性有善质而未能善，于是为之立王以善之，此天意也"（《深察名号》）。

在董仲舒看来，教化是"成性"的关键，那么如何实行教化呢？董仲舒认为应"深察名号"："故号为天子者，宜视天如父，侍天以孝道；号为诸侯者，宜谨视所候奉之天子也；号为大夫者，宜厚其忠信，敦其礼义。使善大于匹夫之义，足以化也；士者，事也；民者，瞑也；士不及化，可使守事从上而已。"（《深察名号》）由上可见，自"天子"以至"士""民"各有其号，不同的"号"对应不同的职责，以"号"察实，从而实现"事各顺于名，名各顺于天，天人之际，合二为一"（同上）。在此，董仲舒把他的"名号"之学与其王道教化的政治理念贯通为一，并在两汉产生了深远的影响，两汉时期的名物之学、名实之辩莫不与此相关。

不过，在历史发展过程中，建立在正名理念基础上的名教实践并非是一帆风顺的。两汉时期的政教是"以名为教"，三纲五常以纲维的形式明确了存在者的职分，由此儒学思想与政教合一，儒学政治化，在政治实践中，这又具体表现为以德化民、以礼为治、教以义方，正身导下等一系列举措。这一方面使儒学得以成为汉代以后的官学思想，其思想地位获得提升；另一方面则是这种名教实践在东汉末期逐渐趋于形式化，出现了名不副实的现象，即将名教视为一种功利手段，在此基础上，一些人往往矫名以获利。这在察举征辟制度的实践上表现得尤为突出。汉代实行察举征辟的选人制度，衡定人才，除了才智学识之外，其德行的社会评价尤为重要。在此背景下，一些士人为了博得好的名声而开始矫饰于人，乃至出现许多"群聚山陵，假名称孝，行不隐心，义无所依"（《后汉书·蔡邕传》）的奸宄之人。王符在《潜夫论·交际》中描述这些人是"言方行圆，口正心邪，行与言谬，心与口违"，故"情实薄而辞称厚，念实忽而文想忧，怀不来而外克期"，王符谓之"三患"，可谓"外虽有振贤才之虚誉，内有伤道德之至实"（《潜夫论·务本》）。由此出发，"以名为教"的为己之学便失去了其本质内涵，"名教"也就此逐渐走向了衰落。

至魏晋时期，伴随着政治高压而又涌现出了名教与自然的话题。这个时期的"名教"内涵与此前和此后皆有不同。这时的"名教"已经不保有天意的神圣性与"名物如其真"的真实性了，而成为当时官方强权意志的体现，成为小人谋取功名利禄的手段工具，成为阴谋者杀戮义士维护强权与特权的借口。故而，在当时，名教已不复原始儒家正名之教、为己之学之实而演化成为一种异化的思想存在形式。也正因此，才引出了魏晋时期名教与自然的话题。如嵇康将名教与自然视为一种对立的存在，其在《释私论》中云："夫称君子者，心无措乎是非，而行不违乎道者也。何以言之？夫气静神虚者，心不存于矜尚；体亮心达者，情不系于所欲。矜尚不存乎心，故能越名教而任自然；情不系于所欲故能审贵贱而通物情。物情顺通，故大无违；越名任心，故是非无措也。是故言君子则以无措为主，以通物为美；言小人则以匿情为非，以违道为阙。"（《晋书·嵇康传》）事实上，嵇康等人并不反对儒学，如嵇康在《释私论》中曾言："伊尹不惜贤于殷汤，故世济而名显；周旦不顾嫌而隐行，故假摄而化隆；夷吾不匿情于齐桓，故国霸而主尊。其用心岂为身而系乎私哉？"这里表彰的人物无不为儒学所称道。故显然，嵇康所谓"名教"已不复其儒学原意，其"越名教而任自然"的主张也并非是反儒学，而是对儒学异化发展的一种拨乱反正之举，是对当时学者为功名利禄之私所驱使而异化名教之举的一种纠正，目的就是使儒家"为己之学"的精神得以重现。

南北朝时期的颜之推著有《颜氏家训》，其中对"为己之学"与"为人之学"作了较之以往更为深刻的解读，足以发人深省。《颜氏家训·勉学》有言："古之学者为己，以补不足也，今之学者为人，但能说之也。古之学者为人，行道以利世也，今之学者为己，修身以求进也。"从这段话里，我们可以看到，颜之推先后赋予了"为己"与"为人"各自两种不同的意蕴，并以古之学者"为己""为人"内外一贯之修身经世之道为典范，批判了今之学者"为己""为人"悦人求利以私己的功利治学之法。这一认识无疑将关于"为己之学"与"为人之学"的讨论深化了。

隋唐时期，儒学得到进一步发展。一方面儒学在唐初即成为治国之根本，另一方面儒学在经学研究与礼法制度建设上成就斐然，孔颖达的《五经正义》、唐玄宗御注的《孝经》以及唐太宗时期的《贞观礼》、唐玄宗时期的《大唐开元礼》《大唐六典》、永徽年间的《唐律疏议》等皆可为其代表。此外，按照唐制，九经分为三等，《礼记》《春秋左氏传》为大经，《诗》《周礼》《仪礼》为中经，《易》《春秋公羊传》《春秋穀梁传》《尚书》为小经，这些是选修科目，但是《论语》《孝经》则为国子学必修科目。可见唐代很重视儒学教化成人的"为己之学"宗旨，并以此为政教之基础。这里面，唐玄宗对《孝经》思想的发挥就是一个很好的例证。《孝经》一文言孝乃是由家庭伦理而逐次展开为社会伦理、政治伦理，最终达到孝行天下的目的。在阐释"移孝做忠"这个问题时，唐玄宗就以为"父子之道，天性之常，加以尊严，又有君臣之义"，所谓"资于事父以事君，而敬同"，"因严以教敬，因亲以教爱，于是以顺移忠之道昭矣，立身扬名之义彰矣"，"以孝事君则忠，以敬事长则顺。君子所居则化，故可移于官也"。（《孝经注疏·卷五·圣治章第九》）唐玄宗的这种阐释对以后的历代执政者皆有借鉴意义。

但是到了唐代中晚期，情势则为之剧变。中晚唐时期，社会的政治、经济、思想、文化建设已处于分裂、败坏状态。政治、经济上，唐代由于武人政治而造就后来的藩镇割据，加之释、道二教无度发展、宗教特权、豪强兼并横行，遂使中央政府的政令难以通行，由此酿成了唐代分裂的政治局面，亦同时引发了经济上的分裂与混乱。唐代崇尚武功、有重武轻文的传统。考校一下唐代的历史发展过程及其军政体制，我们会发现唐代从立国、夺权到抵御外敌突厥、武力对外扩张、维护国内统治，无一不依赖于军事作用，故武人在当时社会中有着举足轻重的位置，相反文士的地位则并不突出。唐代军人政治的结果就是最终形成了武人跋扈、藩镇割据的混乱局面，恰如韩愈《潮州刺史谢上表》所言："自天宝之后，政治少懈。文致未优，武剋不刚。孽臣奸隶，蠹居棋处。摇毒自防，外顺内悖。父死子代，以祖以孙。如古诸侯，自擅其地。不贡不朝，六七十年。"① 加之中央朋党争权夺利、豪族土地兼并、儒道宗教特权横行等问题的出现，遂使整个中唐社会遭受了巨大的震荡，即国家分裂、礼治败坏，经济衰颓；思想上，当时儒、释、道三者并存，释、道发展迅猛，儒学趋于式微，由此构成唐代分裂的思想格局；以上混乱的社会、思想格局同时必然影响唐代中央政府的文官制度以及与之相关联的统一的开科取士制度。唐代沿袭了隋代的科举取士制度，且在具体体制上更为完备。当时取士的科目有秀才、明经、书算等多种，但毫无疑问，进士科是其中最荣贵的。有关进士录取的人数当时虽然没有定制，但从实际情况来看还是很少的。② 并且进士即使录取了，也不能马上授予官职，还需要通过吏部考试，才能得到职务。否则就得在地方长官如节度使的推荐下，先充任其幕僚，再寻机会到中央任职。由于进士录取人数少，加之任职之路关卡重重，因此士人竞争十分激烈。在此情况下，科举取士的诸多弊端便开始显现出来了，这里择要举其两点：一是请托、诽谤之风盛行。关于请托、诽谤之风，《通考》引李肇《国史补》具体表述为："造请权要，谓之关节；激昂声价，谓之往还；匿名造谤，谓之无名子。"类似的材料在《旧唐书》的《王丘传》《杨绾传》《薛登传》中皆有述及。由此可见，当时的士人为了出仕，可谓不择手段。对于出现此类情况的原因，赵匡《选举议》上作了切实的分析，他讲："举人大率二十人中方收一人。故没齿而不登科者

---

① （唐）韩愈：《韩昌黎全集》第四册，台湾新文丰出版有限股份公司1977年版，第35页。

② 太和九年（830）曾规定："及第不得超过二十五人。"李山甫《赴举别所知》诗中也讲"桂树只生三十枝"。实际录取的往往只有几个人。

众。收入既少，则争第急切，交驰公卿，以求汲引，毁誉同类，用以争先，故业因儒雅，行成险薄。非受性如此，势使然也。"① 这也算得上是画龙点睛之论了。二是门第观念根深蒂固。魏晋以来形成的门阀制度在唐代得到延续，并且影响深远，具体说来就是讲究士庶之别、贵贱之分。② 本来行使科举取士的一个重要目的就是要抑制权贵、选拔寒门才俊。但是现实操作的实际情况往往相反。《旧唐书·王播传》就曾言："其时贡举猥滥。势门子弟，交相酬酢，寒门俊造，十弃六七。则评其事者虽出私意，所评之事，则未必诬也。" 由此可见当时权贵豪族把持科举的强大力度。有时甚至不得不由皇帝亲自出面加以干预和调停。③ 故而虽"内有明经进士，外有方维大臣之荐"，但"以门地勋力进者，又有倍于是，其为门户多矣"。④ 在此情况下，寒门子弟求取功名之路就更狭窄了；此外，这一时期的社会风气已然败坏。《新唐书·德宗本纪》讲德宗本人就是"猜忌刻薄，以强明自任"。所谓上行下效，自不待言。当时风气的败坏可以体现在人们相互间猜疑、嫉妒与毁谤的流行上。对此，韩愈在他的《上兵部李侍郎书》《祭河南张员外文》《释言》《择言》《言箴》《原毁》等文中曾作了相应的表述和分析。对于猜疑之风，韩愈在《释言》一文中以自己的亲身经历现身说法，充分展示了时人一意揣测钻营的势利嘴脸。对于妒忌之风，韩愈则不仅作了大量的揭露，还在《原毁》一文中分析了其中的原因，指出时人"其责人也详，其待己也廉……外以欺于人，内以欺于心……为是者有本有原，怠与忌之谓也。怠者不能修，而忌者畏人修"。⑤ 此评论可谓一针见血。有了前两者的铺垫，毁谤也就自然应运而生了。所以韩愈在《原毁》一文的末尾处感叹：

---

① 参见《通典》卷17。

② 参见《唐会要》卷36、《新唐书·选举志》、陈寅恪《记唐代之李武韦杨婚姻集团》，《历史研究》1954年第1期。

③ 参见《旧唐书·宣宗纪》《新唐书·选举志》会昌四年事。

④ （唐）韩愈：《韩昌黎全集》第二册，台湾新文丰出版有限股份公司1977年版，第102页。

⑤ 同上书，第61—62页。

"是故事修而谤兴，德高而毁来。呜呼！士之处此世，而望名誉之光、道德之行，难矣。"① 在此世风之下，才德之士想不遭压抑、打击当而坦然行志自是不易。

这些情况共同构成了中晚唐的社会现实，也是造成这一时期儒学复兴的背景所在。唐代中晚期儒学复兴的根本就是要救治时弊、振兴国运，故如萧颖士、独孤及、梁肃等人虽然都倡导尊经重士，然而他们所看中的乃是儒学礼乐刑政、褒贬劝惩等切实尚用之学，既非先秦儒学义理，也非两汉以来的儒学章句。对此，在《全唐文》卷206《答捕蝗书》中，姚崇曾有议论，其谓："腐儒执文，不识同变，凡事有违经而合于道者，亦有反道而适于权者。"唐代中晚期儒学复兴的干将韩愈亦秉承了这一点，如他在《论佛骨表》《原道》二文中批判佛老与倡导儒道就是立足于现实功用而做惩劝之论。当然，韩愈也疏证《论语》《大学》《中庸》，讲论孔孟心性，但是他的这种论述仍是为了切实保证儒家礼乐刑政之功而不是要真正建立儒学心性本体，实践其为己之学的宗旨。故而即便韩愈触摸了儒学心性本体内涵，也是从实用目的出发，以其为功利实践的工具，建构外在现实事功，与孔孟儒学"圣王"一贯的切己精神并不符合。由此可见，唐代中晚期士人之于儒学复兴绝非要从"为己"之本体上确立，乃是普遍基于一种实用功利倾向，亦可谓是一种新形势下的"为人之学"。

中晚唐时期儒学复兴的实用功利特征，首先是对汉晋时期儒家名教异化影响的一种纠正，故而有其合理性。汉儒侧重名教制度，但是汉末名教瓦解，名不副实，结果便只能以纲常礼教的外在力量制约人们行为，而不能开显出其中的内在精神源泉。至唐中晚期，在战乱和佛、道思想的双重打击下，这一体系已趋于解体。于是如韩愈、杨绾等一批士人开始从较重视个体内在修养的儒家经典中寻求重构儒学政治体系，以期实现现实救治图存之功。于是《大学》《中庸》《孟子》

---

① （唐）韩愈：《韩昌黎全集》第二册，台湾新文丰出版有限股份公司1977年版，第62页。

等逐渐开始为人重视。陈寅恪先生以为这种做法使"抽象之心性与具体之政治社会组织可以融会无碍，既尽量谈心说性，兼能济世安民"①、将外在社会政治结构的基础建立在个体心性自觉的基础之上。由此可见，以韩愈为首的中晚唐儒学复兴虽然同汉儒一样也是要实现经世致用，但却是为了克服汉末名教异化发展之弊端。同时，它对于排斥佛老出世之论、传述儒学名实一体的致用之功乃至开启后来宋明理学新气象都起到了重要的作用。对此，后人如皮日休、石介、二程、苏轼、朱熹等亦曾予以大力奖掖。至如今人陈寅恪先生而总论之，陈先生以为"唐代之史可分前后两期，前期结束南北朝相承之旧局面，从后期开启赵宋以降之新局面，关乎政治社会者如此，关乎文化学术者亦莫不如此"②。而以韩愈为首的唐代中晚期儒学复兴正可谓是此新旧格局的具体转折。从文化学术上讲，它亦成为儒学发展史上联系两汉经学与宋明理学的一项重要内容。由此亦可见，唐代中晚期儒学复兴中实用功利倾向具有一定的时代积极意义。

其次，我们还要充分认识到这种实用功利倾向亦伴随着相当的消极影响。如上所述，以韩愈为首的一批中晚唐士人为了改变当时社会政治、经济、思想、文化的分裂与衰颓局面、发挥儒学治世之功，乃在实用功利倾向下开始复兴儒学，并切实形成了一定的历史影响。然而随着其实用功利倾向的持续发展，儒学"为己之学"的宗旨便无可避免地遭到遮蔽。它的直接表现就是儒学"立德成仁"的"为己之学"内涵逐步淡化乃至丧失，而实用功利的欲念则得到膨胀与提升。这在中晚唐士人思想与行为上都得到了极大的证明。就思想而言，主要体现为两个方面：第一，唐代中晚期复兴儒学的目的既是从实用功利的角度出发发挥儒学济世图存之功以改变现实纷乱衰颓的社会局势，因而复兴儒学在唐代中晚期士人那里便仅仅是其实用功利的一种手段，而不是其最终的精神皈依。以此为出发点，当时的唐人对

---

① 陈寅恪：《金明馆丛稿初编》，生活·读书·新知三联书店2001年版，第322页。
② 同上书，第332页。

于儒、释、道三家往往是采取杂糅并用的态度，而没有从根本上确立儒家"为己之学"的核心地位。如《白居易集》卷69《祭中书韦相公文》曾讲宰相韦处厚是"佩服世教，栖心空门，外为君子儒，内修菩萨行"。《旧唐书·白居易传》卷166亦曾言白居易："栖心释梵，浪迹老庄，因疾观身，果有所得。"柳宗元在《柳宗元集》卷25《送文畅上人登五台遂游河朔序》上云："真乘法印，与儒典并用。"元稹、刘禹锡等人也同样持有如此的态度。对此《刘禹锡集》卷4《袁州萍乡县杨岐山故广禅师碑》还曾解释道："儒以中道御群生，罕言性命，故世衰而浸息。佛以大悲救诸苦，广启因业，故劫浊而益尊，……阴助教化，总持天人。所谓生成之外，别有陶冶。邢政不及，曲为调柔。"即便曾旗帜鲜明地倡导儒学、反对佛老的唐代中晚期儒学复兴代表人物韩愈在其整体思想经历中也不免是以实用功利为主旨而杂取百家为用，如他一面明树儒家道统、强调刑名利用，一面又援引墨、法之道补救拾遗。晚年韩愈又依循道术而行养生之法。如此林林总总的思想取舍，可见唐代中晚期士人虽有儒学复兴之势，但由于过度执着于功利之求，故多为现实操切利用之举而乏深入、系统、一贯的儒学切己思考。第二，在以上的认识背景下，中晚唐士人在复兴儒学的过程中乃进一步以实用功利的理念对传统儒学进行解读，结果造成了以内圣证外王的局面，从而突出强调了儒学外王事功之效，使本来的儒学内圣为己之体成为外王事功的附庸、实践的工具。如此一来，传统儒家为己之学的宗旨自然被弱化了。

综合以上两方面的情况，我们可以清楚地看到，在唐代儒学复兴的进程中，儒家"为己之学"的核心精神实际上已经为唐人的现实功利抉择所取代，从而彻底失去了它自主的文化品格。而一旦儒学失去它"为己之学"的宗旨，那也就意味着对它自身存在合法性与合理性的否定，其本来的经世致用之功亦因内在之体的丧失而无从发挥。在此形势下，唐代中晚期的儒学复兴乃不得不走向逐步被异化而衰落的历史结局而没有实现它本来预期的经运世道、救治图存的历史目标。从这个角度说，唐代中晚期儒学复兴可谓是既因其经世致用之功而兴起，亦因其极度功利而败落。

以上认识在唐人的具体行为实践以及后人的评述中亦可得到相应的说明。如唐人虽然为了整顿颓靡的时局而倡导了儒学复兴，但是由于其一贯的实用功利倾向，造成当时大批的唐代士人在其一生的求学、明经、致仕的经历中都保持了明显的急功近利面貌而没有真正建立起儒家"为己之学"的精神面貌。其代表人物韩愈就是一个明显的例证。韩愈是唐代中晚期儒学复兴倡导最力者，生于儒学世家，自幼即读圣贤书，其在《上宰相书》中自述七岁即"学圣人之道以修其身"。一生乃以复兴儒学、树立道统、反对佛老为己任。故有"生平企仁义，所学皆孔周"[1]、"非三代两汉之书不敢观，非圣人之志不敢存"[2] 之语。《旧唐书》称韩愈"有志于持世范，欲以人文化成"，观其所言，自当不虚。然而在实用功利倾向的影响下，韩愈以上所论仅仅成了他现实利用的内在手段，并没有帮他真正建构起独立的儒学文化品格。于是韩愈以后出现为求功名利禄、经世致用而背弃儒家"为己之学"宗旨这一本末倒置的现象也就是自然而然的事了。这在他"三上宰相书"以求当权任用以及大量撰写佞人、谀墓文字以交际权贵的经历中可以得到充分说明。在此，儒家"为己之学"的文化本体精神乃彻底让位于生命的实用功利欲念，从而失去了它既有的价值。对此，后人存有诸多议论。如欧阳修《尹师鲁第一书》中说："每见前世有名人，当论事时，感激不避诛死，真若知义者。及到贬所，则戚戚怨嗟，有不堪之穷愁形于文字。其心欢戚，不异庸人，虽韩文公不免此累。"《读李翱文》又说："愈尝有赋矣，不过羡二鸟之光荣，叹一饱之无时尔。此其心使光荣而饱，则不复云尔。"司马光在《颜乐亭颂》中的评论则更为尖锐："光谓韩子以三书抵宰相求官，《与于襄阳书》谓先达后达之士，玄为前后以相推援，如市贾

---

① （唐）韩愈：《韩昌黎全集》第一册，台湾新文丰出版有限股份公司1977年版，第21页。

② （唐）韩愈：《韩昌黎全集》第二册，台湾新文丰出版有限股份公司1977年版，第137页。

然，以求朝夕刍犬仆赁之资，又好悦人以铭志而受其金。观其文，知其志，其汲汲于富贵，戚戚于贫贱如此，彼又乌知颜子之所为哉？"由此可见，韩愈不善处穷、贪恋权位富贵之意乃为后人之共识。对此，《二程语录》卷11程颐有一精辟的概论："学本是修德，有德然后有言，退之却倒学了。"这里所谓的"修德"乃可看作确立儒家"为己之学"的文化本体精神，这里所谓的"有言"可看作德之本体的外显。前文所论韩愈之行事正是韩愈以实用功利之求取代确定儒家"为己之学"的文化本体精神的表现。故讲究自身修养成德、由内向外扩展的小程子说韩愈是"倒学了"。结合以上思想与言行两方面的情况，我们可以明确看出唐代儒学复兴由于受其实用倾向持续发展的左右而逐步丧失了它儒家"为己之学"的文化本体精神，由此儒学亦失去了它存在的内在依据。此是促使唐代儒学复兴最终失利的一个致命原因，而这一点亦足以为今天传统文化复兴所借鉴。当前复兴传统文化业已成为国人的一种共识，而国学热也已蔚然成风。这其间固然有着依托传统而开辟未来的本体思考，然亦存在着相当的实用功利倾向。究竟应该如何复兴传统文化，又应该如何理智地看待时下的国学热，这是一个值得深入思考的问题。通过以上的系统论述，我们大体可以得出这样的认识，即：依照传统哲学"体用一源、本末相即"的本体论观念，末用作为体用、本末的一个环节，固有自身特有的地位。但是如果突出强调末用，使其地位超越本体的界限，成为体用关系中的核心和终极，则它的持续发展必将彻底颠覆既有事物的现实存在。基于此，当代传统文化复兴中的实用倾向亦必内涵着它难以避免的消极影响，此亟待引起我们的关注，以免重蹈历史的覆辙而使传统文化复兴沦为现实中的昙花一现。

待到宋明时期，情形又为之一变。儒学的真正复兴可谓是从北宋开始。北宋建国之后，便吸取了唐末五代藩镇割据、武将称雄的历史教训，在不断强化中央集权政治的大背景下，采取了重文抑武的治世之道。众所周知，宋太祖赵匡胤是通过陈桥兵变称帝的，因而为了防止别人步其后尘发动兵变篡位，他采用杯酒释兵权的方式，解除了武将夺权的威胁。与此同时，他又大力倡导文治，重用文人，推崇儒家思想，弘扬忠义、仁孝。并且，宋太祖还立下"家法"，要求他的子孙不杀士大夫和言官，后来两宋的最高统治者也确实遵守了这一"家法"，以致宋代大臣文彦博概括当朝政治是"皇帝与士大夫共治天下"，清代的王夫之则言"终宋之世，文臣无欧刀之辟"。至宋太宗一朝，对武人的猜忌和防范更甚，其在治国方针上，始终贯穿着儒家宽仁尚礼的人文精神，从而极大激发了儒家士子读书治学、修身报国的人生理想。范仲淹的"先天下之忧而忧，后天下之乐而乐"，即可谓是那一时期士人君子的精神体现。而著名的宋真宗赵恒的《励学篇》则是以功名利禄乃至美色为诱饵，诱导士人向学从文以服务于现实政治需要，其言曰："富家不用买良田，书中自有千钟粟。安居不用架高堂，书中自有黄金屋。出门莫恨无人随，书中车马多如簇。娶妻莫恨无良媒，书中自有颜如玉。男儿欲遂平生志，六经勤向窗前读。"一方面政府保护、提倡士人读书向学，谋取功名利禄；另一方面则是士人借势而起，积极进取，以谋进身之阶，与君王共治天下。在此背景下，儒家"为己之学"与"为人之学"的冲突便越发激烈起来。

朱熹在其《四书章句集注》中，针对"古之学者为己，今之学者为人"一章，曾引二程之语以释之："为己，欲得之于己也；为人，欲见知于人也。""古之学者为己，其终至于成物。今之学者为人，其终至于丧己。"在此认识基础上，朱熹言道："圣贤论学者用心得失之际，其说多矣，然未有如此言之切而要者。于此明辨而日省之，则庶乎其不昧于所从矣。"

可见朱熹是特别强调为己之学与为人之学的用心区分的。朱熹这么做的目的就是要士人们治学不以外在的科举之业、功名利禄为终极目标，不驰心于外，而应以修身成德的内圣之学、为己之学为本。读书治学在于为己成人，而非中举立功名。与程朱之学在治学之方上存在巨大分歧的陆王心学对朱子严辨"为己之学"与"为人之学"之用心这一做法则是十分欣赏的。

如陆象山以为："仁义者，人之本心也。孟子曰：'存乎人者，岂无仁义之心哉。'"又曰："'我固有之，非由外铄我也'，愚不肖者不及焉，则蔽于物欲而失其本心。贤者智者过之，则蔽于意见而失其本心。"（《与赵监》，《陆九渊集》卷一）又曰："先王之时，庠序之教，抑申斯义以致其知，使不失其本心而已。"（《贵溪重修县学记》，《陆九渊集》卷十九）又云："古之人自其身达之家国天下而无愧焉者，不失其本心而已。"（《敬斋记》，《陆九渊集》卷十九）在此基础上，他又进一步言道："吾心之良，吾所固有也。吾所固有而不能自保者，以其有以害之也。……夫所以害吾心者何也？欲也。欲之多，则心之存者必寡，欲之寡，则心之存者必多。……欲去则心自存矣。"（《拾遗》，《陆九渊集》卷三十三）、"所以蔽其本心者，愚不肖者之蔽在于物欲，贤者智者之蔽在于意见。"（《与邓文范》，《陆九渊集》卷一）为此，他主张："明得此理，即是主宰，真能为主，则外物不能移，邪说不能惑。"（《与曾宅之》，《陆九渊集》卷一）又云："请尊兄即今自立，正坐拱手，收拾精神，自作主宰，万物皆备于我，有何欠阙！"（《语录下》，《陆九渊集》卷三十五），他指出："学者须是打叠田地净洁，然后令他奋发植立。若田地不净洁，则奋发植立不得。古人为学即读书，然后为学可见。然田地不洁净，亦读书不得。若读书，则是假寇兵，资盗粮。"（《语录下》，《陆九渊集》）陆象山教人要"自得、自成、自道，不倚师友载籍"，"自立自重，不可随人脚跟，学人言语"。（《语录下》，《陆九渊集》）当时的科举制度在很大程度上影响了士人的独立人格。在此背景下，治学往往成为士人谋取朝廷的爵位以满足个人追求功名利禄的工具，即读书是为了做文章，做文章是为了当官，当官则是为了满足一人一家之享受荣耀。由此出发，科举制度下的士人集团就如同一个盗贼和谎言集团，其学问不过是表述意见、满足私己欲望的工具，并不具有为己成人的修身立德精神。但在陆九渊看来，"科举取士久矣，名儒巨公皆由此出。今为士者固不能免此，然场屋之得失，顾其技与有司好恶如何耳，非所以为君子小人之辨也。而今世以此相尚，使汩没于此而不能自拔，则终日从事者，虽曰圣贤之书，而要其志之所乡，则有与圣贤背而驰者矣。推而上之，则又惟官资崇卑、禄廪厚薄是计，岂能悉心力于国事民隐，以无负于任使之者哉？从事其间，更历之多，讲习之熟，安得不有所喻？顾恐不在于义耳。诚能深思是身，不可使之为小人之归，其于利欲之习，怛焉为之痛心疾首，专志乎义，而日勉焉，博学审问，谨思明辨而笃行之，由是而进于场屋，其文必皆道其平日之学、胸中之蕴，而不诡于圣人。由是而仕，必皆共其职，勤其事，心乎国，心乎民，而不为身计。其得不谓之君子乎？"（《白鹿洞书院论语讲义》，《陆九渊集》卷二十三）可见，陆九渊就是要把士人的精神从科举时文中拯救出来，使他们能够依乎自己的良心说实话，成就德性人格，故而他指出："大抵天下事须是无场屋之累，无富贵之念，而实是平居要研核天下治乱、古今得失的人，方说得来有筋力。"（《与吴仲诗》，《陆九渊集》卷六）陆九渊所谓的"学问"则是指做人的学问，指向的是人格的完成，所以他讲"学者所以为学，学为人而已"（《年谱》，《陆九渊集》卷三十六）。"学不至道，而日以规规小智，穿凿附会……由君子观之，正可怜悼耳"（《与孙季和》，《陆九渊集》卷十五）。

陆九渊的弟子傅子渊与陈正己之间曾有一段对话：陈正己问："陆先生教人何先？"傅子渊对曰："辨志"。正己复问曰："何辨？"傅子渊对曰："义利之辨。"陆九渊闻此对话，云："若子渊之对，可谓切要。"（《语录上》，《陆九渊集》卷三十四）象山识得的学问在于做人的学问。决定人的行为实践的则是他的心志，即现代人讲的动机，也就是志向，如孔子曾有"志于道"的说法。从心学的立场上看，一个人行为是否具有道德义，乃取决于行为由以发生的动机，即人的心志。所谓"辨志"，就是要分辨意识活动的动机是由什么原则来决定的。儒家的立场是，人须依"义"来立志，即以"义"为支配行为的动机原则。

宋孝宗淳熙八年春天，陆九渊到南康拜访正在做知南康军的朱熹。朱熹在南康时修复了庐山白鹿洞书院，于是在陆九渊来访时便请陆登白鹿讲席，为诸生讲《论语》中"君子喻于义，小人喻于利"一章。

在这次讲演中，陆九渊对义利之辨进行了专门的阐释，听众受到了很大的触动，以致座中至有流涕者。时逢早春，天气微冷，朱熹听讲亦被感动得汗出挥扇，再三言"熹在此不曾说到这里，负愧何言"。并且朱熹在其演讲结束后命人将讲词制成讲义，并刻于石上，以志于后人，其中提道："至其所以发明敷畅，则又恳到明白，而皆有以切中学者隐微深痼之疾，盖听者莫不肃然动心焉。"在这次演讲中，陆九渊明确指出，人的思想形成源于日常所习，这种日常所习的影响即确定了一个人的志趣和动机。在此基础上，如果一个人的志趣和动机在于义，那么他的所习所喻就在于义；如果一个人的志趣和动机在于利，那么他的所习所喻也就在于利。因而，如果一个人要做君子而不做小人的话，就必须率先辨明自己的"志"是趋于义还是利。为此，他还举例来说明，指出一个人终日埋头学习圣贤之书，这个行为表面看起来很好，可是如果细看他读书的动机只是为了求取科举功名，那他就不能被称作一个君子。陆九渊举的这个例子点重了在座不少学者的心病，所以听之者皆为之悚然动心。陆九渊后来也说："某观人不在言行上，不在功过上，直截是雕出心肝。"（《语录下》，《陆九渊集》卷三十四）也就是说，一个人是小人还是君子，主要在"辨志"，即辨察其决定行为的动机原则。陆象山在此对义利关系的辨析实为对当时知识分子心灵的大纠正。

另如明代心学代表人物王阳明，其对为己、为人之学的理解与朱熹和陆象山也是一致的。如其言："圣贤只是为己之学，重功夫不重效验。"[1] "今之学者须先有笃实为己之心，然后可以论学。不然，则纷纭口耳讲说，徒足以为为人之资而已。"[2] 又言："君子之学务求在己而已，毁誉荣辱之来，非独不以动其心，且资之以为切磋砥砺之

---

[1] 《王阳明全集》卷三，上海古籍出版社1992年版，第110页。
[2] 《王阳明全集》卷二十七，上海古籍出版社1992年版，第1001页。

地。……若夫闻誉而喜，闻毁而戚，则将惶惶于外，惟目之不足矣，其何以为君子？"① 阳明的这一认识与其心学主张可谓一贯。因为阳明把心看作是包容一切、主宰一切的最高本体，为此提出了"心外无物，心外无事，心外无理，心外无义，心外无善"（《与王纯甫》，《王阳明全集》卷四）这一重要命题。其言道："人者，天地万物之心也，心者天地万物之主也。心即天，言心则天地万物皆举也。"（《答季明德》，《王阳明全集》卷六）由此，阳明扩充了人心的内涵，使它成为人与天地万物存在的根据。朱熹曾经把《大学》中的"知止而后有定"的"定"解释为"定理"，认为"事事物物皆有定理"。因而，"知止"即是达知物理，落实在行为上就是行不逾矩。阳明则把这个"定理"解为"至善"，且以"至善"归于心体。和朱子以"理"为物理，隐含外在的对待的客观实然性不同，阳明之"理"实为事理，乃是作为道德价值层面、体现应然之义的义理，故其言："圣人无所不知，只是知个天理；无所不能，只是能个天理。……天下事物如名物度数草木鸟兽之名，不胜其烦，圣人须是本体明了，亦何缘能尽知得？但不必知的，圣人自不消求知；其所当知的，圣人自能问人。"（《传习录》下，《王阳明全集》卷三）阳明的这些观点对于沉溺于朱子学已久的明代学者来说，无疑是一个巨大的震动。其"心外无理"等独特命题长期以来一直遭受质疑和责难。不过阳明之论并非故意标新立异，实是苦心孤诣而又良苦用心。明代自中期以后，整个社会士风不竞、道德沦丧，功利之毒沦浃人心，士人习于辞章训诂之学，相耀以博，相矜以能，不复知有性命之学。所幸"天理之在人心，终有所不可泯，而良知之明，万古一日"（《传习录》中，《王阳明全集》卷二），阳明于此颓势之中奋起发明良知之学，开启人的道德自觉，挺立人的道德意志，可谓"良工心独苦"。

在此基础上，阳明又进一步提出了"知行合一"说。阳明的这个"合一"并非说知就是行，行就是知，而是指知和行本然贯通，不可

---

① 《王阳明全集》上册，上海古籍出版社 1992 年版，第 231 页。

割裂。为此，阳明以《大学》中好好色、恶恶臭之说来比喻知行合一，强调知、行之间没有间隙，知了必然马上能行。当然，此处的"行"包含了意念的发动，正如见好色的同时就好此好色，知孝的同时就能行孝，此"行"孝必然首先表现了真诚的孝之德性，然后将孝之德性行于事为之中，这也就是由意念发动至展开而成为行为的整个过程。在此，"知行合一"并不是就现实层面而言的，这一命题指向的是未被私欲隔断的知行本体。本体即本然意义，在本然意义上，知可谓逻辑地包含了行，知而必行，直下贯通，不行即是未知。此处的"知"不是常识意义上简单的知，而是指具有价值应然意义的真知："真知即所以为行，不行不足谓之知。"（《传习录》中，《王阳明全集》卷二）所谓真知，即指道德知识真切地体诸身，对之有真诚、深切的切己认同，因而必然能将之付诸实践。在此背景下，阳明又言："知是行的主意，行是知的功夫""知是行之始，行是知之成"。（《传习录》上，《王阳明全集》卷一）当然，阳明更看重的无疑是体现道德价值之应然义的"行"。其"知之真切笃实处即是行，行之明觉精察处即是知"则是以更为精练的方式来表达了知行合一的命题。对此，阳明在与友人的书信中有着详细的解释：

"凡谓之行者，只是著实去做这件事。若著实做学问思辨的工夫，则学问思辨亦便是行矣，学是学做这件事，问是问做这件事，思辨是思辨做这件事，则行亦便是学问思辨矣。若谓学问思辨之然后去行，却如何悬空先去学问思辨得？行时又如何去得学问思辨的事？行之明觉精察处便是知，知之真切笃实处便是行。"（《答友人问》丙戌，《王阳明全集》卷六）

阳明之所以讲出个"知行合一"，正是因为忧虑当时士人"薄忠信""贱廉洁"，心术不正等现实情状。在给朋友林司训的赠言中，阳明曾感叹道："士皆巧文博词以饰诈，相规以伪，相轧以利，外冠裳而内禽兽，而犹或自以为从事于圣贤之学。如是而欲挽而复之三代，呜呼其难哉！吾为此惧，揭知行合一之说，订致知格物之谬，思有以正人心，息邪说，以求明先圣之学。"（《书林司训卷》，《王阳明全集》卷八）"正人心"是感叹世风不淳，"息邪说"则是针对分知、行为两事的学者。阳明认为分知和行为两件事，先求知再践履的工夫进路，不仅支离，更有导致学者空空求知，以至终身不行的弊端。究其实，阳明提出"知行合一"就在于要求士人剔除隔断知行本体的私欲，使知行直下贯通，通透无碍。

为了对那种只知不行的浮泛作风作更深刻的批判，阳明甚至提出"一念发动即是行"的观点，如其言："此须识我立言宗旨。今人学问只因知行分作两件，故有一念发动虽是不善，然却未曾行，便不去禁止。我今说个知行合一，正要人晓得一念发动处，便即是行了。发动处有不善，就将这不善的念克倒了，须要彻根彻底，不使那一念不善潜伏在胸中，此是我立言宗旨。"（《传习录》下，《王阳明全集》卷三）在此，阳明认为，天理、人欲之辨就在几微之间。故须立志坚，具大勇，神思凝聚，方能正思正念而无邪欲渣滓，成就一个真正的人，此亦是为己之学的宗旨所在。

不过，在宋明学者那里，对于"为己之学"与"为人之学"的认识还不止于此，为此我们还需要关照儒学另一个命题的内涵，这就是"内圣外王"。对"内圣外王"之内涵的一个较好的描述是《礼记·大学》中的三纲领，即："大学之道，在明明德，在亲民，在止于至善。"这里的"明明德"属于内圣功夫，它需要通过"为己之学"来实现，而"亲民"则属于外王序列。陆九渊对此曾这样阐释："古之学者为己，所以昭其明明德。己之德已明，然后推其明以及天下。"（《语录下》，《陆九渊集》卷三十五）在先秦儒家那里，内圣是外王之体，外王是内圣之显，内圣与外王浑然一体，二者可谓是德之体与德之迹的关系。对此，《礼记·中庸》有云："唯天下至圣，为能聪明睿知，足以有临也；宽裕温柔，足以有容也；发强刚毅，足以有执也；齐庄中正，足以有敬也；文理密察，足以有别也。溥博渊泉，而时出之。溥博如天，渊泉如渊。见而民莫不敬，言而民莫不信，行而民莫不说。是以声名洋溢乎中国，施及蛮貊；舟车所至，人力所通，天之所覆，地之所载，日月所照，霜露所队；凡有血气者，莫不尊亲，故曰配天。"又云："唯天下至诚，为能经纶天下之大经，立天下之大本，知天地之化育。夫焉有所倚？肫肫其仁！渊渊其渊！浩浩其天！苟不固聪明圣知达天德者，其孰能知之？"而《荀子·不苟》则更言道："善之为道者，不诚则不独，不独则不形，不形则虽作于心，见于色，出于言，民犹若未从也；虽从必疑。天地为大矣，不诚则不能化万物；圣人为知矣，不诚则不能化万民。"这里则是对圣与王的本末、体用、内外、形上与形下关系作了进一步的阐释。不过，在先秦儒学那里，其对"为己之学"与"为人之学"的"义利"之论与其对"内圣外王"的认识似乎并不构成同一个思想维度，二者也没有发生深刻的内在思想关联。

不过，到了宋明学者那里，情况则发生了很大的变化。这就是宋儒在诠释"为己之学"与"为人之学"的关系时，不仅从"义利之辨"的角度进行了界分，还融合了"内圣外王"的思路。由此出发，在"为己之学"与"为人之学"的关系上，宋儒还进一步发掘了其本末、内外的关联性，以为"为己之学"是本、是内，"为人之学"是末、是外，二者一贯。对此，朱熹的挚友张栻在其《论语解》中有过经典的阐释，其云："学以成己也，所谓成物者，特成己之推而已。故古之学者为己而已，己立而为人之道固亦在其中矣。若存为人之心，则是徇于外而遗其本矣。本既不立，无以成身，而又将何以及人乎？"可见，在张栻看来，"学以成己"是本，所谓"成物"实为"成己"的展开。由此而言，以"为己之学"为本，"为己之学"与"为人之学"便成为一种内外、本末的一贯关系，而非截然对立的关系。借此，宋明儒表达了其修身立德与事功经世相统一的文化理念。

这一理念倡导就现实而言，需要规避两种极端认识：一种是不论本末乃至舍本逐末，离开立己而独向为人，乃至失义而逐利。对此我们可以结合南宋事功派思想发展来阐释一下。作为事功派的代表，南宋永嘉学派主张"经世致用，义利并举"，"以利合义，不以义抑利"，反对董仲舒提出的"正其义不谋其利，明其道不计其功"的命题，以为"既无功利，则道义者无用之虚语尔"。其之所以会有如此主张，一个重要原因就是反对当时的一些理学家"空谈性命"、倡导"静坐存养"的做法。为此他们强调事功、凸显功利之用，正如明清之际的黄宗羲所言："永嘉之学，教人就事上理会，步步着实，言之必使可行，足以开物成务。盖亦鉴一种闭眉合眼，目蒙瞳精神，自附道学者，于古今事物之变不知为何等也。"（《艮斋学案》，《宋元学案》卷五十二）但是这一原始理路在后来的发展中则渐趋极端。也就是说，尽管事功派力图将德性与事功统一起来，但是在社会实践中，人则很容易在求利中忽视义的原则。一旦人将事功之欲凌驾于义之上，就难免因利而害义。另一种便是脱离成人、成物而拘泥章句或悬空成己。由此出发，为己之学只能成为一种玩弄章句或静修蹈虚之学。例如明末清初一大批学者在天崩地解的时代变迁中开始反思批判宋明儒心性之学的弊端，指出宋明儒家特别是明儒"游谈无根"、不通世故的浮泛学风，强调为学要"通经致用""经世应务"。如黄宗羲就曾言："儒者之学，经纬天地，而后世乃以语录为究竟，仅附答问一、二条于伊、洛门下，便侧儒者之列，假其名以欺世；治财赋者则目为聚敛，开困杆边者则目为粗材，读书作文者则目为玩物丧志，留心政事者则目为俗吏，徒以'生民立极，天地立心，万世开太平'之阔论铃束天下，一旦有大夫之忧，当报国之日，则蒙然张口，如坐云雾。世道以是潦倒泥腐，遂使尚论者以立功建业，别是法门，而非儒者之所兴也。"[①] 其又言："今之言心学者则无事乎读书穷理，言理学者，其所读之书不过经生之章句，其所穷之理不过字义之从违……天崩地裂，落然无与吾事，犹且说同道异，自附于所谓道学者，岂非逃之者之愈巧乎？"[②] 同样，顾炎武也对当时的浮泛学风作了批评，其言曰："今日之清谈，有甚于前代者……不习六艺之文，不考百王之典，不综当代之务，举夫子论学论政之大端一切不问，而曰'一

---

① （清）黄宗羲：《赠编修弇玉吴君墓志铭》，《南雷文定》后集卷三，《黄宗羲全集》第十册，浙江古籍出版社 2002 年版，第 433 页。

② （清）黄宗羲：《留别海昌同学序》，《南雷诗文集》上卷，《黄宗羲全集》第十册，浙江古籍出版社 2005 年版，第 646 页。

贯'，曰'无言'，以'明心见性'之空言，代'修己治人'之实学。"（《日知录》卷九"夫子之言性与天道"）

明清之际，伴随着社会的激烈动荡，有关"为己之学"与"为人之学"的讨论再次兴起，并集中体现为两种倾向：一种倾向在于批判实用功利、一味利己的"为人之学"，倡导修德成仁的"为己之学"，如清乾隆九年，郑燮在范县任知县时写的家书《范县署中寄舍弟墨第四书》中曾有言："我辈读书人，入则孝，出则弟，守先待后，得志泽加于民，不得志修身见于世，所以又高于农夫一等。今则不然，一捧书本，便想中举、中进士、做官，如何攫取金钱，造大房屋，置多产田。起手便走错了路头，后来越做越坏，总没有个好结果。其不能发达者，乡里作恶，小头锐面，更不可当。"另一种倾向则是通过"崇实黜虚"的理念来批判空言心性、清静自守的"为己之学"，倡导经世致用的实学，以实现"为己之学"与"为人之学""内圣"与"外王"的统一。正如清代学者颜元所言："世有耕种而不谋收获者乎？世有荷网持钩而不计得鱼乎？"（《颜习斋先生言行录》卷下）他明确提出要"正其谊以谋其利，明其道而计其功"（《存性编》卷二）。顾炎武则以为"君子为学，以明道，以救世也"（《亭林文集》）。而在黄宗羲看来，"道无定体，学贵适用。奈何今之人执一以为道，使学道与事功判为两途。事功而不出于道，则机智用事而流于伪，道不能达之事功，论其学则有，适于用则无。讲一身之行为则似是，救国家之急难则非也，岂真儒哉？"[1] 其又言："自仁义与事功分途，于是言仁义者陆沉泥腐，天下无可通之志；矜事功者纵横捭阖，龂舌忠孝之言。两者交讥，岂知古今无无事功之仁义，亦无不本仁义之事功。出于公者，即谓之义；出于私者，即谓之利，故不必违才易务也。"（《国勋倪君墓志铭》，《南雷文定》四集卷三）概而言之就是："事功原于学道，学道达之事功""事功本于仁义，仁

---

① （清）黄宗羲：《姜定菴先生小传》，《黄宗羲全集》第十册，浙江古籍出版社2005年版，第623—624页。

义达之事功"，即将知识学习、人格修养与人生实践统一起来。

这一时期的学者普遍倡导实文、实学、实体，实用、实行，讲求"事功"，反对不切实用的理论空谈或清净自守的为己修身之学，正如颜元所说的"宁为一端，一节之实，无为全体大用之虚"（《存学编》卷一），其根本宗旨就在于"经世致用"，即从原来"高谈心性天命"一变而为明体适用的实用学问。为此，他们展开了多种实践路径。

如黄宗羲为了扭转王学末流束书不观、师心自用、空虚不实之弊端，乃倡导以"经世应务"为目的的"力行"哲学。那么如何力行呢？全祖望在《梨洲先生神道碑文》中曾概言黄宗羲学术思想，其曰："公（黄宗羲）谓明人讲学，袭语录之糟粕，不以六经为根柢，束书而从事于游谈，故受业者必先穷经。经术所以经世，方不为迂儒之学，故兼令读书、史。"① 这里的"经术"指向经学。依文意，学者治学乃先穷经兼及书、史而后将其道用于治世，从而将悟道与事功统一起来。故其又有言曰："学必原本于经术，而后不为蹈虚。""必证明于史籍，而后适以应务。"（全祖望：《鲒埼亭集外编》卷十六，《甬上证人书院》）之所以如此力行就在于六经载道，史籍纪事。道不离事，事中寓道。六经之道，皆寓于史籍。

再如顾炎武，其认为为学的目的就是明道、救世。为此，他首先提出"经学即理学"（全祖望《鲒埼亭集·亭林先生神道表》引），"鄙俗学而求《六经》"，以重新树立"六经"的权威，并称"凡文不关于六经之旨，当世之务者，一切不为"（《亭林文集》卷四"与人书"第三、二十五），认为只有这样，才是"学有本原"，即把握经学原貌，求得经义正解，以此经纶世用。

另如陆世仪倡言："今所当学者不止六艺，如天文、地理、河渠、兵法之类，皆切实用。"（《陆世仪传》，《清史稿》卷四八）清代学者颜元可谓此一主张的典型代表。颜元认为为学之要在于开物成务，

---

① 朱铸禹：《全祖望集汇校集注》上卷，上海古籍出版社2000年版，第219—220页。

绝非为己静修或求纸上浮文。他认为："孔、孟以前，理数醇，尚其实，凡天地所生以主此气机者，率皆实文、实行、实体、实用，卒为天地造实绩，而民以安，物以阜。"（《习斋记余》卷三）至于汉晋以后，"滥觞于章句，不知章句所以传圣贤之道，而非圣贤之道也；妄希于清谈，不知清谈所以阐圣贤之学，而非圣贤之学也。虚浮日盛，而尧、舜三事、六府之道，周公、孔子、六德、六行、六艺之学，所以实位天地、实育万物者，渺不见于乾坤中矣。迨于佛、老昌炽，或取天地万物而尽空之，一归于寂灭；或取天地万物而尽无之，一归于升脱，莫谓日月、星辰、山川、草木、鸟兽、虫鱼举为道外，并一身之耳、目、口、鼻、四肢、百骸皆视为累碍赘余矣，哀哉！"又云："故仆妄论宋儒，谓是集汉晋释、道之大成者则可，谓是尧、舜、周、孔之正派则不可。"（《习斋记余》卷三）颜元以为"学者士之事也，学为明德亲民也。《周官》取士以六德：知、仁、圣、义、忠、和；六行：孝、友、睦、姻、任、恤；六艺：礼、乐、射、御、书、数；孔门教人以礼乐兵农，心意身世一致加功，是为正学。不当徒讲，讲亦学。习道艺有疑，乃讲之，不专讲书。盖读书乃致知中一事，专为之则浮学，静坐则禅学"（《习斋四存编·存学编》）。他还指出了不务实学的弊端，认为"我辈多病，皆不务实学所致。古人之学，用身体气力，今日只用心与耳口，耗神脆体，伤在我之元气。滋六气之浸乘，焉得不病"[①]？他又言："后世行与学离，学与政离……至于扶危定倾，大经大法，则拱手张目授其柄于武人俗士。当明季世，朝庙无一可倚之士，坐大司马堂批点《左传》，敌兵临城，赋诗进讲……日夜喘息著书，曰此传世业也。率至天下鱼烂河决，生民涂炭。"（《习斋年谱》卷上）颜元认为："习行礼、乐、射、御之学，健人筋骨，和人血气，调人情性，长人神智。一时习行，受一时之福，一日习行，受一日之福，一人习之，锡福一人，一家习之，锡福一家，一

---

① （清）颜元：《颜元集》，中华书局1987年版，第732页。

国、天下皆然。小之却一身之疾，大之措民物之安。"① 在颜元毕生的教育活动中，他一直主张以周公的六德、六行、六艺和孔子的四教来教育学生，每日里他带领学生从事礼、乐、射等六艺之学，评研兵、农、水、火等实用之术。

此外便是在时代背景下所产生的中西文化互动。早期有徐光启、李之藻等人在"欲求超胜，必须会通；会通之前，先必翻译"的认知理念下对西学进行翻译引介，力图以此补充中学之不足。王锡阐、薛凤祚、黄宗羲、黄百家、方以智、方中通、梅文鼎、李光地等学者亦对西学持开放态度，并为此撰写了大量的相关著作。如黄宗羲撰写了《西洋历法假如》《新推交食法》《开方命算》《割圆八线解》《授时历法假如》《回回历法假如》《大统历法辨》《测圆要义》等著作，方以智著有《通雅》《物理小识》，并认为"远西学人，详于质测而拙于通几""泰西质测颇精，通几未举"（《通雅》卷首序）。魏源则在《海国图志·序》中提出了"师夷之长技以制夷"。后来的"洋务派"儒家则力主"中体西用"，以传统儒学为立身处世之本，以兴办"洋务"为富国强兵之用。其著名代表人物是曾国藩、左宗棠、李鸿章、张之洞、郑观应等。如曾国藩大力倡导传统"礼学"，认为"自内焉者言之，舍礼无所谓道德；自外焉者言之，舍礼无所谓政事"（《笔记·礼》，《曾文正公全集》第三册），但又主张引进西学以自强。张之洞则在《劝学篇》一书中明确提出"新旧兼用""旧学为体，新学为用"（《劝学篇·设学》）的主张。他所谓的"旧学"主要指中国传统的儒学，所谓"新学"则指西方科学技术、政治、历史。郑观应则将西学分为天学、地学、人学三类："彼之所谓天学者，以天文为纲，而一切算法、历法、电学、光学诸艺，皆由天学以推至其极者也；所谓地学者，以地舆为纲，而一切测量、经纬、种植、车舟、兵阵诸艺，皆由地学以推至其极者也；所谓人学者，以方言文字为纲，而一切政教、刑法、食货、制造、商贾、工技诸艺，皆由人学

---

① （清）颜元：《颜元集》，中华书局 1987 年版，第 693 页。

以推至其极者也：并有益于国计民生，非奇技淫巧之谓也。"（见《盛世危言·西学》）郑观应认为，真正的儒者，应当精通天学、地学和人学。

概而言之，由"古之学者为己，今之学者为人"引出的儒家的"为己之学"与"为人之学"的关系讨论，最终体现为"义利之辨"，其基本意涵主要凸显为两端：一是在人己之分的前提下反对急功近利的"为人之学"，倡导修德立仁的"为己之学"，以使学者本心澄明而不执于功名利禄之中，所谓"孔颜之乐"即是乐在此处，而颜元则言："必用而后学，否则不学，是为利也。学以为利入手，如无基之房，垒砌纵及丈余，一倒莫救。"（《颜习斋先生言行录》）；二是在内圣外王的理念下，义利一体，道德原则实存于经世致用的实践之中，从而求得"为己之学"与"为人之学"的一贯，正所谓"正其谊以谋其利，明其道而计其功"。

第四章 《论语》广义之二：情感与德性

徐复观先生曾经这样评论《论语》中的孔子思想特点，他说："孔子把他对人类的要求，不诉之于'概念性'的'空言'，而诉之于历史实践的事迹，在人类历史实践事实中去启发人类的理性及人类所应遵循的最根源的'义法'，这便一方面决定了由他所继承的'史'的传统，不让中国文化的发展，走上以思辨为主的西方传统哲学的道路。一方面，把立基于人类历史实践所取得的经验教训，和他由个人的实践发现出生命的道德主体，两相结合，这便使来自历史实践中的知识，不停留在浅薄无根的经验主义之上；另一方面又使发自道德主体的智慧，不会成为某种'一超绝待'的精神的光景，或顺着逻辑推演而来的与具体人生社会越离越远的思辨哲学。他所成就的，乃是与自己的生命同在，与万人万世的生活同在的中庸之道。"① 徐先生的这番话值得我们在阅读《论语》这部经典、玩味孔子之思想时好好作一番反省。究其实，这里面提出了两个相关的问题，即实存与实理，《论语》中孔子的思想则体现了此二者的统一，并将其落实在人的具体情理实践上。

---

① 徐复观：《原史》，《两汉思想史》卷三，华东师范大学出版社 2001 年版，第157 页。

一　质直与人情

（一）质直之义

关于生命的实存与实理问题，我们可通过《论语》中"质""直"等概念的内涵来体会。

如前所述，在《论语》中，"质"往往与"文"相对而言。如孔子言："质胜文则野，文胜质则史。文质彬彬，然后君子。"（《论语·雍也》）这里的"质"即指自然品性，"文"则指文化教养，"文质彬彬"就是讲人格养成需要注意真实质朴的自然品性与后天文化教养相统一。再如《论语·颜渊》载："棘子成曰：君子质而已矣，何以文为？子贡曰：惜乎！夫子之说君子也，驷不及舌。文犹质也，质犹文也。虎豹之鞟，犹犬羊之鞟。"这里的"质"指一种自然、真实的存在；"文"则指礼乐文饰。"质"与"文"相应，是"文"的基础。在《论语》中，孔子对文、质二者关系的认识体现为两面，即：一面他主张文质彬彬、文质并重；另一面从本原上讲先质而后文，文以显质。董仲舒的《春秋繁露·玉杯篇》有云："质文两备，然后其礼成；文质偏行，不有我尔之名。俱不能备而偏行之，宁有质而无文。"此可谓是对孔子文质观的总结。孔子对文质关系的认识反映了孔子对当时社会发展中出现的文化异化现象的深度反思和对人之自然本质实现的理想诉求。

"直"与"质"有着内在的直接关联，可谓是"质"的一种现实表达。《论语》中多处讲到"直"，并以"直"与"枉""曲"对称，从正反两方面来揭示它的内涵。从正面讲，"直"义在于直身而行，率真而为，无所掩饰。如《论语·泰伯》云："狂而不直，侗而不愿，悾悾而不信，吾不知之矣。"再如《论语·阳货》言："好直不好学，其蔽也绞；好勇不好学，其蔽也乱；好刚不好学，其蔽也狂。"这里的"直"意即直率，其中内含质诚、真实之意；从反面讲，"直"与巧饰、诈欺相对。如《论语·阳货》言："古之愚也直，今之愚也诈而已矣。"邢昺疏云："'古之愚也直'者，谓心直而无邪曲。'今之愚也诈而已矣'者，谓多行欺诈自利也。"① 而《论语·公冶长》中，孔子曾言："孰谓微生高直？或乞醯焉，乞诸其邻而与之。"这里，孔子之所以质疑微生高直，就在于其行为上彰显出来的枉曲有诈欺之嫌。汉代许慎的《说文解字》及清代段玉裁的《说文解字注》对于这种"直"义作了系统的梳理，其言曰："直，正见也。(《左传》曰：正直为正。正曲为直。其引申之义也。见之审必能矫其枉。故曰正曲为直。) 从十目し。(谓以十目视し。し者无所逃也)"②。直属于し部，而"し，匿也 (匿者，亡也)。…… (……象逃亡者自藏之状也)"③。总结其意，可以看到，直义与隐匿义相反，指率真、无所文饰。所谓"直行"则是一种彰显存在之"质"的直率行为，所谓"心地坦白，言行无所顾忌"。孔子对于这种"直"义是持一定肯定态度的，故《论语·泰伯》云："狂而不直，侗而不愿，悾悾而不信，吾不知之矣。"事实上，孔子对于"狂"者有一定的肯定，这个肯定就在于狂者直率进取，若仅是张狂、无赖而无直行进取则便一无可取了，故《论语·阳货》中，子贡言君子"恶徼以为知者，恶不孙以为勇者，恶讦以为直者。"此外，"直"还有另一种更深的含义，即"正见"、正直之意，即依循一定具有普遍性原则来展开行为，它同时包含了"正"与"直"的含义，是"质"的根本实现。故《论语·为政》有云："举直错诸枉，则民服；举枉错诸直，则民不服。"《论语·卫灵公》则云："直哉史鱼！邦有道，如矢；邦无道，如矢。君子哉蘧伯玉！邦有道，则仕；邦无道，则可卷而怀之。"

质直所指即生命的实存与实理，它的呈现乃奠基于人对自身存在本质的逻辑与思想内涵的两方面认识。首先，从逻辑上讲，它强调一切存在只能是其所是，而不能是其所非是。这体现了两方面内容的统

① (魏) 何晏注，(宋) 邢昺疏：《论语注疏》，北京大学出版社 1999 年版，第240 页。

② (清) 段玉裁：《说文解字注》，上海古籍出版社 1981 年版，第 634 页。

③ 同上。

一。一方面是指存在之为存在，即存在的真实性，用儒家的话讲，就是诚、真实无妄；另一方面内容则是指对此真实存在的价值肯定，即以之为善，并使其真正地存在起来，正所谓"诚之"与"思诚"者，此为生存之道，它明确表达了一种对存在之应然之境的追求。《易·系辞上》有云："天地设位，而易行乎其中矣。成性存存，道义之门。"孔颖达疏："此明易道既在天地之中，能成其万物之性，使物生不失其性，存其万物之存，使物得其存成也。性谓禀其始也，存谓保其终也。"① 此可谓得其意旨。所谓存在的"是其所是"就体现为以上两方面内容的统一。它的实现成为包括人道准则在内诸种生存原则得以表达的基础与动因。其次，从思想内涵上讲，关于存在本质的认识包含着对生存背景、生存要素、生存构成方式以及生存境遇、生存矛盾及其生存意义的深入理解。就人而言，它最终显现为在人的自然的个体实存（主体性）基础上来彰显人文的超越的整体性（或曰共通性）诉求，并具体体现为人以德性统摄知性的生存智慧。这一形成过程恰恰印证了这样一句话："生存惟有通过理性才会明晰，而理性惟有通过生存才赋予内容。"② 由此，存在的自明性乃发展成为存在的明证性，进而成就了"旁通厥德"之人格境界。与此同时，这种生存智慧又以它的历史性存在来统摄着当下的存在，为生存的连续性发展和即时自省提供了根据。《论语》通过质直所表达的关于人的实存与实理的思考可谓是"由生活世界承运的，并内在地超越于生活世界的。它把经验的、感性的生活作为哲学活动的直接出发点，要求超越对人生存的实存性理解，自觉地把人的生存看成是一种既超越于一般存在物，又与周围世界关联着的意义性存在……既强调个体生命存在的意义，同时这种理解本身就内含着对人生存的整体性的和历史性的理解"③。

---

① （唐）孔颖达：《周易正义》，北京大学出版社 1999 年版，第 274 页。
② Jaspers, K., *Reason and Existenz*, Noonday Press, 1955, p. 67.
③ 邹诗鹏：《人学及其生存论结构》，《社会科学辑刊》2002 年第 2 期。

（二）"父子相隐"之道

《论语》所言质直之义乃源于原始儒家对具体人情的现实理解与情理实践。如冯友兰先生以为儒家的"直"就是根据自己的真情实感做事说话，而陈壁生先生亦认为儒家的"直"指的是一种发诸情感未经礼乐文饰之真诚、直率。对此我们有必要结合《论语·子路》中的"父子相隐"一节来作深入的解读。《论语·子路》载：

> 叶公语孔子曰："吾党有直躬者：其父攘羊，而子证之。"孔子曰："吾党之直者异于是：父为子隐，子为父隐——直在其中矣。"

"直躬"者，一说为人名，如《淮南子·氾论训》云："直躬其父攘羊而子证之。"高诱注曰："直躬，楚叶县人也。"；一说为"直"义，意为直道而行，如孔颖达疏云："'躬'，身也，言吾乡党中有直身而行者。"结合原文，可见叶公与孔子所言之"直"内涵迥异。叶公言"直"在于讲述治下之民能够遵行法则而不顾亲情（所谓大义灭亲），体现了法则至上的原则；而孔子言"直"则是重在"父子相隐"，凸显人之自然质直之情（亲情），体现了自然直情至上的原则。两者由此出现了观念与实践上的冲突。

叶公所言直躬者其行为体现在"其父攘羊，而子证之"上。对此，孔颖达疏云："言因羊来入己家，父即取之，而子言于失羊之主，证父之盗。"说白了就是为父者将误入己家的他人之羊占为己有，结果被自己的儿子向失主告发，并作证其父盗羊。叶公以此为"直躬"，即坚守法则，不徇私情。这个"叶公"姓沈，名诸梁，字子高，是楚国的一位贤者，当时在楚国的叶这个地方当县令（或令尹），地位很高。在当时，依礼楚君称王，县长称公，表示尊敬，故"叶公"是对沈诸梁的尊称。叶公作为当时的一位知名干吏，在其执政过程中不可避免地会遇到情与法相冲突的二难问题，甚至会由此引出公平、正义之类的思考，二者偏废皆会影响社会文明有序的发展。

作为地方执政者，叶公的立场是肯定"直躬"之行，即坚守法则，不徇私情。

那么孔子对此的态度是什么呢？孔子所言"直"者当父子间出现犯法情况时，其行为体现为"父为子隐，子为父隐"，所谓"直在其中矣"。这里所谓的"隐"，许慎在《说文解字》中释为"蔽"，即"隐藏"，而汉代郑玄则以"隐"为"不称扬"之意，由此"父子相隐"就具有了"父子相互不称扬彼此的过失"的含义。那么父子何以会要相隐呢？显然出于人之亲情。原始儒学对此可谓体悟良深。

如前所述，原始儒家具有一贯的重情特质。一方面，它重人情之真，这个真情所表达的也就是事物作为存在的那个"是"，它具有事实存在义。从事实上言，所谓"实情"就是存在当下现实所显现出来的未经矫饰的样子，体现了存在的真实性，用儒家的话讲，就是诚、真实无妄所表达的事实义。郭店简《性自命出》有云："苟以其情，虽过不恶，不以其情，虽难不贵。苟有其情，虽未之为，斯人信之矣。"又云："凡人伪为可恶也""凡人情为可悦也"。《语丛一》则云："人，无能伪也。"《礼记·表记》则有"情欲信。辞欲巧"一说。此皆是在言人情之真的必要性，这是儒学情感特质确立之前提。另一方面，原始儒家还在真情基础上重人情之理，强调得乎好恶之正，亦即所谓义的原则。它具有存在本质的实现义，是在前者事实义基础上关于"实情"的本质诠释。从本质实现上讲，"实情"强调一切事物只能是其所是，而不能是其所非是。存在的"真实"最终要落实到存在的本质实现上。《孟子·告子上》有云："《诗》曰：'天生蒸民，有物有则。民之秉彝，好是懿德。'孔子曰：'为此诗者，其知道乎！故有物必有则，民之秉彝也，故好是懿德。'"朱熹的《孟子集注》释云："有物必有法……是民所秉执之常性也"，又言："天下无无性之物。盖有此物，则有此性，无此物，则无此性。"本质实现意义上的"实情"即是此物则、常性的证成，亦即情理的展现。对存在自身而言，本质实现意义上的"实情"在价值判断上即是肯定意义上的善，《礼记·中庸》上讲的"诚者，天之道也"即暗含了这一寓意。故而本质实现意义上的"实情"即是存在完成自身的指向与归宿。当然，在实现此天道之"诚"的方式上，人与其他自然物有所不同。其他自然物天然地实现其物则、常性，从而显现其自然实情。人虽然也追求实现其天赋的常性、情理，但他却是在不断反思的文化解蔽过程中来完成这一本质实现的使命的，故有"诚之者，人之道也"（《礼记·中庸》）一说。如孔子论人情，多基于好恶而言之，得好恶之正是为情理，此情理乃人之常性，亦为人之存在本质所在。在孔子那里，所谓好恶之正者乃在于人的道德情感的自明，故与宰我论"三年之丧"时，乃执"心安"之义，此"心安"即是人道德之情的活动。对于这种得乎好恶之正的道德情感活动的内涵，原始儒家还做了进一步的揭示，如《礼记·中庸》中有"子曰：仁者人也，亲亲为大；义者宜也，尊贤为大"一段。亲亲与尊尊皆属于人之道德之情，通显于人之生活的内外不同方面，由此而引出仁、义之意。《礼记·丧服四制》云："门内之治，恩掩义；门外之治，义断恩。"《礼记·檀弓》有云："事亲有隐而无犯，左右就养无方，服勤至死，致丧三年。事君有犯而无隐，左右就养有方，服勤至死，方丧三年。事师无犯无隐，左右就养无方，服勤至死，新丧三年。"郑玄释云："隐，谓不称扬其过失也。无犯，不犯颜而谏……事亲以恩为制，事君以义为制，事师以恩义之间为制。"而《庄子·天下》则有言邹鲁之士："以仁为恩，以义为理。"甚至郭店简《六德》还指出在内外冲突的时候，在价值抉择上应重内轻外，因为血缘亲情具有不可选择性，而外义尊尊是可以选择的。不过到了孟子那里，这个问题又获得了进一步的解读，《孟子·尽心上》有言："亲亲而仁民，仁民而爱物。"在此，孟子明确地指出了原始儒家所言道德情感的发显次第，即原始儒家以为人的道德情感乃是自"爱亲"始，经仁民而爱物的一个由内而外的差序之爱，用孟子的话说就是"君子之于物也，爱之而弗仁；于民也，仁之而弗亲。亲亲而仁民，仁民而爱物"（《孟子·尽心上》）。

原始儒家如此诠释人的道德情感和忠恕与絜矩之道这两个原则相

关。如上所述，原始儒家在人的自然情实差异基础上讲"亲亲""尊尊""仁民""爱物"。然而如何由亲亲自觉扩展到尊尊呢？换句话说原始儒家实现由己到亲，由亲到人，由人到物之爱的自觉推演原则是什么呢？对此，孔子有言曰："吾道一以贯之。"这个一贯之道又是什么呢？《论语·里仁》中曾子的解释是："夫子之道，忠恕而已矣。"对于"忠恕"，孔子的解释是："夫仁者，己欲立而立人，己欲达而达人，能近取譬，可谓仁之方也已。"（《论语·雍也》），又说："其恕乎！己所不欲，勿施于人。"由此可见，忠恕之道讲的就是己与人的关系，而这种关系又是在"己欲立而立人""己所不欲，勿施于人"等情理基础上展开的。具体而言，何谓"忠"呢？朱熹讲："尽己之谓忠。"（《论语集注卷二·里仁》）即"忠"是指人情真实无妄、自然流露。以上所谓"己欲立""己欲达""己所不欲"等都是讲人内在的自然情实表现，它的充分表现即内不自欺、外不欺人，也就是人的直德。这是人实现自身的内在环节。何谓"恕"呢？朱熹说："推己之谓恕。"（《论语集注卷二·里仁》）就是推己之心以待人接物，也就是所谓"己欲立而立人，己欲达而达人""己所不欲，勿施于人"。尽己以立身，推己乃成德，忠恕即为立身成德之事。从立身成德之完成上讲，尽己之忠是推己之恕的前提基础，而推己之恕则是尽己之忠的外在展开实现。故忠恕实为立身成德的一体两面。儒家内外合一、成己成人、亲亲仁民而爱物的道德内涵即在此中得以一贯。换言之，人自身都有"所欲"和"不欲"，得乎"忠恕"就在于理解人皆有"所欲"与"不欲"而求得彼此一贯的通情，此种思考模式就是"能近取譬"，推己及人。儒家"忠恕"原则近年来被人们视为普遍性的世界伦理原则，甚至人们由此引申出一个积极的表述："己之所欲，施之于人。"譬如瑞士神学家孔汉思起草并提交1993年芝加哥世界宗教会议的《世界伦理宣言》上讲："经历数千年，在人类许多宗教与伦理传统之中都可以找到下列原理，并不断维持下去，即'己所不欲勿施于人。'或者用积极的方式来表达：'己之所欲，施之于人'。这应该是通于生活的所有领域的不可取消的，无条件的规范。"这里固然可见孔子的忠恕之道所具有的普遍性和现代性。但也隐含了对其错误的开放性解读。对此，我们可以参照李景林先生的说法，李先生认为我们在了解这一原则时，要注意认识其整体内涵，不可郢书燕说，不能随意解说。具体而言，就是不可对忠恕之道作积极意义的引申。这既不符合孔子的思想，也具有现实危害性。因为忠恕之道既是一种沟通性原则，也是一种限制性原则。它的沟通性是建立在限制性基础上的。沟通性与限制性是忠恕之道的一体两面。对忠恕之道的积极表述就是忽视了它的限制性的一面。李先生认为，孔子的忠恕之道是为仁之方，它的最终目标是仁的实现，仁的实现在于忠恕之行，它牵涉内与外、人与己、物与我的差异与沟通关系。后来的子思、孟子把孔子的忠恕原则作了拓展，一是把人我关系的伦理意义拓展到物我关系的宇宙论意义；二是从诚的成己成人成物的角度表述忠恕的意义，孟子就讲反身而诚与强恕而行，这里的诚就是忠。忠恕行仁就是要从切己之意愿出发，由推己及人之路达到内外、人己、物我的一体。从这个角度讲，忠恕就是一个沟通原则。以往一个理解误区就是把"万物皆备于我""合外内之道"理解为唯心主义，这是一种认识论意义上的评价，以为这是以主观吞并客观、取消差别的合一。其实这里讲的是关乎人的实现的忠恕问题，不是一个认知问题，讲人的实现问题就不能取消差别问题，必须是在肯定差异的基础上才能有沟通。中国哲学的所谓合一乃是在肯定差异的前提下的合一。儒家的忠恕其沟通方式乃是以情应物，孔子讲仁者爱人，孟子说"亲亲而仁民，仁民而爱物"。这个爱也是有自然差等的。它包含着为我和兼爱两段，既要排除私己之爱的偏执，也要维护差等之爱的分位之异。所谓德性就是在此间达成的。为什么儒家要讲明这个道理，而不能自然随顺呢？这是因为人心有知，有知就有分别心，于是对于等差之爱就有偏执产生，于是就不能实现相互存在的沟通，这个分别偏执的心灵状态，就是一种"蔽"，由此而生"伪"，孟子讲"不思则蔽于物"。可见忠恕作为行仁之方，不仅是一种方法，也是实现物我平等的一种功夫，这种平等乃是指价值平等，它的前提则是个体差异性实现。那种以己之所欲强加于人，实际上则是以自己的价值高于他人的价值、物的价值，以自己的价值来改造人物，这是抹杀了人我、物我存在的差异性。今日所谓的人类中心论就是如此，抑或西方中心论皆是如此。忠恕是讲推己及人，全在一个己字，就是要求忠、诚，推就是将心比心，换位思考，这个推的过程就是一个寻求沟通的过程，其背后的内涵就是不断消解对自己的偏执，从而保证人我、物我搁在自身的限度内有所成就的过程，这个过程也就是一个文化解蔽的过程，人借助这个过程处事应物，则无往而不通。所以儒家讲忠恕，强调对自己的限制和要求，而不是对人的要求，沟通则是在这个过程中实现的。为此，李先生还结合絜矩之道作进一步的解读。所谓"絜矩之道"可见于《礼记·大学》。《礼记·大学》云："所谓平天下在治其国者，上老老而民兴孝，上长长而民兴弟，上恤孤而民不倍，是以君子有絜矩之道也。"郑玄注："絜，犹结也，挈也；矩，法也。君子有挈法之道，谓当执而行之，动作不失之。"朱熹集注："絜，度也。矩，所以为方也……君子必当因其所同，推以度物，使彼我之间，各得分愿，则上下四方，均齐方正，而天下平矣。"李先生认为，絜矩之道可以看作忠恕在为政上的体现。由此出发，儒家强调人在现世伦理关系上的分位限制，孔子所谓"不在其位不谋其政"，曾子所谓"君子思不出其位"。《礼记·中庸》讲："君子素其位而行，不愿乎其外。"儒家以为人的德性成就不能是脱离具体限制性的一种抽象。儒家所谓的至善也是要在知止的分位操守中实现，所谓："为人君止于仁，为人臣止于敬，为人子止于孝，为人父止于慈。"西方哲学从概念分析的角度出发，往往要求给善出一个抽象的定义，但是儒家不同，儒家讲这个问题要求结合个体所处身的具体社会角色和分位上做到最好，就是至善。它包含了差异性和限制性原则。[①] 李先生以上的深入思想诠释，值得我们广泛反思与借鉴。

---

① 参见李景林《忠恕之道不可作积极表述论》，《清华大学学报》（哲学社会科学版）2003 年第 3 期。

由上可见，原始儒家言情乃是立足于实情与情理两个层面言之，而对于情理的解读则包含着普遍意义的具有沟通性的通情意识与特殊意义的具有限制性的别情意识（分位意识）。孔子对于"直"的诠释亦与此相应，即实情与直率、心地坦白之义相应，而情理与正直之义相应。在"亲亲互隐"一例中，孔子所表达的"直"义即充分包含了以上实情与情理的内涵。孔子讲"父为子隐，子为父隐"，既是讲人之实情所在，又是人之情理的普遍性与特殊性表达。仁者之爱可谓是普遍意义的具有沟通性的通情意识，而亲亲互隐则是特殊意义的具有限制性的别情意识。当然，这个"隐"仅仅是亲亲之间"不称扬其过失"而已，只限于小事，不是无限度乃至宽容到杀人越货。故孔颖达说："亲有寻常之过，故无犯；若有大恶，亦当犯颜。故《孝经》曰：'父有争子，则身不陷于不义。'"孙希旦说："几谏谓之隐，直谏谓之犯。父子主恩，犯则恐其责善而伤于恩，故有几谏而无犯颜。君臣主义，隐则恐其阿谀而伤于义，故必勿欺也而犯之。师者道之所存，有教则率，有疑则问，无所谓隐，亦无所谓犯也。"因此儒家讲亲情，重亲情，但并不与公义相违。对此，以梁涛及顾家宁为代表的一部分学者，他们一方面继承和发扬了冯友兰和李泽厚的"直"为"情感"的观点，另一方面则认为《论语》中的"直"有"情之真诚、率直"与"理之公正、正直"的含义，"直"的实现乃是一个"由情及理的实践过程，其最高层次则在于'直道'"，而"直道"则是一"情理融合之理想状态"。① 可以说，孔子所谓的"直在其中矣"，本身既是真情流露，又是人之分位情理的具体表达，它自然包含着明辨是非、公义，绝非徇私枉法、无视正义。在此认识基础上，那种脱离具体的真情实感而执守抽象道义原则的"直躬者"要么难逃"沽名买直"之嫌，要么便是为所谓现代普世主义教化所扭曲以致成为一无视人之自然生命之情的抽象存在。这恰是当下值得深刻反思的地方，我们所要着力建构的所谓的现代性当不能以此为基础，更

---

① 参见王兴国《再论"亲亲互隐"》，《学术月刊》2014年第8期。

不应以此为目标。

（三）有关“亲亲互隐”之议

原始儒家“亲亲互隐”以言“直”的思想在 21 世纪初曾引发一场影响深远的学术议论。《哲学研究》2002 年第 2 期曾刊出刘清平教授《美德还是腐败——析〈孟子〉中有关舜的两个案例》一文。文章认为“孔子和孟子自觉确立的主张血缘亲情至高无上的儒家根本精神，正是这种‘情大于理’‘情大于法’观念的始作俑者”，并由此指认“亲亲互隐”为滋生腐败的“温床”。在以后的几年时间里，先后有多位学者参与其中的讨论。这些讨论大体呈现为赞成与反对两个方向：

赞成者大都认为儒家的“亲亲互隐”可以导出“亲情唯一”或“亲情至上”，“维护一家的亲情的同时，必然无视、损害另一家的亲情，如果家家都是不依不饶地维护自家的亲情，则将导致天下大乱、无法无天”①，认为“亲亲互隐”根本不能算是道德，而恰是社会公德、正义与法制的对立面，是滋生腐败与贪污的根源之一。其理论根据各异，以下简列三条。

1. 继承以往对中国传统文化的批判路径，以中国传统文化为家天下的血亲宗法专制文化，只强调义务，而缺乏个体自由、平等、权利、社会公德意识。在此基础上反对“爱有差等”的伦理特殊主义，以之为不能不履行的义务，肯定“爱无差等”的伦理普遍主义，以之为先进的现代文化精神。

2. 认为基督教的“博爱”才具有道德普遍性，拥有至上的价值地位，认为“每个人首先是与唯一的神发生关系，才与他人发生关系，而且人与神的关系是人与人的关系的前提；人是在与神的关系中获得绝对尊严、绝对权利与绝对责任，因而尊严（绝对的目的性存

---

① 参见邓晓芒《对儒家“亲亲互隐”的判决性实验》，《南风窗》2010 年 11 月 4 日，第 96 页。

在）法则、权利法则、责任法则是人与人的关系的基本法则"①，"谁对亲人的爱超过对耶稣的爱，那么也就意味着他心里没有绝对原则，没有普遍的爱，他也就不配当耶稣的门徒"②。

3. 认为"亲亲互隐"建基于家国同构的古代社会结构，"亲隐"原则以孝道为内核，对于维护血亲宗法制下的人伦秩序具有重要作用，并成为实现国家长治久安的社会伦理方略。但是作为上层建筑的社会意识形态要服务于经济基础，这就决定了现代社会价值取向要"实现由家族本位到社会本位的转变，社会正义成为最高的价值追求，一切不利于社会正义的价值观都不能成为主导性价值观。在情与法发生冲突时，做出法不容情的理性选择是社会正义的根本要求。'亲亲互隐'显然与以社会正义为根本价值导向、以公正为基本理念的现代中国法律制度是不相容的，也与社会公共利益至上的集体主义价值原则相悖"③。

质疑、否定者以为，儒家的"父子互隐"首先反映了人的普通的心理事实，是人自然、正常的情绪；其次，它并非指向一种特殊的专爱，其所谓"互隐"存在一定的限度，即隐于小过而不违大义；再次，"亲亲互隐"所代表的"差等之爱"在体现对人权的尊重与维护的同时，经忠恕与絜矩之道的推拓而具有普遍性，故其仁爱虽然于具体情境下有差等之别，然又有其"人同此心，心同此理"的普遍义；最后，"亲亲互隐"及其引出的"差等之爱"固然源出于血缘宗法制社会，然在长期的历史演进中它已经转化为一种民族意识，具有相对独立的民族文化特性，亦是民族内在自我认同的一个要素。民族文化发展中的现代性问题并不应以牺牲民族文化精神、屈从西方文化精神的化约方式来实现。至于其理论根据，亦简列数条如下。

---

① 参见黄裕生《普遍伦理学的出发点：自由个体还是关系角色》，《中国哲学史》2003 年第 3 期。

② 同上。

③ 参见刘喜珍《"亲亲互隐"与代际公正》，《北方工业大学学报》2007 年第 2 期。

1. "亲亲互隐"首先体现了一种建基于血缘关系上的最切己自然的孝亲之情。孔子以"亲亲互隐"为"直在其中矣",即是对其自然真情、不矫揉造作的肯认。对于"亲亲互隐",皇侃在《论语义疏》中有云:"父子天性,率由自然至情,宜应相隐,若隐惜则自不为非,故云'直在其中矣';若不知相隐,则人伦之义尽矣。"

2. "亲亲互隐"是儒家仁德践行中的一个基始环节,而非全部意涵,故而不能因为儒家孔子肯定"亲亲互隐",即认定儒家讲究"亲情至上"、没有普遍的仁爱之体。儒家的仁体奠基于天道生生之德,《易传·系辞上》言:"继之者善也,成之者性也。"此善性于人而言即是人之本心、良知。由此出发,孟子讲"万物皆备于我",张载言"民吾同胞,物吾与也",大程子云"视民如伤""仁者浑然与物同体",乃至宋儒以为观鸡雏、观庭草皆可体仁。故而儒家有其普遍性的仁体。但是儒家的仁体实践并非是一种基于独立个体上的普遍意义的平等对待,而是一种"差等之爱"。故而《礼记·檀弓》有云:"事亲有隐而无犯,左右就养无方,服勤至死,致丧三年。事君有犯而无隐,左右就养有方,服勤至死,方丧三年。事师无犯无隐,左右就养无方,服勤至死,心丧三年。"此外,大、小戴《礼记》与郭店楚简都有"门内之治恩掩义,门外之治义断恩"的说法。对此,郭齐勇先生曾经结合贺麟先生的观点进行了阐述,他说:"贺麟在讨论'差等之爱'时,指出这是普通的心理事实,是很自然的正常的情绪。贺先生指出,儒家让我们爱他人,要爱得近人情。又说,'爱有差等'的意义,'不在正面的提倡,而在反面的消极的反对的排斥那非差等之爱',如兼爱、专爱、躐等之爱(包括以德报怨,超越等级、不按次序的)等。这三种爱,不近人情,且有漫无节制、流于狂诞的危险。注意,此为不合理、狂诞的行径,一些宗教人士多有之(信仰及之,而行为未及)。儒家差等之爱不是如此,它不单有心理的基础,而且有恕道或絜矩之道作根据。儒家也不是不普爱众人,不过他注重一个'推'字,要推己及人。贺先生又说,儒家的普爱'是集义集德所达到的一种精神境界,大概先平实地从差等之爱着手,推广扩充，有了老安少怀，己饥己溺，泯除小己恩怨的胸襟，就是普爱或至少距普爱的理想不远了。此处所谓普爱，比墨子所讲的兼爱深刻多了。……此处所讲的普爱，与孟子的学说，并不冲突，乃是善推其差等之爱的结果'。"① 郭先生的解释可谓精当。与此同时，我们在理解儒家"差等之爱"时，还要注意一个问题，那就是儒家的"差等之爱"原则还需要结合具体情境来变现，而不能抽象化来认识。此外，还需要补充说明一点的是，不同的文化传统，其文化心理也是存在差异的。正如西方从一神教信仰的立场出发讲普遍伦理一样，"差等之爱"亦是中国传统文化立足自己的文化心理而对普遍之仁的特有诠释。二者基点不同，评价标准自然也不同，故只能寻求同情性理解，不能强求为一。这一点也是需要特别关注的。牟宗三先生认为，"仁"作为普遍的道理必须是可以表现的。但是人的表现跟上帝的表现不一样，因为上帝没有时间性、空间性，而人表现"仁"这个普遍的道理有时间性。上帝可以爱无差等，人怎么可以爱无差等呢？②牟先生的这番话如果结合中西文化背景来看，寓意颇深，值得反复玩味。

3. "亲亲互隐"反映的是在中国传统文化体系下，在一定的特殊情境中，当私情与公义发生冲突时，对血亲一方维护血缘亲情的肯定。一般而言，仁爱公德的合理性必建基于私德基础上。离开私德讲公德，公德只能成为一种抽象原则。但是对于私德，不同文化系统的诠释是不一样的。就中国传统文化而言，对血缘亲情的维护无疑是个人私德一个重要的方面。所谓社会公德必始于真实的血缘亲情伦理，故而《论语·学而》说："孝悌也者，其为仁之本与？"《朱子语类》卷九十五则云："世有以公为心而惨刻不恤者。"此可谓假借正义之名的非正义。清代程瑶田《论学小记》更明言"博大公之名"的

---

① 参见郭齐勇《关于"亲亲互隐""爱有差等"的争鸣》，《江苏社会科学》2005 年第 3 期。
② 参见刘述先《全球伦理与宗教对话》，台北立绪文化事业有限公司 2001 年版，第 60—61 页；牟宗三《宋明儒学的问题与发展》，华东师范大学出版社 2004 年版，第 109 页。

"一公无私"之论"其弊必极于父攘子证"。

其实，"子告父""妻告夫"此类废私情而循政法以求公义的情况，在不同历史时期皆曾发生过，且多发生在尚法、集权时期。如历史上的秦朝以法为政，《秦律》就规定："夫有罪，妻先告，不收。一夫有罪，妻媵臣妾，衣器当收不当？不当收"。这话的意思就是丈夫有罪，如果妻子先告发的话，则妻子就不会被没收为官婢。妻子陪嫁的奴婢、衣物也不会被没收。可见，秦制中是有鼓励亲人之间互相告发的内容的。那么这种"告亲"的行为是否即意味着体现了社会公平、正义，是一种值得提倡的正直的大公无私的做法呢？皇侃《论语义疏》中曾引范宁语曰："夫所谓直者，以不失其道也。若父子不相隐讳，则伤教破义，长不孝之风，焉以为直哉？故相隐乃可为直耳。今王法则许期亲以上得相为隐不问其罪，盖合先王之典章。"可见，古人以为"直"道乃是以人之自然血亲直情为奠基的。违反此道的直则是值得反思、警惕的。《论语·阳货》篇中，孔子有言："恶讦以为直者。"何谓"讦"呢？何晏《论语集解》、皇侃《论语义疏》、朱熹《论语集注》、邢昺《论语注疏》、刘宝楠《论语正义》皆取"攻发人之阴私"之意。关于"讦"与"直"的差异，古人亦有所论，如三国时魏国人刘邵在《人物志》中有言："夫纯讦性违，不能公正；依讦似直，以讦讦善……故曰：直者亦讦，讦者亦讦，其讦则同，其所以为讦则异。……直而能温者，德也。直而好讦者，偏也。讦而不直者，依也。"西汉桓宽的《盐铁论·讼贤》则云："狡而以为知，讦而以为直，不逊以为勇，其遭难，故亦宜也。"总之，在古人看来，以"讦"为"直"是不足取的。事实上，历史上的一些人常常会处于亲亲与公义相对的两难境地，因此寻求其合理的抉择变得甚是微妙。如《史记·循吏列传》载："石奢者，楚昭王相也。坚直廉正，无所阿避。行县，道有杀人者，相追之，乃其父也。纵其父而还自系焉。使人言之王曰：'杀人者，臣之父也。夫以父立政，不孝也；废法纵罪，非忠也，臣罪当死。'王曰：'追而不及，不当伏罪，子其治事矣。'石奢曰：'不私其父，非孝子也；不奉主法，非忠臣也。王赦其罪，上惠也；伏诛而死，臣职也。'遂不受令，自刎而死。"《吕氏春秋·当务》则载："楚有直躬者，其父窃羊而谒之上，上执而将诛之。直躬者请代之，将诛矣，告吏曰：'父窃羊而谒之，不亦信乎？父诛而代之，不亦孝乎？信且孝而诛之，国将有不诛者乎？'荆王闻之，乃不诛也。孔子闻之曰：'异哉直躬之为信也，一父而载取名焉。'故直躬之信，不若无信。"以上二者的抉择即是具体的例证。

近现代以来，此类矛盾现象亦不断出现，而其现实抉择的方式则颇为堪忧。其原因就在于普遍意义的社会公义原则经常无限度地超越亲亲之情而不分情境地随时成为至上价值标准。由此出发，告亲乃至告师的行为得到积极的肯定，告发者成为道德典范、正义化身、法制先锋，此一现象值得反思。梁启超在20世纪初曾认为："我国民所最缺者，公德其一端也。"1903年他去美国考察回来之后，论调骤变："是故欲铸国民，必以培养个人之私德为第一义。"① 就是说，所谓公德是不能抽象地凌驾于私德之上而标的其存在合理性的。留白先生以为"鼓励一个儿子告发他父亲的危害，远比容忍一个儿子的'沉默'更其巨大。前者不过是浮在表面的'标'，后者才是维系人性稳定的'本'。'皮之不存，毛将焉附'"②？

4."亲亲互隐"固然体现了儒家"差等之爱"的仁体实践特征，但是也有其内在的自我约限，这集中体现在"亲亲互隐"之"隐"的内涵限定上。首先，"亲亲互隐"之"隐"乃是指不主动称扬，属于消极的不作为、不显扬，而不是积极主动的窝藏、隐匿。③ 因此，这个意义上的"隐"乃是人之自然血亲之情的当下真实展露，亦是对人之真实情感的一种肯认，绝非是表明儒家孔子赞成作伪证、消灭违法证据以及主动窝藏犯人。其次，"亲亲互隐"之所"隐"者是有

① 参见梁启超《论私德》，《新民说》，中国文史出版社2017年版，第161—162页。
② 参见留白《"亲亲互隐"的迷局》，《社会科学论坛》2008年第9期。
③ 参见林桂榛《何谓"隐"与"直"——〈论语〉"父子相为隐"章考》，《孔子研究》2009年第3期。

约制的，乃指亲之小过。在大是大非的问题上，"亲亲互隐"则是不适用的。①《汉书·宣帝纪》载："其父母匿子，夫匿妻，大父母匿孙，罪殊死，皆上请廷尉以闻。"这是说父母帮助子女、丈夫帮助妻子、祖父母帮助孙子隐瞒罪行，一般情况下可不负刑事责任，死刑案件则上请廷尉，由其决定是否追究隐瞒者的责任。这里需要请示廷尉的死刑案件即为特例，即是指谋反、大逆之类的罪行。唐代孔颖达在《礼记正义》中云："亲有寻常之过，故无犯；若有大恶，亦当犯颜。故《孝经》曰：'父有争子，则身不陷于不义。'"《唐律》"卷第六，名例""同居相为隐"条规定："诸同居，若大功以上亲及外祖父母、外孙，若孙之妇、夫之兄弟及兄弟妻，有罪相为隐；部曲、奴婢为主隐：皆勿论，即漏露其事及擿语消息亦不坐。其小功以下相隐，减凡人三等。若犯谋叛以上者，不用此律。"最后，儒家"亲亲互隐"亦有其不隐的一面。《左传·昭公十四年》载：执法者叔鱼因受贿而入狱。其兄叔向认为叔鱼"贪以败官"，据《夏书》所载皋陶之刑，其罪当杀。孔子对叔向的评价是"叔向，古之遗直也。治国制刑，不隐于亲"。由此可见，孔子一面讲"亲亲互隐"，一面又主张"治国制刑，不隐于亲"，其中的关键就在于当事者立场的区别。"亲亲互隐"当是属于门内之治恩掩义的原则，而"不隐"则是门外之治义斩恩的体现。总之，儒家"亲亲互隐"有其内在的约限，它固然不会主张抽象的普遍意义上的社会公义原则至上，同样也非无限度的讲"亲亲至上"，其要在于中道合义。

5. "亲亲互隐"作为儒家仁体的一种实践原则，原初就具有反抗统治者暴刑、滥用公权力以及维护个人正当情感权益的意义。随着统治者维护政权长治久安的政治需要，它在中西法律和法律史上皆有着明确的体现。这在一定程度上也说明了"亲亲互隐"的事实义与存在的合法性。可以说，对"亲亲互隐"问题的合理诠释与恰当安顿

---

① 参见郭齐勇《关于"亲亲互隐"、"爱有差等"的争鸣》，《江苏社会科学》2005 年第 3 期。

是法律自身是否完善的一个重要标志。中国历史上，早在春秋时期就已经有了"亲亲互隐"的观念，如《国语·周语中》有云："君臣皆狱，父子将狱，是无上下也。"秦律中也已隐含了类似容隐的内容。如《睡虎地秦墓竹简·法律答问》中云："子告父母，臣妾告主，非公室告，勿听。……而行告，告者罪。告【者】罪已行，它人有（又）袭其告之，亦不当听。"① 汉宣帝时则首次将儒家"亲亲互隐"的思想纳入法律，并集中体现在"亲亲得相首匿"的法律原则上。其所包含的对象指直系三代血亲之间和夫妻之间。对于他们除犯谋反、大逆以外的罪行，有罪应相互包庇隐瞒，不得向官府告发。对于亲属之间容隐犯罪的行为，依律也不追究。黄静嘉先生曾言："自两汉春秋以还，我国传统律典之'儒家化'，至唐律可谓定型，并逐步'详备化'。"② 《唐律》的制法精神就在于"一本于礼"，即将礼乐教化之责纳入法律之中。关于"亲亲互隐"，《名例律》首先确立了"同居相为隐"的总原则。而后围绕这一总原则，从十个方面作了详备的规定，如《唐律》"卷第二十三，斗讼""告祖父母父母"条的规定云："诸告祖父母父母者，绞。谓非缘坐之罪及谋叛以上而故告者。下条准此。"明清律在容隐制度规定上大体继承了唐律，甚至部分规定更为优惠。"近代法制变革仍保留了容隐制，自《大清新刑律》到南京国民政府《中华民国刑法》及民刑诉讼法，均有一些规定（但革去了尊卑差别或不平等的重要规定）……至今大多仍在台湾地区沿用。其八十年代以来历次刑法修正案及刑诉法修正仍保留此类条文。"③

在西方思想史上，同样存在着重视与突出家庭伦理的思想倾向。例如，在《回忆苏格拉底》的第二卷第二章中，色诺芬详细记述了苏格拉底教导他的儿子应尊重其母亲的情形。苏格拉底认为，不敬父

---

① 《睡虎地秦墓竹简》，文物出版社1990年版，第118页。
② 黄静嘉：《中国法制史论述丛稿》，清华大学出版社2006年版，第68页。
③ 参见范忠信《亲亲相为隐：中外法律的共同传统》，《比较法研究》1997年第2期。

母的人就是忘恩负义的人，也是不义之人，法律对他们会处以重罚，且不让其担任国家公职，因为不尊重父母的人不可能很虔敬地为国家献祭，也不会光荣而公正地尽他的其他责任。① 而柏拉图的《理想国》曾引智者色拉叙马霍斯的抱怨："不随和亲友行不法之事，还要受亲友的憎恨；至于不公正者，其情形则恰与此相反。"② 再如黑格尔在《精神现象学》等著作中把家庭伦理放在神的规律而不是人的规律的层面加以讨论，区分了家庭法与国家法，强调家庭法属神圣法。认为家庭伦理的神法应该高于国王的人法。而孟德斯鸠在《论法的精神》中提及妻子不该告发丈夫，儿子不该告发父亲。罗蒂在《作为较大忠诚的正义》中提出："期待家庭成员在自己被警察追捕的时候隐藏自己是非常自然的。"至于西方古今律法中有关亲亲容隐的具体规定更是比比皆是，对此，范忠信先生曾多次属文从不同角度进行了阐明，此不赘述。

总之，作为一个法制社会，体察与尊重人性是其法治的前提与基础，而不是相反。否则的话，无论如何标榜其正义、公理，都是对民意、良心的变相强暴与扭曲。20 世纪 60 年代，美国最高法院大法官霍尔姆斯在投票赞成米兰达无罪时就曾留下这样的名言："罪犯逃脱法网与官府的非法行为相比，罪孽要小得多。官府以公正、公平的名义图谋私利，有时不惜逼迫对方家毁人亡，这个时候无论是罪犯还是法官，唯有良心这个天平可以扪心自问了。"

总的来看，除却基本观点立场上的差异外，以上讨论还提示如下一些问题值得反思。

1. 当代视域下的经典诠释问题。表面上看，这个问题已经被当代学者们讨论的太多了，实在乏善可陈。因为结合中国思想史的发展来看，通常说来，经典诠释无非是考据训诂与义理阐发二途，由此形成的学术风格通称"汉学"与"宋学"。前者侧重历史再现，寻求文

---

① 参见［古希腊］色诺芬《回忆苏格拉底》，商务印书馆 2001 年版，第 51—55 页。
② ［古希腊］柏拉图：《理想国》，商务印书馆 1986 年版，第 26 页。

本原义的解读；后者以"道器一体""体用相即"为诠释原则，依循"道通为一"的文化精神，结合个体视角与时代问题，对经典进行一贯义理的发挥，以把握道体的具体显现。在现实的诠释进程中，二者往往又交互并行。然而，在当代的经典诠释活动中，除了以上的理解外，另有一些诠释现象则有必要深入检讨：一是脱离经典文本本身，既非解诂，亦非体道，只是凭借简单的望文生义而随意解说，实难达意，徒增曲解。无论是出于无知还是刻意，恐怕都是不当的；二是无视经典文本的文化属性，以其他文化系统为基础，刻意对经典文本的核心观念进行穿越式的解读，肆意褒贬，实为南辕北辙、驴唇不对马嘴；三是抱着随风唱影，紧跟潮流的心态，依循当下政治意识形态的选择来对经典文本进行简单的、附和性的、极端性的、积极或消极的认定与诠释。以上种种文化诠释现象值得我们进一步反思，以便我们能够通过现时代的经典诠释以实现求实与体道、传道的统一，历史与现实的统一、民族性与世界性的统一。

2. 文化的价值评价问题。当代文化价值讨论经常涉及一个现代性问题，而围绕现代性的讨论则又习惯性地存在两个理解误区，即"去古存今"与"以西非中"。

"去古存今"关涉传统与现代的关系问题。这是现当代以来一直讨论不休的话题，与此密切相关的另一个问题，是民族性与现代性的关系问题，这两个问题可谓是关联一体的。因为传统文化往往具体体现为民族文化。当代社会发展亟待解决的一个文化问题就是如何梳理传统与现代、民族性与现代性的关系。以往的一种做法是首先将这一问题归为古今问题，而后依据价值对立的判断，基于发展的目的，或做出"去古存今"的选择，或坚持"原教旨主义"立场。2012年中国哲学史年会的时候，李祥海先生就指出传统与现代的关系并不能简单化约为时间上的古今关系。同样，时间上的古今关系也并不能化约为先进与落后的关系。李祥海先生指出，须改变从"时代性"的单一维度来裁断中国传统思想及其价值的思维定式。传统与现代的关系问题不可简单化约为古今关系问题。因为所谓现代是一个关于传统的现代，事实上并没有一个脱离传统的现代存在。黄玉顺先生则指出："现代化或者现代性，它一定是一个民族国家的问题。不可能离开民族性来谈现代性"，"现代性的事情也就是民族性的事情"，"民族性乃是现代性的一个涵项，一个基本的涵项，一个本质的涵项。离开了民族性，你就无法理解现代性"。由此我们就要肯定在当代发展中传统之于现代、民族性之于现代性的合理性意义，而不能继续秉持思想启蒙时期矫枉过正的极端态度与偏激认识。

"以西非中"关涉中、西两种不同文化传统的关系问题。对此，我们可以从四个角度来审查：首先，世界上每个国家、民族皆有其相应的文化传统。传统的民族文化代表的是民族内部彼此的认同，他要回答的是你是谁的问题。由此来说，否定传统民族文化即相当于在一定程度上取缔了民族性，而一个缺乏民族性的国家恐怕也就是一个没有灵魂的存在了。顾炎武在《日知录》中曾经说历史上存在两种情况：一是改朝换代，但是文化没有动；二是国家亡了，文化也被颠覆了。前者叫亡国，后者顾炎武把它称之为"亡天下"，今天这种担忧恐怕仍然是很突出的。因此从这个角度说，否定我们传统的民族文化是一个比亡国还要严重、深切的问题。其次，中国传统的民族文化既有自己成熟、完整的观念体系，也有着开物成务、易简通达的务实、开放精神，所谓"苟日新，日日新，又日新"，它绝非如某些沉溺于传统民族文化自戕者所描述的那样呈显为一封闭性的存在。在中国古代思想史上，明清之际是一个重要时期。在这个时期里，中国思想家们一面自觉反思以往的文化资源和价值理念，一面了解与融进新的思想，以求在承继一贯之道的基础上形成契合于时代的新的价值观，以救世图存。如明清之际的著名学者王锡阐、梅文鼎等人，在西学东渐的进程中，即秉持实事求是之精神，主张"去中西之见""兼采中西""务集众长以观其会通。毋拘名目而取其精粹"，以为"法有可采，何论东西；理所当明，何分新旧"，强调"理求其是，事求适用"。再次，文化发展是一个系统性、整体性的进程。在此过程中，文化主体性的确定是一个核心问题，而文化主体的确立必然依托自身的民族性、传统民族文化来进行。文化的现代性转化亦不能背离这一基本原则。因为一个背离民族文化的现代性转化只能是被转化，直至异化，丧失自我。这种简单的同约并不能代表文化的发展，反而正是中国古人所说的"同则不继"。最后，现代性转化并不等于就是西化，更不意味着"以西非中"的合理性。因为现代性问题是世界不同文化传统当下普遍面临的问题，其中蕴含着许多共同的关注点，但是如何诠释、评价乃至解决这些关注点，进而达成各自的现代性转化，不同的文化传统的选择只能是差异性的，正所谓"天下同归而殊途，一致而百虑"。所谓"现代性转化"绝不应成为当代西方文化霸权的代名词。

问题是，回顾一下历史，我们就会发现，近代以来，我们知识界的一些人一直在进行中国传统文化的自戕，总是觉得我们自己的文化不好，甚至说我们的民族精神、民族性有问题，自己否定自己，由此出发，历史上无数入侵者没有办到的亡国灭种的事，我们今天这些自谓先进、现代、后现代的人可能反而办到了，即自己消灭了自己。用彭林先生的话讲就是我们在办古代匈奴、清军、八国联军、日本武士道想办到而没有办到的事，即亡国亡族。为此，彭林先生描述了一种清华精神："清华大学最初是用庚子赔款创办的留美预备学校，从建筑到学制全部西化。但是当时的清华师生已经意识到，一个民族国家要自强除了物质科技的学习以外，还需要民族精神的自强，科技可以引进，民族精神也需要引进么？科技可以进口，民族精神也要进口么？如果是这样的话，恐怕只能是西方的附庸，民族独立与自强则无法谈起。因为即使是积极学习西方、拜服西方的日本和韩国，也没有主动放弃自己的民族文化。正是基于这样的思考，1925年清华大学废除了欧美教育体系，成立了自主的教育体系，设立大学部，创建国学院。曹云祥校长说：'现在中国所谓新教育大都抄袭欧美各国之教育，而欲谋自动，必须本中国文化精神，为此方能实现中国之自强。由此开始聘任了四大导师，王国维、梁启超、赵元任，陈寅恪。这个举措就是要为当日之中国找回国魂，魂没了，国灭族亡还会远么？这也是老清华人的精神。'"① 此言足以省人！

二　情理归德

"德"在甲骨文中表示直视所行路向，循行本性；在金文中则是遵行本心、正眼直视，顺行自然；在小篆中则是以"直心"为德；《说文》言："德，升也"；《左传·成公三年》："然则德我乎。"这里的"德"通"得"，意为"得到""获得"；《周礼·地官》注："德行，内外之称，在心为德，施之为行。"这里的"德"意为"品德"。《尚书·蔡仲之命》有云："皇天无亲，唯德是辅。民心无常，惟惠之怀。"这里的德与天、与天命归属相关。《道德经》第五十一章云："道生之，德畜之，物形之，势成之。是以万物莫不尊道而贵德。道之尊，德之贵，夫莫之命而常自然。"这里的"德"表达的是对道生之物的存养之功。《庄子·天地》云："通于天地者，德也；行于万物者，道也。"又言："形非道不生，生非德不明。存形穷生，立德明道，非至德者邪？"由此，"德"之定位与内涵乃日渐清晰，故又有言"德者，道之功也"（韩非语），"德者，道之用也"（陆德明语），"德者，道之见也"（苏辙语）。《论语·述而》云："志于道，据于德。"这里表达的道、德关系亦与上文连属，而"德"之所指则在于德性。这个德性首先是就内在心性层面的获得、拥有而言，其次是就其外在行为实践而言。故《说文》云："悳，外得于人，内得于己也。"朱熹《论语集注·为政》"为政以德"章注云："德之为言得也，行道而有得于心也。"都强调"德"之"内得于心"与"见之于行"的意义。概括地说，《论语》言"德"是就德性、品德而言。其内涵落实在"仁"上。在人情基础上，《论语》言"仁德"具

① 参见彭林《礼乐文明与中国文化精神》，中国人民大学出版社 2016 年版，第 320—321 页。

有多个层面，并形成了不同层级的德目，以下略为述之。

（一）忠信之德

忠信，是《论语》中奠基于人情之上的一个重要而基本的德性观念。《论语·述而》有云："子以四教：文，行，忠，信。"这里是讲孔子以传世的历代文献、生活实践、忠诚待人、交往守信等四项内容来教育学生。关于"忠""信"，邢昺疏云："中心无隐谓之忠，人言不欺谓之信。"可见，"忠""信"是关于人之内、外两方面的操守。前者强调心地坦诚、无隐，后者强调交往遵守然诺。二者贯通之处在于一个"诚"字，换言之，"忠""信"是诚中形外的德行体现。原始儒家很注重"忠""信"这一一贯内涵，并在以后赋予它以生存本质实现意义，如《礼记·中庸》云："诚者，天之道也；诚之者，人之道也。"这个意义上的"诚"意指存在的真实，而"诚"的实现即是存在自身是其所是的实有诸己。忠信必以此为实在内涵方才能够成为真正的德行。否则，即便它符合世俗伦理原则，也并不能称之为道德行为。

故简帛《五行篇》指出仁、义、礼、智、信五行"形于内谓之德之行，不形于内谓之行"，由此在"德之行"与"行"之间做出了一种深刻的区分。可见人的真正的德性成就，必源于内而发于外。《礼记·中庸》有言："天下之达道五，所以行之者三……知仁勇三者，天下之达德也，所以行之者一也。"程子说："知仁勇三者，天下之达德也，所以行之者一。一则诚也，止是诚实此三者，三者之外更别无诚。"可见，智仁勇三达德一是由诚奠基而显为诸德，故《大戴礼记·文王官人》有云："诚智必有难尽之色，诚仁必有可尊之色，诚勇必有难慑之色，诚忠必有可亲之色，诚絜必有难污之色，诚静必有可信之色。"① 也正是在这个意义上，孔子讲道："君子不重则不威，学则不固。主忠信，无友不如己者，过则勿惮改。"（《论语·

---

① 参见李景林《诚信的本真涵义是什么》，《光明日报》2012 年 1 月 31 日第 11 版。

学而》）又言："主忠信，徙义，崇德也"（《论语·颜渊》）、"言忠信，行笃敬，虽蛮貊之邦行矣；言不忠信，行不笃敬，虽州里行乎哉?"（《论语·卫灵公》）以上可见，孔子强调以忠信主乎人心，此乃成德立人之本。《易·乾·文言传》释九三爻辞云："子曰：君子进德修业。忠信，所以进德也；修辞立其诚，所以居业也。"这里同样表达了以忠信进德的含义。由此可见，儒家以"诚"来贯穿忠信之义，又以忠信为诸德确立之基，从而使儒家所言之德具有了深刻的本质实现义。

以忠信进德同时也是一存在自我创造、自我实现的经历。《礼记·中庸》有言："诚则形，形则著，著则明，明则动，动则变，变则化。唯天下至诚为能化。"《荀子·不苟》言："善之为道者，不诚则不独，不独则不形。"这里讲到的"形""著""明""动""变""化"皆是指向存在自我创造的变化历程，这种变化以个体性的承载形式展现着普遍性的义理内容，其开放的文化精神蕴含着深刻的人文教化。

然而，现实中人在理解"忠信"这一传统观念时往往忽视其道德本体义，反从功利实用的角度来发掘其现实效益，换言之，将"忠信"仅仅视为实现功利目标的手段、工具，侧重其功能利用。由此出发，"忠信"便不再是存在实现自身的德性成就，在此背景下，"忠信"缺失乃至异化的出现也就具有一定必然性了。

（二）仁爱之德

在《论语》中，秉之于天的德性，其核心内涵在于仁，而仁在现实生活领域中的展开主要体现为家庭、社会、政治等层面上的亲亲、尊尊与贤贤等道德原则与各种具体德目。

《论语》以亲亲、尊尊、贤贤等道德原则来诠释仁德既彰显了文明发展的历史连续性，又体现了原始儒家道德自我内在的系统架构。

《礼记·大传》有言："圣人南面而治天下，必自人道始矣。立权度量，考文章，改正朔，易服色，殊徽号，异器械，别衣服，此其所得与民变革者也。其不可得变革者则有矣：亲亲也，尊尊也，长长也，男女有别，此其不可得与民变革者也。"《礼记·丧服小记》则云："亲亲、尊尊、长长、男女有别，人道之大者也。"以上以"亲亲""尊尊""长长""男女有别"四者为"不可得与民变革"的"人道之大者"。关于其内涵，《礼记·大传》有云："上治祖祢，尊尊也；下治子孙，亲亲也；旁治昆弟，合族以食，序以昭穆，别之以礼义，人道竭矣。"可见，儒家论人道乃基于"亲亲""尊尊""长长""男女有别"四者，四者又合约以归"亲亲"之意，换言之，"亲亲"之中即含有"尊尊""长长""男女有别"之原则。而"尊尊""长长""男女有别"实以"亲亲"为主导。

细论这一"亲亲"之意，通常有两种认识：一种是指以自身为起点，上亲父、祖父、曾祖、高祖，下亲子、孙、曾孙、玄孙，概言之就是亲从高祖至玄孙合为九代的同姓亲属；另一种是指亲九族。《尚书·尧典》云："克明俊德，以亲九族。九族既睦，平章百姓。百姓昭明，协和万邦。"这里面的"九族"可指"父族四：五属之内为一族，父女昆弟适人者与其子为一族，己女昆弟适人者与其子为一族，己之女子子适人者与其子为一族；母族三：母之父姓为一族，母之母姓为一族，母女昆弟适人者与其子为一族；妻族二：妻之父姓为一族，妻之母姓为一族"①。总之，亲九族就是亲近这些由近及远的血缘群体。《礼记·丧服小记》曾云："亲亲以三为五，以五为九，上杀、下杀、旁杀而亲毕矣。"郑注云："以上亲父，下亲子，三也；以父亲祖，以子亲孙，五也；以祖亲高祖，以孙亲玄孙，九也。杀，谓亲益疏者服之则轻。"而孔颖达针对《礼记·大传》疏云："一曰亲亲者，父母为首，次以妻子伯叔。"以上引文虽是言丧服之制，然所含"亲亲"之意与上毕同。

"亲亲"直接彰显的是自然血亲关系。殷商时期，"亲亲"体现为

---

① 参见（清）皮锡瑞撰，盛冬铃、陈抗点校《今文尚书考证》，中华书局1989年版，第10页。

尊祖敬宗的血缘宗法关系。西周之际的"亲亲"则是着力体现在礼乐文教之中。《大戴礼记·礼三本》有云:"礼有三本:天地者,生之本也;先祖者,类之本也;君师者,治之本也。无天地焉生,无先祖焉出,无君师焉治。三者偏亡,无安之人。故礼,上事天,下事地,宗事先祖而宠君师,是礼之三本也。"由上可见,"亲亲"本身在古礼"君子反古复始,不忘其所由生也。是以致其敬,发其情,竭力从事以报其亲,不敢弗尽也"(《礼记·祭义》)的礼乐精神下,乃具有了追慕生命之本原的超越性意义。至于在《论语》中,"亲亲"则已经成为具有普遍性的天赋仁德的现实体现,故曾子有云:"慎终追远,民德归厚矣"(《论语·学而》)。《论语》尤重"亲亲"中之孝德,并视其为仁德之本,如《论语·学而》中,有子曰:"其为人也孝弟,而好犯上者,鲜矣;不好犯上,而好作乱者,未之有也。君子务本,本立而道生。孝弟也者,其为仁之本与!"这里便是以"亲亲"之孝悌为仁道之本,并且《论语》言孝首重心迹,故孔子云:"父在,观其志;父没,观其行;三年无改于父之道,可谓孝矣。"(《学而》)这里讲到的"观其志"与"观其行"都是需要落实到"心迹"上来领会。另如孔子言:"今之孝者,是谓能养。至于犬马,皆能有养;不敬,何以别乎?"(《为政》)此更是从心迹上讲执敬之意。

"尊尊",在家国一体的宗法制下,原归于"亲亲"一系。换言之,基于血缘关系的"亲亲"本身即含有"尊尊""敬长"之意。程瑶田《宗法小记》起始言道:"宗之道,兄道也。大夫、士之家以兄统弟而弟事兄之道也。"① 以兄统弟与以弟事兄皆是以血缘关系为基础,并在此基础上凸显二者间的尊卑关系。而另一层面的"尊尊"则是指尊父、祖。如《礼记·大传》云:"上治祖祢,尊尊也。下治子孙,亲亲也。"《礼记·丧服小记》则云:"尊祖故敬宗,敬宗所以尊祖、祢也。"三代时期,家国一体,宗统与君统相应,兄道、父道

---

① (清)程瑶田:《宗法小记·宗法表》,《程瑶田全集》卷一,黄山书社 2008 年版,第 137 页。

与君道相合，君即为大宗之兄或父，尊君即是尊兄与父，故化约于"亲亲"。后来随着社会的发展，家国一体的局面被终结，由此"尊尊"亦不再局限于家族伦理"亲亲"之内，而有了社会伦理与政治伦理的寓意。不过，古代社会是以家族制度为基础，故而其社会伦理与政治伦理关系亦是由对家族伦理的继承与超越而来，故《周易·序卦》有云："有父子然后有君臣，有君臣然后有上下，有上下然后礼义有所错。"《礼记·昏义》则云："父子有亲，而后君臣有正。"又曰："天子修男教，父道也。后修女顺，母道也。故曰：'天子之与后，犹父之与母也。'故为天王服斩衰，服父之义也；为后服资（齐）衰，服母之义也。"《礼记·丧服四制》总结说："门内之治恩掩义，门外之治义断恩。资于事父以事君而敬同。贵贵尊尊，义之大者也。故为君亦斩衰三年，以义制者也……资于事父以事母而爱同。天无二日，土无二王，国无二君，家无二尊，以一治之也。"这个意思亦可参照《孝经·士章》，其云："资于事父以事母而爱同，资于事父以事君而敬同。故母取其爱而君取其敬，兼之者父也。故以孝事君则忠，以敬事长则顺。"唐玄宗注："资，取也。言爱父与母同，敬父与君同。"这在古代丧礼之制上表现尤为明显。如果说家族伦理意义上的血缘亲亲是一自然的差序，那么社会伦理与政治伦理的"尊尊"则是此自然差序在社会、政治层面的延续体现。《论语》中的"尊尊"同样是其仁德的具体体现，并因此而具有了超越性的道德意义。如孔子言："今之孝者，是谓能养。至于犬马，皆能有养；不敬，何以别乎？"（《论语·为政》）这便是从敬父母上表达"亲亲"所蕴含的"尊尊"之意。另如"子谓子产：'有君子之道四焉：其行己也恭，其事上也敬，其养民也惠，其使民也义。'"（《论语·公冶长》）这里"其事上也敬"，即是指君子承事己上之人及君亲需谨敬。需要指出的是，基于仁德理念，《论语》中的"尊尊"之意不同于单向度的"尊卑"等级观念。正如以往许多学者所指出的那样，《论语》中述及"尊尊"之道乃是一种建基于仁德之上的双向规定。譬如对"亲亲"系统中的"尊尊"，《论语》就有自己的系统认识，如《论语·为政》中，有这样一段对话：

> 孟懿子问孝。子曰："无违。"樊迟御，子告之曰："孟孙问
> 孝于我，我对曰'无违'。"樊迟曰："何谓也?"子曰："生事之
> 以礼；死葬之以礼，祭之以礼。"

这里面提到的孝亲之"无违"，在于无违于礼而不是强调对父母之意志的绝对遵从。《论语·里仁》有云："事父母几谏。见志不从，又敬不违，劳而不怨。"可见，《论语》言及对于父母的尊尊并非是单向度的无原则的顺从，而是依礼合道行事，避免陷父母于不义。对此，《礼记》有着更为深入的阐释。《礼记·祭义》云："君子之所谓孝者，先意承志，谕父母于道。"《礼记·中庸》则云："夫孝者，善继人之志，善述人之事者也。"这里面由"继人之志""述人之事"传递出来的得行"人道"精神可谓是对《论语》"尊尊"之义的深刻点化。正如《孝经》所云："身体发肤，受之父母，不敢毁伤，孝之始也；立身行道，扬名于后世，以显父母，孝之终也。"同样，对于社会、政治层面上的"尊尊"，《论语》亦表达了自己的理解，如在《论语·八佾》中，定公问："君使臣，臣事君，如之何?"孔子对曰："君使臣以礼，臣事君以忠。"这里面讲到的"尊尊"仍是需要依礼而行，属于一种双向的人道准则，而且《论语》十分关注在上位者对职责规范的践行，许多行为操行要求皆是对君上而言。这一思路发展到后来，又进一步演化为"君之视臣如手足，则臣视君如腹心；君之视臣如犬马，则臣视君如国人；君之视臣如土芥，则臣视君如寇雠"（《孟子·离娄下》）。可见原始儒家的"尊尊"是一种双向的人道准则，绝非单向的绝对服从。故《礼记·礼运》有云："何谓人义？父慈，子孝；兄良，弟悌；夫义，妇听；长惠，幼顺；君仁，臣忠。"相较于后来绝对的尊卑意识，这一点是十分值得反思的。

贤贤是指尊崇具有德行教养以及才能的人。春秋以前，贤人的身世背景仍然是贵族，广泛的贤贤之说尚未兴起。到了春秋时期，社会

发生了天崩地解的变化，原来的贵族阶层逐渐下移，而传统世族地位则逐渐瓦解，在天下乱局中，各诸侯国为了自身的生存发展开始由原来的世袭世禄制转向举贤任官制，由此以往，一些出身微贱却又具有良好德行、教养以及才能的贤人被不断地发掘与举用，正所谓"择能而使之"（《左传·襄公三十一年》），至春秋末期、战国时期，贤人群体已形成了一种重要的社会发展力量，贤贤也成为一种重要的人道准则。原始儒家中的诸多代表人物皆可谓当时之贤人，如孔子本人当时家境地位已属微贱，然而他凭借自己努力所达成的德行修养与才能获得了时人的推许与尊崇，与此同时，他也为那些出身并不显贵却又有才能与德行的年轻人提供了一条晋升的途径，正所谓"学而优则仕"，如子路、子贡等人皆是如此。《论语》论贤，首重德行，如孔子曾言："见贤思齐焉，见不贤而内自省也"（《论语·里仁》），又言："贤哉回也！一箪食，一瓢饮，在陋巷。人不堪其忧，回也不改其乐。贤哉回也"（《论语·雍也》），子夏亦言"贤贤易色"（《论语·学而》），此皆是就德行而论之；其次论才能，如孔子言："先有司，赦小过，举贤才"（《论语·子路》）。总的来说，在《论语》中，贤者乃是以德包知的存在，故有"君子不器""游于艺"之说。《论语》中的贤者之德乃是以爱生为核心的儒家生生之仁的一种体现。在此前提下，贤贤亦是儒家仁道理念的一种现实践行方式。此外，《论语》中的贤贤亦与"义"观念密切相关。《礼记·中庸》有言："仁者人也，亲亲为大；义者宜也，尊贤为大。"亲亲与尊贤，作为仁、义二德的主要内容，它主要体现了中国古代族群在处理内部血缘关系与外部族群关系的不同方式，即以亲亲之仁处理族内的血缘关系，以尊贤之义处理外部族群关系。故《礼记·丧服四制》有云："门内之治，恩（仁）掩义；门外之治，义断恩（仁）。"而郭店楚墓竹简中的《六德》篇则言："仁，内也；义，外也；礼乐，共也。"不过，中国古代族群处理内部血缘关系与外部族群关系的原则虽然区分为仁、义内外二端，但其内容并非起始就是亲亲与尊贤。事实上，上古时期族群处理内部血缘关系与外部群体关系的方式是经历了一段变化的，尤其是体现在处理与外部族群的关系上。结合许慎《说文解字》以及段玉裁《说文解字注》，可知"义"的内涵与"宜""仪"相关。细究其源，尤与"宜"字密切。庞朴先生认为"宜"字本义是"杀割"，与"俎"字、"肴"字同根，见于甲骨及《周礼》等上古文献。以为仁于族内而不仁于族外，带有浓厚的保护与繁衍自我族群的自然色彩；义于族外而不义于族内，便是消灭异己扩张自我以图族群生存发展的武力要求。① 随着时代的发展，义作为处理外部族群关系的原则，其原始的武力杀戮方式逐渐淡化。相应地，其他处理族群间关系的方式则开始涌现，并体现在"宜"字内涵的发展上，因为"宜"字后来又发展出来"合适""应当""正当"等含义，这些含义表明古人在处理外部族群关系时已不再奉行单纯的武力征服方式，而寻求更合理的处理方式，那么这种更合理的方式的内涵又是什么呢？这就需要结合"仪"字来理解了。《说文》有言："义，己之威仪也。""己之威仪"所表达的乃是一种具有普遍性的典范、法度，而典范、法度所体现的则在于具有"应当""正当"的道，故又有"仗正道曰义""众所尊戴曰义""与众共之曰义"（《容斋随笔》）等一系列说法，其在价值上被视为善。而"义"在字源上讲从我羊，意即人为公正而战，这充分体现了"义"在发展历程中的丰富内涵。当然，"义"后来又在原有内涵基础上发展出来合宜、适当的含义，如《释名》云："义，宜也。裁制事物，使各宜也。"这是对义之"应当""正当"含义的深化，恰如《易·乾卦》所云："利物足以和义。"综上所述可见，"义者宜也，尊贤为大"作为中国古代族群以义之原则处理与外部族群关系的具体方式乃是由漫长历史演化而来。它内涵着儒家合道而行、因人而成的仁德意蕴。《论语》中的论贤、贤贤之道亦深刻体现了这一点，并集中体现在对君子之行的讨论上，如"君子之于天下也，无适也，无莫也，义之与比""君子喻于义，小人喻于利"（《论语·里仁》），"有君子之道四焉：其行己也

---

① 庞朴：《试析仁内义外之辨》，《文史哲》2006 年第 5 期。

恭，其事上也敬，其养民也惠，其使民也义"（《论语·公冶长》），"见利思义，见危授命，久要不忘平生之言，亦可以为成人矣"（《论语·宪问》），"君子义以为质，礼以行之，孙以出之，信以成之。君子哉！"（《论语·卫灵公》），"君子义以为上。君子有勇而无义为乱，小人有勇而无义为盗"（《论语·阳货》）。

牟宗三曾言："儒家于治道方面，我们概之三目以为体，此即亲亲、尊尊与尚贤。亲亲、尊尊是维系人群的普遍底子，而尚贤则是一生活跃之触角，前两者是伦常，后一者是人格。伦常是纲维网，而人格则是每一个体自己奋发向上完成其自身之德的事……由此三目为体，再转就是正德利用厚生之三目。"① 此言亦可深鉴发省于人。

（三）合礼立德

礼与仁德的确立密切相关，仁德之立必由合礼之行而显实。故《论语·为政》有言："道之以德，齐之以礼，有耻且格"，《论语·泰伯》则言："兴于诗，立于礼。成于乐。"《论语·卫灵公》又云："君子义以为质，礼以行之，孙以出之，信以成之。君子哉！"对此，《礼记·曲礼上》概言之："道德仁义，非礼不成"，可见行礼是立德的重要环节。

关于礼的创制，《商君书·画策》曾云："神农既没，以强胜弱，以众暴寡，故黄帝作为君臣上下之义，父子君臣之礼。"而《周易·系辞传》则云："黄帝尧舜垂衣裳而天下治，盖取诸乾坤。"此皆是从家庭、社会、政治伦理视角来论述古礼之创制缘由，从中我们可以看出古人制礼的目的在于寻求建构一种有助于家庭、社会和谐、稳定的秩序，故《论语·学而》云："礼之用，和为贵。先王之道斯为美，小大由之。有所不行，知和而和，不以礼节之，亦不可行也。"

关于礼的作用、地位，《左传》中存有大量的阐释，如《左传·隐公十一年》云："礼，经国家，定社稷，序民人，利后嗣者也。"

---

① 牟宗三：《政道与治道》，学生书局 1996 年版，第 25 页。

《左传·闵公元年》："周礼，所以本也。"《左传·僖公十一年》"礼，国之干也。"《左传·昭公二十六年》："礼之可以为国也久矣，与天地并。"

关于制礼的依据，古人亦作了深入的梳理。《礼记·礼运》云："是故夫礼，必本于大一，分而为天地，转而为阴阳，变而为四时，列而为鬼神。其降曰命，其官于天也。"又云："是故夫礼，必本于天，殽于地，列于鬼神，达于丧祭、射御、冠昏、朝聘。"《礼记·丧服四制》云："凡礼之大体，体天地，法四时，则阴阳，顺人情，故谓之礼"，《礼记·礼器》云："礼也者，合于天时，设于地财，顺于鬼神，合于人心，理万物者也。是故天时有生也，地理有宜也，人官有能也，物曲有利也。"由上可见，古礼所制循乎天地万物人情自然之理，以成己成人成物。然正如前述，天地万物自然循道而成其自身，人则不然。人有其情，然成人之道在于反身而诚，得乎情理，此诚之、思诚的察识功夫则为一依乎人情的文化觉知历程，非此则人极易任情妄为、错情利用，甚至天地万物因之而不得其正。故郭店竹简《性自命出》有云："礼作于情，或兴之也，当事因方而制之，其先后之序则宜道也。又序为之节，则文也。致容貌所以文，节也。君子美其情，贵［其义］，善其节，好其容，乐其道，悦其教，是以敬焉。"而《孔子家语·论礼》云："夫礼所以制中也……加于身而措于前，凡众之动，得其宜也。……礼者，即事之治也。君子有其事，必有其治……行中规，旋中矩……是故君子无物而不在于礼焉。"《春秋繁露·天道施》："夫礼，体情而防乱者也。民之情，不能制其欲，使之度礼。目视正色，耳听正声，口食正味，身行正道，非夺之情也，所以安其情也。"

由此可见，制礼的根据在于天道之诚、万物之情理，人行礼之要则在于顺情合理。从顺情的角度说，《礼记·礼运》云："故礼义也者，人之大端也，……所以达天道顺人情之大窦也。"在此，礼义是成人的关键，是天道、人情得以呈显自身的关节。不过其表达的人情绝非矫饰之情，而必是由内而外的自然动心之情，再如《礼记·祭统》云："凡治人之道，莫急于礼。礼有五经，莫重于祭。夫祭者，非物自外至者也，自中出生于心也，心怵而奉之以礼。是故，唯贤者能尽祭之义。"这里讲祭礼，所谓"自中出生于心也；心怵而奉之以礼"，这旨在说明行祭礼之要不在于外物的影响，而在于由中而出、发乎其心的真实情质，此是祭义所在。另《荀子·大略》亦云："礼以顺人心为本，故亡于礼经而顺于人心者，皆礼也。"以上所言内涵在《论语》中亦多有体现，如宰我曾对孔子言："三年之丧，期已久矣"，指出"旧谷既没，新谷既升，钻燧改火，期可已矣"。孔子则答以"于女安乎""女安，则为之"。在此，"安"作为一种情感体验成为思考行为合理性的发端。另如《论语·八佾》云："祭如在，祭神如神在。"《论语·子罕》云："子见齐衰者、冕衣裳者与瞽者，见之，虽少必作；过之，必趋。"《论语·子张》："丧致乎哀而止。"此皆是强调人情与丧祭之礼的因顺关系；从合理的角度讲，《论语·八佾》曾言"《关雎》乐而不淫，哀而不伤"，这是借论诗从"正乐之和"的角度讲哀乐之情的条理，以彰显"性情之正"。《论语·里仁》又言"唯仁者能好人，能恶人"，对此朱熹引游氏语曰："好善而恶恶，天下之同情。然人每失其正者，心有所系而不能自克也。唯仁者无私心，所以能好恶也。"① 这是依仁者之德讲好恶之情的条理。对此，《论语·里仁》又云："富与贵是人之所欲也，不以其道得之，不处也；贫与贱是人之所恶也，不以其道得之，不去也。君子去仁，恶乎成名？君子无终食之间违仁，造次必于是，颠沛必于是。"也正是在此基础上，《论语·颜渊》提出了"克己复礼"这样一个代表性的说法，具体说来就是：

> 颜渊问仁。子曰："克己复礼为仁。一日克己复礼，天下归仁焉。为仁由己，而由人乎哉？"颜渊曰："请问其目？"子曰："非礼勿视，非礼勿听，非礼勿言，非礼勿动。"颜渊曰："回虽不敏，请事斯语矣！"

---

① （宋）朱熹：《四书集注章句》，《四库全书荟要》第 72 册，世界书局 1988 年版，第 26 页。

　　"克己复礼"一语故非孔子发明。《左传·昭公十二年》记载说楚灵王闻祈招之诗而不能自克，以及于难。孔子闻楚灵王事，感叹曰："古也有志，克己复礼，仁也。信善哉！楚灵王若能如此，岂其辱于乾谿！"这表明"克己复礼"乃是一句成语。那么"克己复礼"是何意呢？古人为何以此来叹楚灵王呢？那就需要看看楚灵王做了什么了。楚灵王本为楚共王次子。其侄子楚郏敖被立为楚王。公元前541年，楚郏敖生病卧床，于是，芈熊虔（后来的楚灵王）借入宫探病之机，用束冠长缨将楚郏敖勒死，并于公元前540年自立为楚国国君，更名为虔，立都于上郢，即位之时，正是楚、晋平分霸权之时。公元前537年，楚灵王大会诸侯，鲁、卫、晋未至，楚灵王怒，于会盟中骄纵万方，侮辱使臣，妄杀下属。为了称霸，其四处征讨。楚灵王十一年冬，攻徐。当时正值降雪，兵士身着铁甲。手执兵器，暴露于风雪之中，寒冷难耐。灵王却穿"腹陶裘"，披"翠羽披"，顶皮帽，踏锦靴，于军帐前赏雪，此举令军士心寒。楚灵王不听大臣劝阻，常年在外征战，最终导致国内政权旁落，军队溃散，楚灵王自己最终则是自缢而死。由此可见，楚灵王是一个不听劝阻、缺乏自省、纵欲而行、无所节制的人，其自身结局悲惨，古人所谓"克己复礼"的警语即是对此而言。

　　回过头来看，《论语》中讲"克己复礼"又当何解呢？历代注疏对此可谓进行了反复辨析。

　　一者以"克己"为"仁以成己，惟敏乃成"，如惠士奇《礼说》云："克为敏德，以己承之。孔子曰克己，曾子曰己任，一也。己之欲非己，犹身之垢非身。为仁由己，是谓当仁。仁以成己，惟敏乃成。"① 关于"复礼"，孔安国以为："复，反也。身能反礼，则为仁矣。"② 由此出发，"克己复礼"即是努力修身成德以反于礼。

---

① （清）程树德：《论语集释》，中华书局1990年版，第817页。
② 同上书，第818页。

二者"训己为私"，此说"滥于王肃，浸于刘炫"①，后于宋明理学极盛。如程子直以己为私，曰"己私"，至朱熹《论语集注》云："克，胜也。己，谓身之私欲也。复，反也。盖心之全德莫非天理，而亦不能不坏于人欲。故为人者必有以胜私欲而复于礼，则事皆天理，而本心之德复全于我矣。"②朱子此处之解历来为人诟病。因为他将原文的"礼"与"己"的关系转换成了"天理"与"私欲"的对立关系。而《论语》中，仁、礼之论广在，言理之处则不见，并且"克己复礼"与"为仁由己"也不能通释，可见朱子此解不得经旨。不仅如此，朱子此处的诠释还导致经意大变，何以言之？首先，在《论语》中，"己"乃是一个由情性充盈的发显为好恶的实存；其次，《论语》凸显真"己"的存在。所谓真"己"，即存在当下现实所显现出来的未经矫饰的样子，它体现了存在的真实性，用《论语》中的话来讲，就是质、直之情，为此《论语》曾三批"巧言令色"；最后，《论语》强调本"己"的确立。故重视对情理的觉知与阐发，因为它揭示了人之存在的应当，是仁德的体现，更是人道所在，所以《论语·述而》云："富而可求也，虽执鞭之士，吾亦为之。如不可求，从吾所好。"又言："饭疏食饮水，曲肱而枕之，乐亦在其中矣。不义而富且贵，于我如浮云。"在此认识基础上，"克己复礼"之意就是要在真情基础上归本情理、得乎好恶之正，使行为符合礼范，防止任情妄为的邪行与直情径行的放行。然而，把"己"直接讲成"身之私欲"，则势必将"己"中所本有的自然合理的欲求也等同于私欲，一并剔除了，却是不可取的。因为它在一定程度上否定了人自身正当合理的生存诉求，乃至将其与道德情理对立起来，最终不可避免地造成以理杀人的局面。当然，不同历史时期的文化思考有着不同的主题。春秋以来，人文精神跃动，原有的依托宗教文化所建立的生存秩序逐次被打破，从而出现了礼崩乐坏、王道废弛的乱局，由此从

---

① （清）程树德：《论语集释》，中华书局1990年版，第817页。
② （宋）朱熹：《四书章句集注》，中华书局1983年版，第131页。

现实出发，先秦诸子各自为方，着力阐发治世立人之道。在此背景下，《论语》以礼显仁，不直言"理"字而通论人情，重在由人的实在感性生活出发来揭示人道，由此实现人格塑成，这体现了原始儒学重现实、重体验、重实践的思想特征。比较而言，宋明时期的统治者则为了政权稳定而大力表彰道德人格，故理学家以辟佛老、反功利、倡儒道为文化发展之时代要务，在兼收并蓄、推陈出新的基础上，理学家们一方面析名辨理、钩深索隐，另一方面发扬性理之学，以理论礼，明辨义利，以收拾士子人心。此一时代影响亦深刻体现在其对经典的解读之中。当然，在这个过程中，抽象化的理（天理）得到凸显，但是理的具体表现形式（礼）则被忽视掉了，由此不免蹈虚以致难于和佛老真正区分开来。对此问题，朱熹在其思想成熟时期有着深刻的反省，并集中体现在他对早年"克己复礼"诠释的纠正上。首先，《克斋记》《仁说》《中庸首章说》等朱子思想成熟期的作品确立了其"立仁"的精神主旨，但是离开礼，"立仁"便是一种虚说。为此，朱子修正了自己早年对"克己复礼"的诠释。

即以"克己"为反，为破除；以"复礼"为正，为建构。单纯的"克己"在于明"仁"、归"仁"，并不等于成仁，真正的成仁还需落实在复礼的践行之中。没有修身下学以合礼的功夫，那个"克己"而省得的"仁"是定不住的，儒家立人之事也终归于虚妄。朱子曾反省自己早年治学中"喜大而耻于小""好同而恶异"之病，其师李侗则借"理一分殊"之道来点化他，指出"分殊"比"理一"难，"理不患其不一，所难者，分殊耳"①，其意是要朱熹能够就分殊来体认天理。李侗的这一教诲对于深化朱子之学无疑是大有裨益的。不仅如此，事实上，宋明时期，无论是理学末流还是心学末流，皆有悬空"理""心"，侈言高妙，脱离实礼、实学的倾向，因此朱子之悟尤为发人深省。再进一步深言之，朱子之悟更衬托出今日儒学研究

---

① （宋）赵师夏：《跋延平答问》，转引自王懋竑《朱熹年谱》，中华书局 1998 年版，第 15 页。

之一弊，那就是在专业分类的前提下，今日儒学研究往往仅止于庙堂讲学、省思辨析，呈现为一专业技术性的知识存在，却忽略了知行合一原则下的礼乐践行，由此下学与上达分离，学问与世道人心、经世济民无关，则其人文化成之功亦终难显现。

三者以约身为"克己"。《论语稽求篇》云："马融以约身为克己，从来说如此。"①《左传·昭公十二年》中指出楚灵王不能自克，孔子引"克己复礼"以对。由此，"克己"，即是约束自己，这个"己"即是自己、自身，它与后文中"为仁由己"的"己"同义。如果将"克己"之"己"解释为"私欲"，则与下文"为仁由己"之"己"的含义不相连属。由此出发，"克己复礼"即是约束自身使其反合于礼。三者相较，此可为通释。由此反思，《论语》言"克己复礼"，乃提示礼的遵行在于人心基于仁道而自觉约身而非无意识的盲从。近代以来，对于"克己复礼"还存有另一种误解，那就是以为孔子"复礼"乃是欲复"周礼"。其中很重要的依据就是《论语》中曾经反复提到孔子对周公及周公所制之礼的推崇。如《论语·八佾》云："周监于二代，郁郁乎文哉！吾从周。"《论语·述而》云："甚矣吾衰也！久矣吾不复梦见周公。"《论语·泰伯》云："如有周公之才之美，使骄且吝，其余不足观也已。"《论语·卫灵公》云："行夏之时，乘殷之辂，服周之冕，乐则韶舞。放郑声，远佞人。郑声淫，佞人殆。"但是如果结合上下文来看，这一解读似乎并不妥当。因为孔子以"克己复礼"所应对的乃是"颜渊问仁"这一主题。而在《论语》中，"仁"所表征的乃是一种德性人格，有关"仁"的讨论关乎的是德性人格修养问题。礼作为人的行为规范，其对道德人格的塑成作用毋庸置疑，但礼又是在漫长历史发展中逐次形成的具有稳定性的行为规范，故当孔子言"克己复礼"，其所复之"礼"从修养人格上讲却未必定指周礼。孔子所以看重周公及周公所制之礼一个重要的原因则在于其"尚文"的特征，而这也正是礼的一个重要表现。

---

① （清）程树德：《论语集释》，中华书局1990年版，第817页。

在顺情合理的基础上，合礼立德还需存"义"。对此，孔子有言："君子义以为质，礼以行之"（《论语·卫灵公》）。孟子言："仁之实，事亲是也；义之实，从兄是也。……礼之实，节文斯二者是也。"（《孟子·离娄上》）又言："夫义，路也；礼，门也。惟君子能由是路，出入是门也。"（《孟子·万章下》）《荀子·大略》云："君子处仁以义，然后仁也；行义以礼，然后义也；制礼反本成末，然后礼也。三者皆通，然后道也。"由上可见，"义"与"合礼立德"关联密切。如前所述，"义"既有正当之意，又有合宜之意。正当之"义"属于"仁"的范畴，合宜之"义"则具有方法论和境界论的意涵。事实上，从历史的角度说，孔子对于古礼的礼义和礼仪皆依据其时代性的思考进行了批判性的继承与转化，即他以返本开新的方式将"反本报始"的古礼礼义转换为儒学的"仁道"观，又以此为核心，结合时代问题对古礼之礼仪即时损益，使其能够恰当地展现儒学"仁德"理念，以推动道德人格的塑成。这本身即是合宜之"义"的精神体现。如《论语·学而》云："慎终追远，民德归厚矣。"这体现了儒家对古代丧祭礼的继承；《论语·八佾》言："八佾舞于庭，是可忍也，孰不可忍也？""'相维辟公，天子穆穆'，奚取于三家之堂？"这两段话则体现了儒家对古礼别异之功的继承。但是，与此同时，《论语·八佾》也讲道："人而不仁，如礼何？人而不仁，如乐何？""礼，与其奢也，宁俭；丧，与其易也，宁戚。"在此，《论语》则表达了一种基于儒家"仁德"理念而对古礼进行的"义起"变革，以求实现礼的内容与形式在新时代的统一。同样，在现实"合礼立德"的道德实践中，孔子亦十分关注存"义"，以求"合外内之道，故时措之宜"。众所周知，《论语》中，孔门弟子曾多次向孔子问仁。孔子皆因材施教，应对不同，可见其在开示儒家仁德思想的时候，十分注重其具体表现，不使其停留于一种抽象的原则。由此出发，在以礼显仁的过程中，《论语》同样强调在秉持仁道精神的前提下，各人证道存有差异性，且个人具体行为方式也须因势利导、随时变宜。故《论语·里仁》有云："君子之于天下也，无适也，无莫也，义之与比。"《论语集释》引毛奇龄《论语稽求篇》曰："适、莫与比皆指用情言。适者，厚也、亲也；莫者，薄也、漠然也；比者，密也、和也。当情为和，过情为密。"① 这里就是讲君子待人之道在因人而异，合乎实情。《论语·公冶长》载："宁武子邦有道则知，邦无道则愚。其知可及也，其愚不可及也。"《论语·微子》载："微子去之，箕子为之奴，比干谏而死。孔子曰：'殷有三仁焉。'"《论语·泰伯》云："笃信好学，守死善道。危邦不入，乱邦不居。天下有道则见，无道则隐。邦有道，贫且贱焉，耻也；邦无道，富且贵焉，耻也。"以上所引皆在说明君子修德因势而行的存义精神。对此，《论语·微子》更是作了明白的列举："逸民：伯夷、叔齐、虞仲、夷逸、朱张、柳下惠、少连。子曰：'不降其志，不辱其身，伯夷、叔齐与！'谓：'柳下惠、少连，降志辱身矣。言中伦，行中虑，其斯而已矣。'谓：'虞仲、夷逸，隐居放言。身中清，废中权。''我则异于是，无可无不可。'"在此，孔子所言的"无可无不可"可谓是对以存义来合礼立德的精妙诠释。

以存义来践行合礼立德，其所要实现的乃是一个"和"的理想人格。《论语》中关于"和"存在两个相关的意蕴。

一者为《论语·学而》所载："礼之用，和为贵。先王之道斯为美，小大由之。有所不行，知和而和，不以礼节之，亦不可行也。"对此，邢昺疏云："和，谓乐也。乐主和同，故谓乐为和。夫礼胜则离，谓所居不和也。故礼贵用和，使不至于离也。……礼贵和美，礼节民心，乐和民声。乐至则无怨，礼至则不争。揖让而治天下者，礼乐之谓也。"②《礼记·乐记》亦云："乐者为同，礼者为异。同则相亲，异则相敬。乐胜则流，礼胜则离。合情饰貌者礼乐之事也。礼义立，则贵贱等矣；乐文同，则上下和矣。"又云："乐者，天地之和也；礼者，天地之序也。和故百物皆化；序故群物皆别。"《礼记·

---

① （清）程树德：《论语集释》第 1 册，中华书局 1990 年版，第 248 页。
② 同上书，第 46 页。

燕义》又云："和宁，礼之用也。"由以上引文可见，这里讲的"和"乃为"乐"之功。那么"乐"何以具有"和"之功呢？对此我们可以系统地参考一下《礼记·乐记》的说法。

《礼记·乐记》讲道："夫乐者，乐也，人情之所不能免也。乐必发于声音，形于动静，人之道也。"这段话主旨在于讲明"乐"之德。孔颖达疏云："乐之为体，是人情所欢乐也……喜乐动心，是人情之所不能自抑退也……人欢乐之事，发见于声音……内心欢乐，发见于外貌动静……内心欢乐，发见声音动静，是人道自然之常。"①由此可见，礼乐之"乐"基于心动情显，故有"乐也者，动于内者也"。心动情显源于"人心之感于物"，最终发显为声音形貌，所谓"其哀心感者，其声噍以杀。其乐心感者，其声啴以缓。其喜心感者，其声发以散。其怒心感者，其声粗以厉。其敬心感者，其声直以廉。其爱心感者，其声和以柔。六者，非性也，感于物而后动"，此为人道自然。但是《礼记·乐记》又云："人不耐无乐，乐不耐无形。形而不为道，不耐无乱。"这段话的意思是说，人秉自然之性而生，不能无喜乐之情。心有喜乐不能不形于外，形于外而不依道而行、纵情而行，则不能无淫乱之事，乃至丧国败家。

为何会如此呢？《礼记·乐记》作了如下的阐释："人生而静，天之性也；感于物而动，性之欲也。物至知知，然后好恶形焉。好恶无节于内，知诱于外，不能反躬，天理灭矣。夫物之感人无穷，而人之好恶无节，则是物至而人化物也。人化物也者，灭天理而穷人欲者也。于是有悖逆诈伪之心，有淫泆作乱之事。是故强者胁弱，众者暴寡，知者诈愚，勇者苦怯，疾病不养，老幼孤独不得其所，此大乱之道也。"又言："夫民有血气心知之性，而无哀乐喜怒之常，应感起物而动，然后心术形焉。是故志微噍杀之音作，而民思忧。啴谐慢易、繁文简节之音作，而民康乐。粗厉猛起、奋末广贲之音作，而民

---

① （汉）郑玄注，（唐）孔颖达疏：《礼记正义》，北京大学出版社1999年版，第1143页。

刚毅。廉直、劲正、庄诚之音作，而民肃敬。宽裕肉好、顺成和动之音作，而民慈爱。流辟邪散、狄成涤滥之音作，而民淫乱。"

有鉴于此，《礼记·乐记》言道："乐者乐也。君子乐得其道，小人乐得其欲。以道制欲，则乐而不乱；以欲忘道，则惑而不乐。是故凡奸声感人，而逆气应之；逆气成象，而淫乐兴焉。正声感人，而顺气应之；顺气成象，而和乐兴焉。倡和有应，回邪曲直，各归其分；而万物之理，各以其类相动也。是故君子反情以和其志，比类以成其行。奸声乱色，不留聪明；淫乐慝礼，不接心术。惰慢邪辟之气不设于身体，使耳目鼻口、心知百体皆由顺正以行其义。然后发以声音，而文以琴瑟，动以干戚，饰以羽旄，从以箫管。奋至德之光，动四气之和，以着万物之理。是故清明象天，广大象地，终始象四时，周还象风雨。五色成文而不乱，八风从律而不奸，百度得数而有常。小大相成，终始相生。倡和清浊，迭相为经。故乐行而伦清，耳目聪明，血气和平，移风易俗，天下皆宁。"《礼记·乐记》以为"君子反情以和其志，广乐以成其教，乐行而民乡方，可以观德矣。德者性之端也。乐者德之华也。金石丝竹，乐之器也。诗言其志也，歌咏其声也，舞动其容也。三者本于心，然后乐气从之。是故情深而文明，气盛而化神。和顺积中而英华发外，唯乐不可以为伪"，故"先王本之情性，稽之度数，制之礼义。合生气之和，道五常之行，使之阳而不散，阴而不密，刚气不怒，柔气不慑，四畅交于中而发作于外，皆安其位而不相夺也；然后立之学等，广其节奏，省其文采，以绳德厚。律小大之称，比终始之序，以象事行。使亲疏贵贱、长幼男女之理，皆形见于乐，故曰：'乐观其深矣'"。又言："先王耻其乱，故制雅、颂之声以道之，使其声足乐而不流，使其文足论而不息，使其曲直繁瘠、廉肉节奏足以感动人之善心而已矣。不使放心邪气得接焉，是先王立乐之方也。"

就此我们可以看出，古人"立乐之方"在于"足乐而不流"，防止"乐盈而不反则放"的情况发生，强调"乐得其道""以道制欲"，换言之就是"先王之制礼乐也，非以极口腹耳目之欲也，将以教民平好恶而反人道之正也"。在穷本知变的基础上，礼乐之"乐"所要确立的乃是"情之不可变者"的人道之正，其目的就是实现"乐以和其声"。所谓"乐以和其声"者，指"用正乐和其声"，具体来说就是异声相应而为乐，乐之所发在于心感于物而人情发声，作乐者详查人声，据其好恶所感以定谐和之调，勿使过喜、过悲、过怒、过哀，中道而和。由此出发则"乐在宗庙之中，君臣上下同听之则莫不和敬；在族长乡里之中，长幼同听之则莫不和顺；在闺门之内，父子兄弟同听之则莫不和亲"，以至"通伦理"、致政和、"合和父子君臣，附亲万民"，正所谓"乐至则无怨"，"大乐与天地同和"，和则百物不失其性，其要就在于"致乐以治心，则易直子谅之心油然生矣。易直子谅之心生则乐，乐则安，安则久，久则天，天则神"。（《礼记·乐记》）

值得注意的是，乐者致和还与"同"密切相关。《礼记·乐记》有云："乐者为同，……同则相亲，……乐文同，则上下和矣。"又言："乐也者，情之不可变者也……乐统同……礼乐之说，管乎人情矣。"所谓"乐者为同""乐统同"，是指以乐来"协好恶"，正所谓"论伦无患，乐之情也；欣喜欢爱，乐之官也"，以至"上下同听"，无所间别，同情而和悦相亲，从而实现上下和合。人情所怀，不过如此。由此来看，乐之和乃立足于"为同"之同情基础上，故有"乐主和同"之说。

乐主和同，其功在化民成德。故《礼记·乐记》云："乐也者，圣人之所乐也，而可以善民心。其感人深，其移风易俗，故先王著其教焉。"而君子之行乐在于立德成仁，故"独乐其志，不厌其道；备举其道，不私其欲。是故情见而义立，乐终而德尊。君子以好善，小人以听过"，正所谓"德成而上，艺成而下；行成而先，事成而后"，"知乐，则几于礼矣。礼乐皆得，谓之有德。德者得也"。

从广义上讲，"礼乐"之"乐"亦属于古礼的范畴。只不过，比较"礼"之别异为序以顺而言，则"乐"主和同，上下以亲。所谓"礼之用，和为贵"，在于讲明儒家行礼修德以乐和为贵的精神主旨。

二者为《论语·子路》所载："君子和而不同，小人同而不和。"与前文讲"乐主和同"不同，这句话中的"和"与"同"在意蕴上显然是一对相反的概念。那么如何理解它们呢？我们首先看《国语·郑语》的说法："今王弃高明昭显，而好谗慝暗昧；恶角犀丰盈，而近顽童穷固。去和而取同。夫和实生物，同则不继。以他平他谓之和，故能丰长而物归之；若以同裨同，尽乃弃矣。故先王以土与金木水火杂，以成百物。是以和五味以调口，更四支以卫体，和六律以聪耳，正七体以役心，平八索以成人，建九纪以立纯德，合十数以训百体。出千品，具万方，计亿事，材兆物，收经入，行姟极。故王者居九畡之田，收经入以食兆民，周训而能用之，和乐如一。夫如是，和之至也。于是乎先王聘后于异姓，求财于有方，择臣取谏工而讲以多物，务和同也。声一无听，物一无文，味一无果，物一不讲。王将弃是类也而与刬同。天夺之明，欲无弊，得乎？"其次看《左传·昭公二十年》的记载："公曰：'唯据与我和夫！'晏子对曰：'据亦同也，焉得为和？'公曰：'和与同异乎？'对曰：'异。和如羹焉。水火醯醢盐梅，以烹鱼肉，燀之以薪，宰夫和之，齐之以味，济其不及，以泄其过，君子食之，以平其心。君臣亦然。君所谓可，而有否焉，臣献其否，以成其可；君所谓否，而有可焉，臣献其可，以去其否，是以政平而不干民无争心。'故《诗》曰：'亦有和羹，既戒既平，鬷假无言，时靡有争。'先王之济五味，和五声也，以平其心，成其政也。声亦如味，一气，二体，三类，四物，五声，六律，七音，八风，九歌，以相成也；清浊大小，长短疾徐，哀乐刚柔，迟速高下，出入周疏，以相济也。君子听之，以平其心，心平德和，故《诗》曰：'德音不瑕。'今据不然，君所谓可，据亦曰可；君所谓否，据亦曰否。若以水济水，谁能食之，若琴瑟之专壹，谁能听之，同之不可也如是。"由以上两段材料，我们大体可以梳理出"和"与"同"的基本意蕴，即："和"指君子心平德和，故可使不同之物相济而成，所谓"以他平他"者；"同"指小人趋一，故使同一之物相加而费事，所谓"以同裨同"者。《论语》讲"君子和而不同，小人同而不和"，其大意基本不出于此。然细思之，又有深意所在。君子之和固有心平之意，然其心之平实立足于道义，绝非空无一物的虚在，其所谓"和"乃在以义统物，故为"不同之同"；小人之同在因利欲而比附，然出于利欲而争为私己，故为"同之不同"。因此，《论语》讲"君子和而不同，小人同而不和"乃是基于尚义与尚利之原则不同，来区分君子与小人之德行。其所谓"和"者，乃指基于道义而心平德和。

合而观之，《论语》中关于"同"的内涵固然因语境不同而有差异，但其言"和"皆是在尚义、"乐得其道"的基础上以义统情、以义统物，由此实现的便是"德和"，此亦正是以存义来践行合礼立德所要实现的理想人格。

最后需要说明的是，"德和"之境乃是一以道主心而好之、乐之的自得人生态度。《论语·学而》曾载："子贡曰：'贫而无谄，富而无骄，何如？'子曰：'可也。未若贫而乐，富而好礼者也。'"所谓"贫而无谄，富而无骄"者，虽亦是修养有造，实则未超乎贫贱之外，只是用力自守而已，即凭一个念头制在那里，孔子以为未为尽然；所谓"贫而乐，富而好礼"者，则是超乎贫贱、穷达之外，志得于道如此而视贫贱、穷达如一。对此，《论语》还作了进一步的分析，如《论语·雍也》云："知之者不如好之者，好之者不如乐之者。"此言致学行道三境界。所谓"知之者"，了知此道也，然仅是察知领会而未著于心、不显于行；所谓"好之者"，动心著情好此道而未得也；所谓"乐之者"，有所得而乐此道也。由此可见，"好"与"乐"乃是合礼立德的上乘人生态度。其中，"乐"更是一种极高明的体现。《论语》中所言及的"孔颜乐处"便是恰好的例证。如《论语·雍也》云："贤哉回也！一箪食，一瓢饮，在陋巷。人不堪其忧，回也不改其乐。贤哉回也！"《论语·述而》又云："饭疏食饮水，曲肱而枕之，乐亦在其中矣。不义而富且贵，于我如浮云。"《庄子·大宗师》曾载："颜回曰：'回益矣。'仲尼曰：'何谓也？'曰：'回忘仁义矣。'曰：'可矣，犹未也。'他日复见，曰：'回益矣。'曰：'何谓也？'曰：'回忘礼乐矣。'曰：'可矣，犹未也。'他日复见，曰：'回益矣。'曰：'何谓也？'曰：'回坐忘矣。'仲尼蹴然曰：'何谓坐忘？'颜回曰：'堕肢体，黜聪明，离形去知，同于大通，此谓坐忘。'仲尼曰：'同则无好也，化则无常也。而果其贤乎！丘也请从而后也。'"《庄子》此意甚高，需杂以周敦颐的解释方才精到，周氏其言曰："天地间有至贵至爱可求而异乎彼者，见其大而忘其小焉尔！见其大则心泰，心泰则无不足，无不足则富贵贫贱处之一也。处之一，则能化而齐，故颜子亚圣。"又言："君子以道充为贵，身安为富，故常泰无不足。"① 周子之解晓白通畅，里外贯通，不须赘言。"乐"之高明实在于人生自得！故《礼记·中庸》有言："君子素其位而行，不愿乎其外。素富贵，行乎富贵；素贫贱，行乎贫贱；素夷狄，行乎夷狄；素患难，行乎患难：君子无入而不自得焉。在上位不陵下，在下位不援上，正己而不求于人，则无怨。上不怨天，下不尤人。故君子居易以俟命，小人行险以徼幸。"而《孟子·离娄下》则云："君子深造之以道，欲其自得之也。自得之，则居之安；居之安，则资之深；资之深，则取之左右逢其源，故君子欲其自得之也。"自得之乐可谓合礼立德之极境。

---

① （宋）周敦颐：《周子通书》，上海古籍出版社 2000 年版，第 38、41 页。

第五章 《论语》广义之三：为仁之道

总的来说，夏商周三代以及春秋时期的思想文化是以"礼"为核心的。三代时期即是古礼盛行的时期。这一文化影响一直延至春秋时期，如《左传》中讲"礼"共有462次，相对而言，讲"仁"只有33次。在《左传》中，"仁""义"也没有并言。这一情况在《论语》中则发生了很大的变化，因为在《论语》中，讲"礼"有75次，讲"仁"则有109次。杨伯峻先生因此认为，孔子批判地继承了春秋时代的思潮，不再简单地以"礼"为核心，而是以"仁"为核心。《论语》中的这一变化深刻反映了原始儒学于继承中有所创新的文化发展连续性特征。而之所以会如此，就在于原始儒学在三代古礼文化天崩地解的时代变迁中，以"仁"释"礼"，从而为古礼赋予了时代新意。具体来说，就是原始儒学以古礼为文化传承的重要内容，并通过对不断变化的现实生活的深切思考，以"仁"释"礼"的"义起"的方式对古礼作了深度诠释。作为原始儒学传承古礼的方式，这种诠释既使古礼于时代发展中重获生命、实现了文化发展的连续性，又融入了原始儒学对现实问题的反思，使原始儒学在寻本溯源、推陈出新中逐步展示出自己人生哲学的价值取向、践行方式和理想境界，推动了时代进一步发展。儒学亦由此成为一个对社会生活产生深远影响的思想流派。了解这些对于当下寻求民族文化复兴、实现当代中国振兴具有重要参考价值。

一 仁道与人道

事实上，春秋战国时期，诸子依循各自的学术路径皆对变礼时期的社会乱局进行了自己的反思和重构设定，正所谓"各为其所欲焉以自为方"。如道家的老子基于文化异化的立场提出了"小国寡民"的观点；墨家基于"兴天下之利，除天下之害"的宗旨，以"天志""明鬼"为前提提出了"兼爱""非攻""尚贤""尚同"等认识；法家以性恶论为起点，结合法、术、势三方因素，提出了以法治国的君主专制理论。比较而言，原始儒家的做法尤为值得关注。原始儒家承认乃至赞同个人以及社会生产力的进步和随之而来的人对功名利禄的合理追求，但反对物欲横流，即反对人对名利的极端化追求。为此，它努力通过发掘与确立人的道德本质来建构一种属人的自觉的道德生活理念，并以返本开新的方式使其成为新的礼义系统的核心，从而推动古礼变革。原始儒家正是借助这种变革来实现新形势下人与自身、人与人、人与外物的统一，以图"救世之弊"（《淮南子·要略》）、回应时代进一步发展的要求，由此儒家形成了自己独到的文化价值理念，并对以后中国历史发展产生了深远的影响，亦为当代中国建设提供了有益的借鉴，以下详析之。

（一）人道的确立

原始儒学不否定名利追求，但认为须遵道而行。《论语·子路》记载："子适卫，冉有仆。子曰：'庶矣哉！'冉有曰：'既庶矣，又何加焉？'曰：'富之。'曰：'既富之，又何加焉？'曰：'教之。'"这里的"庶"指人口广众，"富"指财物丰足，"教"即人文教化。孔子先叹美人"庶"，继之求以财"富"，可见孔子对生命繁衍与经济繁荣是持肯定态度的，但以为这些追求最终要契合文教之道，原始儒学以此为行道。这里的"文教"主要指礼乐之教，其内涵实为一种存在法则。孔子也不反对求名。他曾言"君子去仁，恶乎成名"

（《论语·里仁》），可见君子与成名有关。其又云："名不正则言不顺，言不顺则事不成，事不成则礼乐不兴，礼乐不兴则刑罚不中，刑罚不中则民无所措手足。故君子名之必可言也，言之必可行也。君子于其言，无所苟而已矣。"（《论语·子路》）这里肯定了君子立"名"的必要性。但透过以上材料还可以看出，孔子以为名的建立有其内在法则，故有"恶乎成名""正名"的说法。比较而言，孔子更加看重的是名得以建立的基础，亦即立名的法则，这也是孔子进行文教的目的之一。由此来看，原始儒学是赞同时人名利追求的，但主张这种追求要符合特定的法则，儒家文教即对此而言。原始儒学如此主张与两点认识有关：其一，基于对极端化追求名利之恶果的深刻洞见，这主要体现在内、外两方面。"内"指个体自身。原始儒学认为过于追名逐利会对生命个体造成戕害。《礼记·乐记》云："人生而静，天之性也；感于物而动，性之欲也。物至知知，然后好恶形焉。好恶无节于内，知诱于外，不能反躬，天理灭矣。夫物之感人无穷，而人之好恶无节，则是物至而人化物也。人化物也者，灭天理而穷人欲者也。"所谓"人化物"亦即人的"物化"，这是无限追求名利之物的结果。这种物化又体现为两方面：一方面体现为人生大体的迷失。孟子曾言："体有贵贱，有小大。无以小害大，无以贱害贵。养其小者为小人，养其大者为大人……饮食之人，则人贱之矣，为其养小以失大也。"（《孟子·告子上》）针对公都子"钧是人也，或从其大体，或从其小体，何也"之问，孟子又言："耳目之官不思，而蔽于物，物交物，则引之而已矣。心之官则思，思则得之，不思则不得也。此天之所与我者，先立乎其大者，则其小者弗能夺也，此为大人而已。"（《孟子·告子上》）由此可见，原始儒学对物化造成的人生大体的迷失及其后果有着清醒的自觉和评价。另一方面体现在穷奢极欲下人在肉体上的自我损伤，这一点则为天下共识。《吕氏春秋·本生》有言："人之性寿，物者抇之，故不得寿。物也者，所以养性也，非所以性养也。今世之人，惑者多以性养物，则不知轻重也。不知轻重，则重者为轻，轻者为重矣。若此，则每动无不败。"其又言：

"世之贵富者，其于声色滋味也，多惑者。日夜求，幸而得之则遁焉。遁焉，性恶得不伤？""贵富而不知道，适足以为患，不如贫贱。贫贱之致物也难，虽欲过之，奚由？出则以车，入则以辇，务以自佚，命之曰'招蹶之机'。肥肉厚酒，务以自强，命之曰'烂肠之食'。靡曼皓齿，郑卫之音，务以自乐，命之曰'伐性之斧'。三患者，贵富之所致也。故古之人有不肯贵富者矣，由重生故也；非夸以名也，为其实也。则此论之不可不察也。"《吕氏春秋·重己》又云："是故先王不处大室，不为高台，味不众珍，衣不燀热。燀热则理塞，理塞则气不达；味众珍则胃充，胃充则中大鞔，中大鞔而气不达。以此长生可得乎？昔先圣王之为苑囿园池也，足以观望劳形而已矣；其为宫室台榭也，足以辟燥湿而已矣；其为舆马衣裘也，足以逸身暖骸而已矣；其为饮食酏醴也，足以适味充虚而已矣；其为声色音乐也，足以安性自娱而已矣。五者，圣王之所以养性也，非好俭而恶费也，节乎性也"；"外"指社会群体。原始儒家认为过于追名逐利还会对群体生活造成戕害。郭店楚墓竹简《尊德义》曾言："善者民必富，富未必和，不和不安，不安不乐。善者民必众，众未必治，不治不顺，不顺不平。是以为政者教导之取先。教以礼，则民果以劲。教以乐，则民弗德争将。"[1] 这段话正可视为以上孔子庶、富、教之论的注脚。类似的意思在《荀子·王制》中也有反映，其云："故人生不能无群，群而无分则争，争则乱，乱则离，离则弱，弱则不能胜物，故宫室不可得而居也，不可少顷舍礼义之谓也。"综上所述，原始儒家基于对人们无限度追逐名利的恶果的深刻认识，乃始提倡一种具有特定法则、秩序的文教，希图以此形成一种长效、稳定的社会合理发展状态。其二，基于对宇宙万物生存本体的深刻认识。《孟子·告子上》云："《诗》曰：'天生蒸民，有物有则，民之秉彝，好是懿德。'孔子曰：'为此诗者，其知道乎！故有物必有则，民之秉彝也，故好是懿德。'"《诗》云"有物有则"一条体现了其关于生存本体的认识，

---

① 《郭店楚墓竹简》，文物出版社 1998 年版。

孔子对此进行了肯定，并将这种认识上升到知"道"的层面。由此，物的生存法则即是道，了解此法则即是知道，行此法则即是行道，儒家文教的本质即是教化并践行此法则，亦即行道，原始儒学以此为存在合理性的表征、德行确立的根本。故孔子言"志于道，据于德，依于仁，游于艺"（《论语·述而》），又说"朝闻道，夕死可矣"（《论语·里仁》），这个"道"即存在法则，所谓"无不通也，无不由也"①。在以上两点认识基础上，孔子指出"富与贵，是人之所欲也。不以其道得之，不处也；贫与贱，是人之所恶也。不以其道得之，不去也"（《论语·里仁》），甚至说"士志于道，而耻恶衣恶食者，未足与议也"（《论语·里仁》）。孟子则更极言："生，亦我所欲也；义，亦我所欲也。二者不可得兼，舍生而取义者也。"（《孟子·告子上》），这里的"义"即可谓"道"。可见在原始儒学那里，名利的需求故是生存的题中之义，但显然不是生存的本质所在。只有"道"才是人的生存本体、存在依据。这可谓是原始儒学对现实变礼乱局反思后的一个基本人生态度。

（二）人道的内涵

原始儒学所论之"道"有其系统而深刻的含义。原始儒学言道乃源自于对生存本体的探寻。关于对生存本体的认识，原始儒学既有传统继承，亦有自我的时代发明。原始儒学继承了三代以来的传统认识，将其归于天命。如孔子曾言："天何言哉？四时行焉，百物生焉，天何言哉？"（《论语·阳货》），这便是把天视为四时百物的造化之主。《论语·雍也》中"伯牛有疾，子问之，自牖执其手，曰：'亡之，命矣夫，斯人也而有斯疾也！斯人也而有斯疾也！'"在此，具体生命的绝续亦取决于天命。由上可见，原始儒学中的天命基本覆盖了现实生命生灭流行的整体历程，亦由此成为原始儒学形上学意义上

---

① （魏）何晏注，（宋）邢昺疏：《论语注疏》，《四库全书荟要》（第70册），世界书局1988年版，第64页。

的生存本体。

天命内涵的法则是为天道。《大戴礼记·本命》有言："分于道谓之命，形于一谓之性。"此即是由对天道到天命再到生命存在之性的不同层次概念的梳理来对生存本体进行深入的揭示。由此，万物因天道、承天命而有其性，生命的生存本体因此获得了内外一体的诠释，正如《礼记·中庸》所云："天命之谓性，率性之谓道。"此即讲明生命存在之性、道与天命一体之意。当然，天道既是具体生命存在法则的根据，亦是整体生命存在法则的根据；而天命既是个体生命存在之本源，亦是整体生命存在之本源。从大的方面说，天道、天命无时不在、无时不行，生物不已，其德至美。《诗经·维天之命》云："维天之命"，郑笺云："命，犹道也。天之道於乎美哉！动而不止，行而不已，於乎不显"，孔疏云："动行而不已，言天道转运无极止时也，天德之美如此"（《毛诗注疏》卷二十六）。但从小的方面说，个体生命的存亡绝续受制于整体的天道、天命的运行，如孔子言："道之将行也与？命也。道之将废也与？命也。公伯寮其如命何"（《论语·宪问》），刑昺疏云："此章言道之废行皆由天命也。"这里的"道"即可从小方面的个体生存法则来理解，而命则须放到大的天道、天命的层面来认识。就人而言，这一生存法则是为人性，亦可谓人道。换言之，人道废行终决于天命、天道。

那么人道的内涵又是什么呢？《周易·说卦传》有云："立人之道曰仁与义。"这是以仁、义为人道。《礼记·中庸》中，孔子云："仁者，人也；义者，宜也。仁者，亲亲；义者，尊尊。"这是对仁、义的不同规定以及二者现实情感展开差异性原则的进一步解读。《孟子·告子上》云："仁，人心也；义，人路也。"这是对作为人道的仁、义内涵作进一步解释。仁即人道的心灵指向，义则是此心灵指向下的人道变现。《孟子·离娄下》曾言："舜明于庶物，察于人伦，由仁义行，非行仁义也。"赵歧注："伦，序；察，识也。舜明庶物之情，识人事之序。仁义生于内，由其中而行，非强力行仁义也。"在此，仁、义作为人道，其关乎两个方面，即"明庶物之情，识人事之序"。而其目的，亦即"由仁义行"的目的则在于"反身而诚"与"亲亲而仁民，仁民而爱物"（《孟子·尽心上》），直至成己、成人、成物，《礼记·中庸》谓之"致中和，天地位焉，万物育焉"。关于人伦，郭店竹简《成之闻之》云："天降大常，以理人伦。制为君臣之义，著为父子之亲，分为夫妇之辨。是故小人乱天常以逆大道，君子治人伦以顺天德。"这是以人伦讲人道，将其归为君臣、夫妇、父子三方面。郭店竹简《六德》则将其归为"六位"，并进而提出了六职、六德的对应关系。《礼记·礼运》云："何谓人义？父慈、子孝、兄良、弟弟、夫义、妇听、长惠、幼顺、君仁、臣忠十者，谓之人义。"这里将人伦扩为十项。《礼记·中庸》则约之为五："天下之达道五，所以行之者三。曰：'君臣也、父子也、夫妇也、昆弟也、朋友之交也，五者，天下之达道也。'"关于庶物，可参照《礼记·中庸》中的两段话：一者为"诚者物之终始，不诚无物。是故君子诚之为贵。诚者，非自成己而已也，所以成物也。成己，仁也；成物，知也。性之德也，合外内之道也，故时措之宜也"。"性之德"即人道，"成物"是其"合外内之道"的一个环节。一者为"唯天下至诚，为能尽其性；能尽其性，则能尽人之性；能尽人之性，则能尽物之性；能尽物之性，则可以赞天地之化育；可以赞天地之化育，则可以与天地参矣"。在此，成物成为人道展开以合于天道、回溯生命本原的一个重要环节。由此出发，原始儒学所言人道的格局便体现为由仁义行以尽人伦与成庶物的统一。而《孟子·告子上》又云："若夫为不善，非才之罪也。恻隐之心，人皆有之；羞恶之心，人皆有之；恭敬之心，人皆有之；是非之心，人皆有之。恻隐之心，仁也；羞恶之心，义也；恭敬之心，礼也；是非之心，智也。仁义礼智，非由外铄我也，我固有之也，弗思耳矣。"这里将人道的内涵进一步扩充至仁、义、礼、智四德。《孟子·尽心上》则云："广土众民，君子欲之，所乐不存焉。中天下而立，定四海之民，君子乐之，所性不存焉。君子所性，虽大行不加焉，虽穷居不损焉，分定故也。君子所性，仁义礼智根于心。其生色也，睟然见于面，盎于背，施于四体，四体不言而喻。"这里将"仁义礼智根于心"视为人的天赋分定之性，亦是人道之具体内涵，故《礼记·丧服四制》云："恩者仁也，理者义也，节者礼也，权者知也。仁、义、礼、智，人道具矣。"至郭店竹简《五行》篇又提出了"四行"与"五行"的说法。郭店竹简《五行》篇云："五行：仁形于内谓之德之行，不形于内谓之行；义形于内谓之德之行，不形于内谓之行；礼形于内谓之德之行，不形于内谓之行；智形于内谓之德之行，不形于内谓之行；圣形于内谓之德之行，不形于内谓之德之行。"又云："德之行五和谓之德。四行和谓之善。善，人道也；德，天道也。"这里提出了仁、义、礼、智、圣五行的说法，并明确指出仁、义、礼、智四行和谓善，是人道；五行和谓德，是天道。长沙马王堆汉墓帛书《老子》甲本卷后第四种佚书，学者称作《四行》①，其中讲："知人道曰知，知天道曰圣。"这里的"知"与"圣"实为原始儒家崇尚的两种德目。如果结合前面《五行》的说法，则"知"指向的是"四行"和，"圣"指向的是"五行"和。前者以"知""善"、得人道为标志；后者以"圣""德"、合天道为标志。它们既是分属于两个不同层级的生命境界，然又因其内涵上的关联而共属一体，从而表现出一种差异性上的连续性，亦即以五行包四行，以德包善，以天道包人道，以圣包知。这是原始儒家意义上的生命存在的全面展开。

原始儒学如此明确人道内涵当与以下四点认识有关：

其一，原始儒学对人道内涵的考察是建基于对人情以及人情之所同的认识上。原始儒学言人道始终立于人情之上。如孔子论人道虽强调文质彬彬，但两者相权，仍以质为本。所谓"质"即真实的人情。如林放问礼之本，孔子言："礼，与其奢也，宁俭；丧，与其易也，宁戚"（《论语·八佾》）。在这里，孔子表达了明确的去文从质、由外反于内的思想，"宁俭""宁戚"皆体现了对人之真实情感的重视，以此为考量行为的基础。此外，孔子又言："兴于诗，立于礼，成于

---

① 参见魏启鹏《德行校释》，巴蜀书社1991年版。

乐"(《论语·泰伯》)。邢昺疏:"此章记人立身成德之法也。"所谓"立身成德"即是就人道言。人道修养离不开诗、礼、乐。《史记·太史公自序》云:"是故礼以节人,乐以发和,书以道事,诗以达意。"这里"节人""发和""达意"皆是对着人情的表达来说的。可见人道的确立离不开人情这个基础。郭店竹简《性自命出》篇说:"道始于情,情生于性。始者近情,终者近义。"这个说法很有意义,即人道之行在实践先后序列上包含情、义两端要求,但就其存在基础言,还是要着落在人情上。至孟子论性道一体,讲性善、道四端亦是建基于人情,故有"乃若其情,则可以为善矣"(《孟子·告子上》)之语。在此基础上,原始儒学又从对人情之所同的认识上来深化对人道的理解。对此,孟子有言:"故凡同类者,举相似也……口之于味也,有同耆焉;耳之于声也,有同听焉;目之于色也,有同美焉。至于心,独无所同然乎?心之所同然者何也?谓理也,义也……故理义之悦我心,犹刍豢之悦我口。"(《孟子·告子上》)孙奭疏云:"理出于性命,天之所为也;义出于道德,人之所为也……人能存其性命而不失之者,是所谓有其道德也。"《孟子集注》引程子语曰:"在物为理,处物为义,体用之谓也。"究其实,此理义的展开亦不脱仁义之属。在此,孟子将人的五官感性欲求与道德理性欲求通过人情同然之悦统一起来,以此达到求同类、举相似的目的,此亦原始儒学明人道之基础。

其二,原始儒学对人道的认识还基于人情之理。人固有情欲,但原始儒学主张欲之有节方为善。值得注意的是,在原始儒学中,情欲固有好恶,而情欲之理则体现为对此好恶之好恶,二者皆是情感上的显现,不离人的情感世界,所谓人道亦由此而立。如孔子言:"富而可求也,虽执鞭之士,吾亦为之。如不可求,从吾所好"(《论语·述而》),孟子言:"可欲之谓善"(《孟子·尽心下》),然则何谓"可求""可欲"呢?原始儒学以为其要在于心,从心之所可即为可欲、可求。心悦理义,故所欲所求合于理、义者即为可欲、可求。行此即是存心,《孟子·离娄下》云:"君子所以异于人者,以其存心也。君子以仁存心，以礼存心。"非此则谓之"失其本心"（《孟子·告子上》）。在此基础上，孔子讲"克己复礼"（《论语·颜渊》），孟子则言"舍生而取义"（《孟子·告子上》）。也基于此，孔子论《诗》言其"思无邪"（《论语·为政》），而孟子则发出了"先立乎其大者，则其小者弗能夺也。此为大人而已矣"（《孟子·告子上》）的慷慨之声。

其三，原始儒学对人道的认识还基于对人之为人的特殊本性的辨析。孟子曾言："人之所以异于禽兽者几希，庶民去之，君子存之。"（《孟子·离娄下》）所谓"几希"，首先是指人与禽兽相差无几。孙奭疏云："以其皆含天地之气而生耳，皆能辟去其害而就其利矣"，这是讲人与禽兽都是秉天地之气而生，固有同质，并且都有趋利避害的自然属性。其次是指人禽几希之差。孙奭疏云："小人去其异于禽兽之心，所以为小人也；君子知存其异于禽兽之心，所以为君子也。所谓异于禽兽之心者，即仁义是也。"这是讲人禽之别要在仁义。对此孟子又云："人之有道也，饱食、暖衣、逸居而无教，则近于禽兽。圣人有忧之，使契为司徒，教以人伦：父子有亲，君臣有义，夫妇有别，长幼有序，朋友有信。"（《孟子·滕文公上》）这里讲明饱食、暖衣、逸居等放纵无教的自然之欲近于禽兽，而人道之本在于仁义之教、得乎情理，故有欲有节。由上可见，借助人禽之辨，原始儒学在人禽共性存在的基础上，突出以人之为人的仁义特性来建构人道，以此揭示人存在的道德本质，亦同时彰显了其存在的超越性特质。

其四，原始儒学对人道的认识还基于对人自由意志的自觉。《孟子·尽心上》云："求则得之，舍则失之，是求有益于得也，求在我者也。求之有道，得之有命，是求无益于得也，求在外者也。"由此出发，孟子提出了"求在我"的自在主体欲求："仁、义、礼、智，非由外铄我也，我固有之也，弗思耳矣。故曰：求则得之，舍则失之。"（《孟子·告子上》）孔子亦有言："仁远乎哉？我欲仁，斯仁至矣。"（《论语·述而》）又说："为仁由己，而由人乎哉。"（《论语·

颜渊》）以上体现的正是人在求仁义、行人道过程中所展示出来的自由意志。

以上四点认识是促成原始儒学以仁、义、礼、智为人道内涵的重要基础。孟子曾有言："口之于味也，目之于色也，耳之于声也，鼻之于臭也，四肢之于安佚也，性也，有命焉，君子不谓性也；仁之于父子也，义之于君臣也，礼之于宾主也，知之于贤者也，圣人之与天道也，命也，有性焉，君子不谓命也。"（《孟子·尽心下》）在此，仁义礼智与耳目之欲虽同是天命所赋、同是人之性，但孟子基于以上四点认识而仅仅以仁、义、礼、智为本质意义上的人性，以此人性的展开为人道，体现了其明确的具有超越意义和自由意志的道德情感指向，由此达成的生活则是建基于一定人情需求上的道德生活。

（三）人道确立的价值意义

基于以上对人道内涵的认识，原始儒学又进行了自己意义世界中的价值建构：

其一，它明确指出人道乃是人立身成己之道。孟子云："君子深造之以道，欲其自得之也。自得之，则居之安；居之安，则资之深；资之深，则取之左右逢其原，故君子欲其自得之也。"（《孟子·离娄下》）所谓"自得"即在于行人道以成己，所谓"诚身有道"（《孟子·离娄上》）。此成己之道要在确立人的道德品格，因为人无德而不立，所谓"不明乎善，不诚其身"（《孟子·离娄上》）。故孔子有言："君子去仁，恶乎成名？君子无终食之间违仁，造次必于是，颠沛必于是。"（《论语·里仁》）又言："志士仁人，无求生以害仁，有杀身以成仁"（《论语·卫灵公》）。《礼记·中庸》则云："取人以身，修身以道，修道以仁。"由此可见，得仁乃是儒学行人道以成就自身的核心，所谓士君子的人格成就皆建基于此。孟子更将其上升为一种独立的品格，即所谓"居天下之广居，立天下之正位，行天下之大道。得志与民由之，不得志独行其道。富贵不能淫，贫贱不能移，威武不能屈。此之谓大丈夫"（《孟子·滕文公下》）。

其二，它又指出人道乃是成人、成物之道。如《礼记·中庸》云"诚者，天之道也；诚之者，人之道也""唯天下至诚，为能尽其性；能尽其性，则能尽人之性；能尽人之性，则能尽物之性"，其要在于行义以致"各得其宜"（《荀子·荣辱篇》）。成人者在于尽人之性。郭店竹简《性自命出》有云："所为道者四，唯人道为可道也。"所谓人道者，"群物之道也"。这里的"群物"是指使人群或聚集人群，"群物之道"即含成人之道。郭店竹简《尊德义》以为"凡动民必顺民心，民心有恒，求其永。重义集理，言此章也"，所谓"顺民心""重义集理"即是尽人之性以成人之意。成物者在于尽物之性。《礼记·中庸》云："诚者，非自成己而已也，所以成物也。成己，仁也；成物，知也。"所谓"知也"，是指明察。非明察不足以知物之性，不知物之性则不足以行义成物。成人、成物是原始儒学人道在成己之后由内而外的展开。通过这种展开，人道所实现的是"赞天地之化育"（《礼记·中庸》），而人自身也得以由"小我"中解放出来获得不断的超越，从而成就出一个"大我"。

其三，它指出人道的发展将走向对人道自身的超越，此为即有限以通无限的一个过程。孟子有言："可欲之谓善，有诸己之谓信。充实之谓美，充实而有光辉之谓大，大而化之之谓圣。圣而不可知之之谓神。"（《孟子·尽心下》）这段话既说明了人道修养的阶段次序，又蕴含着人道逐次发展并最终走向超越自身的由有限以致无限的道德诉求。具体来说，以"充实而有光辉之谓大"为界，前此的修养历程体现了人道由己及人及物、由内而外的展开。它依托有限之"我"的存在，借助人为之迹，实现了人由"小我"到"大我"的提升。然而后此的修养历程则体现了对人道的超越。所谓"大而化之之谓圣。圣而不可知之之谓神"皆不能停留在一般人道的层面来获得恰当的领会。朱熹言："大而能化，使其大者泯然无复可见之迹，则不思不勉、从容中道而非人力之所能为矣。"（《孟子集注》卷七）又引张子之言："大，可为也；化，不可为也。"由此可见，在"大"与"圣"之间存在着一个根本的差别，这就是"化"。"大"是有限之

"我"的有为之迹;"化"首先意味着有限之"我"的消解,其次意味着由"我"而发的人为之迹的消解;而"圣"则是消解了有限之我及其行迹之后的无为之化。圣者无为之化不可知也,朱熹引程子之语曰"圣不可知谓圣之至妙,人所不能测",此即为"神",神化之妙无穷,由此也就进入了一个"无我"的无为而化的无限之境,此可谓原始儒学人道发展的终极意义所在。联系郭店竹简《五行》篇中"德之行五,和谓之德;四行和,谓之善。善,人道也。德,天道也"以及"见而知之,智也;闻而知之,圣也"中两两对举的情况,原始儒学这一思想似更为明晰。

总之,原始儒学借天道、天命以明人道之本,借人情之理以论人道之实,借人道之行以承天命、天道之显,借无为而化之圣以显人道之自我超越,从而展示了其丰富而系统的人道思想。

二　以义制礼

原始儒学以行礼为其人道(仁道)思想的践行方式。孔子讲:"君子义以为质,礼以行之。"(《论语·卫灵公》)孟子言:"仁之实,事亲是也;义之实,从兄是也……礼之实,节文斯二者是也。"(《孟子·离娄上》)又言:"夫义,路也;礼,门也。惟君子能由是路,出入是门也。"(《孟子·万章下》)《礼记·曲礼上》有言:"道德仁义,非礼不成。"《荀子·大略》云:"君子处仁以义,然后仁也;行义以礼,然后义也;制礼反本成末,然后礼也。三者皆通,然后道也。"由上可见,原始儒学所言人道之仁义内涵正是通过礼来实践的。只不过其采行的礼无论是礼仪方面还是礼义方面都已非原初古礼之旧貌而已。原始儒学乃是以返本开新的方式使传统的礼成为其崭新的人道思想的合理表达形式的,这既完成了其人道理论与实践的统一,又实现了传统与时代的对接,对历史发展、文化传承乃至一贯的民族精神的锻造皆产生了深远的影响。

原始儒学之返本开新,是指原始儒学通过"义起"的模式,以自己的人道思想来整合古礼的礼义系统，并由此展开对其礼仪系统的解读与改造。这个过程既是一种对传世经典的创造性诠释经历，又是一种人生哲学理念的突破。原始儒学之人道思想固然由此获得了自己的理想表达，而传统的古礼亦由此而获得了新生。这当中，"义起"诠释模式的开启是关键。何谓"义起"呢？《左传·僖公二十七年》载晋赵衰之言曰："说礼乐而敦诗书。诗书，义之府也；礼乐，德之则也。"在此，义与德相关，礼乐属于"德之则"，二者是内容与形式的关系。马王堆帛书《要》篇又云："君子言以榘方也。前祥而至者，弗祥而好也。察其要者，不诡其德。"又言："易，我后其祝卜矣，我观其德义耳也……赞而不达乎数，则其为之巫。数而不达于德，则其为之史……吾求其德而已，吾与史巫同涂而殊归者也。"所谓"赞"和"数"属于巫、史的知识，这里体现了孔子求观德义，不止于赞、数的价值取向。《荀子·荣辱篇》云："循法则、度量、刑辟、图籍，不知其义，谨守其数，慎不敢损益也，父子相传，以持王公……是官人百吏之所以取禄秩也。""官人百吏"指王官，其职要在守数、守则，然从荀子视角看，其失在不知通义。《荀子·君道篇》又云："法者治之端也，君子者法之原也……不知法之义，而正法之数者，虽博，临事必乱。……官人守数，君子养原。"《荀子·劝学篇》云："其数则始乎诵经，终乎读礼。其义则始乎为士，终乎为圣人""故学数有终，若其义则不可须臾舍也。"这里所谓的"数"指行为方式，而"义"则指行为内在的义理原则。荀子在此表达了"以义统数"的思想。总之，以上所论深刻体现了原始儒学以德义制数、制则的义起诠释理念。这一理念在其整合古礼的过程中又体现为"以义制礼"，并具体落实在以下两个方面。

（一）新义制旧义

原始儒学通过义起模式以其人道（仁道）思想对古礼的礼义进行了相应的整合。众所周知，古礼之礼义是基于"崇天敬祖"的"反本修古"，目的在于求施美报以祈福远疾。《诗经·木瓜》云："投我以木瓜，报之以琼琚""投我以木桃，报之以琼瑶""投我以木李，报之以琼酒"。对此投报之义，古人以为"礼尚往来。往而不来，非礼也；来而不往，亦非礼也"（《礼记·曲礼上》）。当然，古礼关于投报的认识并不止于利益交换，而是更看重在此基础上建立起来的内外顺畅的友好合作关系，正所谓"匪报也，永以为好也"（《诗经·木瓜》）。之所以如此在于古人基于当时有限的生存条件而不得不寻求一种稳定的依赖共同体的合作生活方式。比较而言，原始儒学则以义起的模式在其人道思想基础上整合了古礼之礼义。如前所述，原始儒学之人道在于道德践履，即由立仁义之道而实现人格成就。礼为原始儒学道德践履的形式，其表达的自然是仁义之道。《礼记·礼器》云："君子欲观仁义之道，礼其本也。"此即以礼为观仁义之道之本。《荀子·大略》又云："君子处仁以义，然后仁也；行义以礼，然后义也；制礼反本成末，然后礼也。三者皆通，然后道也。"在此，仁、义为本，礼为末，"本末相顺，终始相应"（《史记·礼书》），三者贯通乃为道。不过礼虽以仁义之道为本，然行礼之要则在行理。《礼记·仲尼燕居》云"礼也者，理也"，此理即存在法则。《礼记·祭义》云"礼者，履也"，言礼在践行。合而观之，行礼即行理。其目的便是因万物之理而成就之。细言之，就是成己、成人、成物，此为仁义之道的具体指向。此外，原始儒学以仁义之道为人之情理所在，所谓"心悦理义"是也。在此前提下，礼作为仁义之道的表达形式亦是人之情理的展现，行礼即为此情理展开以致成己、成人、成物的人文经历。郭店竹简《性自命出》云："礼作于情，或兴之也，当事因方而制之，其先后之序则宜道也。又序为之节，则文也。致容貌所以文，节也。君子美其情，贵〔其义〕，善其节，好其容，乐其道，悦其教，是以敬焉。"《荀子·礼论》亦云："凡礼，始乎棁，成乎文，终乎悦。故至备，情文俱尽。"《礼记·丧服四制》则言"有恩有理，有节有权，取之人情也。恩者仁也，理者义也，节者礼也，权者知也。仁义礼知，人道具矣。"以上所论皆为即情理以言礼教成人。总之，礼与作为人道的仁义之道具有体用相即之意，行礼即行理，其本身乃是一个情文俱尽的过程。由此，礼成为原始儒学人道系统之重要一环，以致无礼不足以成人，故《礼记·礼器》云："礼也者，犹体也。体不备，君子谓之不成人。"原始儒学以此为礼之通义，并对古礼礼义进行整合。经由这一义起转换，礼义由原初外在的反本修古、投桃报李意义上的生存合作上升到人自身体用相即、情文俱尽意义上的道德建构，其理论内涵得到深入拓展，具体说来可分为以下三个方面：其一，原始儒学探讨了礼的源流，即礼的本源与流行。《礼记·礼运》云："是故夫礼，必本于大一，分而为天地，转而为阴阳，变而为四时，列而为鬼神。其降曰命，其官于天也。"这里把混沌之初作为礼的本源所在，并展示了它从大一到天地、阴阳、四时、鬼神的流变历程。《礼记·礼运》又云："是故夫礼，必本于天，殽于地，列于鬼神，达于丧祭、射御、冠昏、朝聘。"这里不仅以天为礼之本原，且将其具体流变从天地、鬼神追溯到人生诸事，后者尤其是考察重点，如"夫礼，先王以承天之道，以治人之情"（《礼记·礼运》）。在此，礼承天之道而显为人情之节，是为情理所在。所谓"丧祭、射御、冠昏、朝聘"即人伦之礼（情理），清代学者李光地谓之"四际八编"①，以其为礼之纲要、完整的达礼（此语有待商榷）。概言之，"凡礼之大体，体天地，法四时，则阴阳，顺人情，故谓之礼"（《礼记·丧服四制》），此可视为以上论礼之存在规模的总括。如上，古礼"反本修古，不忘其初"之礼义乃基于礼"始诸饮食"（《礼记·礼运》）、"本于昏"（《礼记·昏义》）的原始生存实践反思，故其论礼的源流侧重生命存养之源和以此为基础的生命展开。与之相较，原始儒学论礼的源流则已经不止于考察生命存养的古礼义，而是更注重考察生命存在的形上根据和形下流行，诠释其深刻的本末、体用一体之内涵。其二，原始儒学在成德的视角下探讨了行礼的价值与意义。《礼记·礼器》云："礼也者，合于天时，设于地财，顺于鬼神，合于人心，理万物者也。是故天时有生也，地理有宜

① （清）李光地：《礼学四际约言序》，《榕村全集》，力行出版社1969年版。

也，人官有能也，物曲有利也。"这里探讨了行礼之要，即需仰合天时，俯会地理之物，顺鬼神之化，中趣人事，如此则万物可各得其宜以生。而其所以如此在于"天四时自然各有所生……地之分理自然各有所宜……人居其官各有所能……万物委曲各有所利……皆自然有其性，各异也"。① 由此可见，行礼的价值在于参合天地人万物之理以顺天地、成万物。《易传·系辞下》云："天地之大德曰生。"《礼记·孔子闲居》云："天无私覆，地无私载。"故行礼的意义亦在于成就此天地生生之德、"与天地合其德"（《易传·文言》）、"赞天地之化育"（《礼记·中庸》）。这其中，成人是关键，因为它是实现礼的价值与意义的前提与核心。《孔子家语·论礼》云："夫礼所以制中也……加于身而措于前，凡众之动，得其宜也。……礼者，即事之治也。君子有其事，必有其治……行中规，旋中矩……是故君子无物而不在于礼焉。"以上体现了行礼的基础乃在成人。如何成呢？这里存在内外两种陈述路径：《礼记·礼运》云："故圣人耐以天下为一家，以中国为一人者，非意之也，必知其情，辟于其义，明于其利，达于其患，然后能为之。何谓人情？喜怒哀惧爱恶欲七者，弗学而能。何谓人义？父慈、子孝、兄良、弟弟、夫义、妇听、长惠、幼顺、君仁、臣忠十者，谓之人义。讲信修睦，谓之人利。争夺相杀，谓之人患。故圣人所以治人七情，修十义，讲信修睦，尚辞让，去争夺，舍礼何以治之？"以上是遵循一种内在陈述路径来讲成人。在此，成人体现为治情修义、谦让持敬之礼，行礼的价值与意义亦由此体现；《礼记·祭义》则云："天下之礼，致反始也，致鬼神也，致和用也，致义也，致让也。致反始，以厚其本也；致鬼神，以尊上也；致物用，以立民纪也。致义，则上下不悖逆矣。致让，以去争也。合此五者，以治天下之礼也，虽有奇邪，而不治者则微矣。"这里则是遵循一种外在陈述路径来讲成人，即揭示成人之礼的致力方向及其作

---

① （汉）郑玄注，（唐）孔颖达疏：《礼记注疏》，《四库全书荟要》（第51册），世界书局1988年版，第513—514页。

用，以凸显行礼的价值与意义。通过这种内外统一的陈述路径，原始儒学系统梳理了成人之礼的规模。如上，古礼的价值与意义在于遵循施报原则来建构一种友好互助的群体关系和合作共存的生活方式，以保障生命个体在原始恶劣条件下拥有一种相对稳定、可靠的生活。比较而言，原始儒学行礼的价值与意义则已不再止于一般的生物之养，而是在成人的前提下务求通过顺天理、成万物的过程来成就一种具有超越性的道德。其三，原始儒学探讨了行礼的境界。《礼记·曲礼上》云："大上贵德，其次务施报。"这里讲了"贵德"与"务施报"两个层次：何为"贵德"呢？原始儒学论"德"与"道"相关。孔子讲"志于道，据于德"（《论语·述而》），阐明道为旨归、德为行据之意。《大戴礼记·主言》解之为"道者，所以明德也；德者，所以尊道也。是故非德不尊，非道不明"。由此可见，"贵德"的本质在"尊道"。道者，"无不通也，无不由也"，周遍天下而不求报，"尊道"者尊此也，"贵德"者贵此也。孔颖达《礼记正义》云："德主务施其事，但施而不希其反也。"究其实，"贵德"者尊道，故无私有施，不待其报。王聘珍《大戴礼记解诂》亦云："夫学天地之德者，皆以无私为能也。"无私者即为公，"贵德"之行即在于天下为公。《礼记·礼运》对此作了细致的描绘："大道之行也，天下为公。选贤与能，讲信修睦，故人不独亲其亲，不独子其子，使老有所终，壮有所用，幼有所长，矜寡孤独废疾者，皆有所养。男有分，女有归。货恶其弃于地也，不必藏于己；力恶其不出于身也，不必为己。是故谋闭而不兴，盗窃乱贼而不作，故外户而不闭，是谓大同。"致力于大同世界，即所谓"贵德"的境界，其至乃为乐，正所谓"乐也者，施也……乐，乐其所自生……乐章德"（《礼记·乐记》）；何为"务施报"呢？"务施报"即所谓"投桃报李"式的"礼尚往来"。《礼记·乐记》有云："礼也者，报也……礼，反其所自始……礼报情反始也。"务施报者因其有私而利用施报这一形式，以实现稳定、可靠的生存合作，此为"贵德"之下的一个境界。由此达成的生活景况，《礼记·礼运》也作了描述，即"今大道既隐，天下为家，各亲其亲，各子其子，货力为己，大人世及以为礼。城郭沟池以为固，礼义以为纪；以正君臣，以笃父子，以睦兄弟，以和夫妇，以设制度，以立田里，以贤勇知，以功为己。故谋用是作，而兵由此起。禹、汤、文、武、成王、周公，由此其选也。此六君子者，未有不谨于礼者也。以著其义，以考其信，著有过，刑仁讲让，示民有常。如有不由此者，在势者去，众以为殃，是谓小康"。"贵德"无疑是原始儒学追求的境界，而"务施报"则反映了古礼礼义的追求，具有明确的现实构成性。原始儒学在义起的诠释模式下，依循其人道思想对以上两个层次的内容做了有效的整合。《礼记·中庸》云："中也者，天下之大本也；和也者，天下之达道也。致中和，天地位焉，万物育焉。"所谓"中和"亦可谓"诚者，天之道也"，以德显，而"致中和"则为"诚之者，人之道也"，其本质即是行人道以践天道，以贵德为宗旨；所谓"天地位焉，万物育焉"则可视为在"致中和"统摄下"中和"的实现，亦即成己、成人、成物。但是这种"成"并非指天地万物的纯然自成，它还蕴含着和合共生之意。《国语·郑语》中史伯讲"和实生物，同则不继"，即指不同事物相宜互补乃得生物、成物，反之则败。孔子也基于此类思想而提出了"君子和而不同，小人同而不和"（《论语·子路》）的人格命题。同样基于此，《礼记·中庸》云"万物并育而不相害，道并行而不相悖"，可见，行人道以践天道乃是通过在一个大系统下使万物合道共处而最终完成的。无此经历则万物自身也无从证成。所谓"礼尚往来"、合作共生之古礼礼义亦由此得以在原始儒学人道系统中获得新的诠释，并成为"大上贵德"下一个具体的人道践行的终极环节。此一转换可视为原始儒学以义起模式来整合古礼礼义的一个代表。

（二）新义制旧仪

原始儒学通过义起模式以其人道思想对古礼之礼仪进行了相应的整合，即所谓"以义制仪"。如上所述，三代以上（含三代）是"治与道出于一"的古礼时代，主要体现为礼仪与礼义相统一。而原始儒学以人道思想对古礼礼义整合后，已形成了自己的新礼义。于是它通过义起模式，遵循"以义制仪"的原则又进一步开始整合古礼礼仪，意图在古礼崩乱的现实中实现礼仪系统与礼义系统的新统一，由此开启了变礼时代，亦为以后新礼时代的建立奠定了基础。邹昌林先生在《中国礼文化》一书中指出："作为中国文化源头的古礼，实际是起源于母系氏族社会，中经五帝时代（即父系氏族社会与早期文明时代）和三代（即所谓奴隶社会）的两次整合，而发展定型的，以自然礼仪为源头、社会礼仪为基础、政治等级礼仪为主干的原生文化系统。"① 以此认识为参照，原始儒学对古礼之礼仪的整合主要在于两方面：其一，原始儒学继承了古礼礼仪从自然礼仪到社会礼仪、政治等级礼仪的规模和基本仪式。如原始儒学保留了对各种自然神的祭祀，并将其意义上升至"畏天命""知天命""穷理尽性以至于命"的形上体认。借此，原始儒学表达了它的天人观，并为其人道思想做了哲学本原意义上的奠基；又如原始儒学延续了五帝时代的社会礼仪系统，即承继了五帝时代所确立的"五伦关系"以及围绕它们所形成的各种礼仪。原始儒学的人道思想正是依托这些人伦关系得以形成和系统展示出来；再如原始儒学还吸收了三代时期尤其是周代的政治等级礼仪即周礼，使原始儒学的人道思想与政治实践密切结合起来，寻求治世之功。其二，原始儒学又依据以人道思想为核心的新礼义而对古礼礼仪进行了深入的诠释与修正。这至少体现在以下两点上：一者强调以人的自然情质为基础的文质合一。《礼记·礼运》云："故礼义也者，人之大端也……所以达天道顺人情之大窦也。"在此，礼义是成人的关键，是天道、人情得以呈显自身的方式。不过其表达的人情绝非矫饰之情，而必是由内而外的自然动心之情，如《礼记·祭统》云："凡治人之道，莫急于礼。礼有五经，莫重于祭。夫祭者，非物自外至者也，自中出生于心也，心怵而奉之以礼。是故，唯贤者能尽祭之义。"这里讲祭礼，所谓"自中出生于心也；心怵而奉之以

① 邹昌林：《中国礼文化》，社会科学文献出版社 2000 年版，第 20 页。

礼"，旨在说明行祭礼之要不在于外物的影响，而在于由中而出、发乎其心的真实情质，此是祭义所在。孔子也有类似表述，如《论语·八佾》记载："林放问礼之本。子曰：'大哉问！礼，与其奢也，宁俭；丧，与其易也，宁戚。'"孔子的答问既体现了其"以义制仪"的儒学传礼理念，又体现了他对行礼中自然情质内涵的重视。当然，礼也并非是单纯的自然情质表现。孔子曾言："质胜文则野，文胜质则史。文质彬彬，然后君子。"（《论语·雍也》）即文、质偏胜皆有所弊，只有文质彬彬方是合礼君子。故《礼记·乐记》云："是故先王本之情性，稽之度数，制之礼义。"这体现了礼是情与文（度数）的统一。对此，《礼记·坊记》亦云："礼者，因人之情而为之节文，以为民坊者也。"以上所论充分体现了儒学以人的自然情质为基础，以文质合一为典范的礼仪要求，反映了其对礼仪内涵的深度自觉。二者以人道引领礼仪。《礼记·乐记》云："中正无邪，礼之质也；庄敬恭顺，礼之制也。"所谓"中正无邪"，属于礼义，原始儒学以"仁义"为人道，以行仁义、立人道为"中正无邪"，此即行礼之本；"庄敬恭顺"则属于礼仪，可谓人道之表达形式。二者连属，为礼之质、文的统一。孔子云："人而不仁，如礼何？"（《论语·述而》）此即以仁（人道）为行礼的核心，礼仪必以此为根本。《礼记·礼器》云："祀帝于郊，敬之至也。宗庙之祭，仁之至也。丧礼，忠之至也。备服器，仁之至也。宾客之用币，义之至也。故君子欲观仁义之道，礼其本也。"孔疏云："此一节总明祭祀、死丧、宾客之等所以礼为备具人道之至也。"《礼记·礼运》更释之曰："故治国不以礼，犹无耜而耕也；为礼不本于义，犹耕而弗种也。"也正是基于此，原始儒学并不盲目墨守古礼仪形式，而往往是结合现实、因于礼义而诠释或损益之。如孟子曾言："男女授受不亲，礼也；嫂溺援之以手者，权也。"（《孟子·离娄上》）"男女授受不亲"乃为礼仪，其与"嫂溺援之以手"之行"权"皆本于人（仁）道。在孟子看来，行礼抑或从权皆本于人道而取之以义。《荀子·大略》亦云："礼以顺人心为本，故亡于礼经而顺于人心者，皆礼也。"杨倞注云："《礼记》曰：

'礼也者，义之实也。'协诸义而协，则礼虽先王未之有，可以义起也。"此即进一步明确了原始儒学借助义起模式、"以义制仪"以行人道的传礼观念。

总之，面临"治与道出于二"的变礼时期，原始儒学经过自己的反思活动，逐步确立其人道思想，并以此为核心，借助义起的模式对古礼进行整合。原始儒学希望通过这种整合来践行其人道思想，实现"治与道"新的统一，以建构一种新的道德的生活，从而改变此一时代乱局，完成人生与社会的一大转进。郭嵩焘云："其于礼、乐二者，明其体而达其用，穷其源而析其流，尽古今之变而备人事之宜，此其大经矣。而其为教，本之于心曰六德，被之于身曰六行，施之于事曰六艺，又皆有其浅深次第之用，而一要之于成。"① 此亦可为以上言原始儒学传礼之思想纲要。

（三）义起传礼的意义

从本质上看，原始儒学义起传礼实即是古人对一种理念意义上的本源性生活、一种自洽的人生的深切向往和不懈追求。就现实而言，原始儒学传礼以明人道的做法正是针对变礼时期社会乱局的一种变革，其中蕴含着"是故先王之制礼乐也，非以极口腹耳目之欲也，将以教民平好恶而反人道之正也"（《礼记·乐记》）的深刻义理指向，它对传统文化的发展和民族精神的塑成皆产生了深远的影响。对此可从以下三个方面获得进一步认识：

首先，原始儒学以义起的模式传礼既是经典诠释意义上的一种创造性诠释、哲学发展意义上的一种哲学突破，又是文化演进意义上的一种批判性继承。原始儒学之义起传礼即是以上创新突破与批判继承的有机统一：其一，原始儒学义起传礼本身属于经典诠释活动，所谓创造性诠释指原始儒学依据其人道思想对古礼的礼义和礼仪作了系统的梳理和深入的诠释，赋予了其崭新的立人成德的道德

---

① （清）郭嵩焘：《郭嵩焘诗文集》，岳麓书社1984年版，第196页。

寓意。如"慎终追远"本指丧祭之礼,古礼以为"报情反始"(《礼记·乐记》),乃为一种施报关系;曾子则言之"民德归厚",以行礼为成德。在此,同样的行为被赋予了不同的意义。其二,原始儒学义起传礼本身也蕴含着对哲学的突破。在古礼时代,人们的思想更多表达了对于外在神秘力量的畏惧、敬服与依赖,具有浓厚的原始宗教信仰色彩。原始儒学以人道传礼则具有明确的人文自觉,如孔子一方面讲"仁远乎哉?我欲仁,斯仁至矣"(《论语·述而》)、"为仁由己,而由人乎哉"(《论语·颜渊》),表明行仁属于人切己自求的求在内的事,这充分体现了人本己的自由意志;另一方面他又讲"君子去仁,恶者成名?君子无终食之间违仁,造次必于是,颠沛必于是"(《论语·里仁》),表明行仁乃是人生之应当。孔子这两方面说法揭示出行仁对人所具有的本质规定意义(自由与应然的统一),此亦可视为《礼记·中庸》哀公问政时孔子答以"仁者,人也"之宗旨所在,其背后透显出来的则是对人之存在本质亦即人道的理解,它清晰地体现了原始儒学义起传礼中的人文自觉。其三,原始儒学义起传礼本身也是对古礼文化的批判性继承。原始儒学部分地接纳了古礼礼义并将之纳入自己的人道思想体系。如原始儒学继承了古礼中对于生命存养之源的敬服意识,并将其上升为哲学意义上的生存本体高度来认识。郭店竹简《性自命出》言:"性自命出,命自天降。"《礼记·中庸》开篇言:"天命之谓性,率性之谓道,修道之谓教。"原始儒学还接受了古礼中基本的施报观念和别让意识,并将之与人道思想相整合,使其焕发出思想新意。原始儒学还在其人道思想的基础上接纳了古礼从自然礼仪、社会礼仪到政治等级礼仪的礼仪规模和形式。此外,原始儒学还以人道思想为前提,讨论了守经与行权的实践问题。以上充分体现了原始儒学之义起传礼实为一种批判式的继承,属于传统文化自身发展中的内在变革。这种变革体现了传统文化发展的连续性。

其次,原始儒学义起传礼慎重区分了礼的道德规范义与刑罚的强制惩戒义,凸显了前者的教化价值,从而为传统政教的发展确立了德主刑辅的原则。包世臣《与杨季子论文书》云："道附于事而统于礼。"[①] 这说明礼是道与事、内容与形式、知与行的统一。古礼即具有这种统一性，而且古礼还是一个包含宗教、思想、哲学、习俗、政治、法律、艺术等内容的庞大体系。甚至为维护礼而采取的刑罚等强制手段也属于古礼的内容。章太炎《检论》亦言："礼者，法度之通名，大别则官制、刑法、仪式是也。"原始儒学之义起传礼则对此作了相应的区分。原始儒学以其人道思想为礼奠基，于是礼就具有了道德的含义，礼仪规范即成了道德规范，行礼便具有了立人成德的指向。在此基础上，原始儒学比较了在治民中以德行礼与以政用刑的各自作用，所谓"道之以政，齐之以刑，民免而无耻；道之以德，齐之以礼，有耻且格"（《论语·为政》）。通过这一比较，可以发现刑政治民或可收一时之效，然民众终无知耻悔过之心；以德礼治民则民众将心存荣辱而自觉守则。基于以上认识，原始儒学乃以德行礼作为治天下的根本，如荀子言"礼义者，治之始也"（《荀子·王制》），由此全面开启了传统政教中德治模式。与此同时，原始儒学亦未取消政刑之治，而是在礼的实践运作中采取了德主刑辅的形式，以全面发挥其教化之功，成就其治民之业。如《大戴礼记·盛德》云："德法者，御民之衔也……善御民者：正其德法、饬其官、而均民力，和民心，敬听言不出于口，刑不用而民治，是以民德美之。"又云："不能御民者，弃其德法……无德法而专以刑法御民，民心走，国必亡。"

最后，在人（仁）道思想基础上，原始儒学之义起传礼体现出一种以礼为载体、万物彼此关联的共存生活模式，从而进一步强化了古礼文化中的整体性特征，使其成为传统文化发展的一个重要基础。古礼时代从政体来看有两大特征，一为分封制，一为宗法制。二者合起来就有了"天子建国，诸侯立家、卿置侧室，大夫有二宗，士有隶子弟，庶人工商，各有分亲，皆有等衰"（《左传·桓公二年》）的等级关系与血缘关系相统一的社会局面，古礼即建基于此。至变礼时期，

---

① （清）包世臣：《艺术名著丛刊》，中国书店1983年版，第9页。

原初古封建政体乃渐被打破，转向专制中央集权，然家族伦理则未发生根本变化。原始儒学义起传礼乃在其人道思想的基础上继承并发挥了这一传统。原始儒学人道思想的核心即道德仁义，其基本内涵则是"亲亲而仁民，仁民而爱物"（《孟子·尽心上》），其终极指向为尽人之道以诚天之道。在人道实践中，原始儒学首重人伦且以家族伦理的实现为人道实践的前提和根本所在。如《礼记·中庸》云："故为政在人，取人以身，修身以道，修道以仁……君臣也，父子也，夫妇也，昆弟也，朋友之交也，五者天下之达道也。"这里对人道之本与人伦的规模作了一个基本的描述。《论语·学而》中，有子有言："其为人也孝弟，而好犯上者，鲜矣；不好犯上，而好作乱者，未之有也。君子务本，本立而道生。孝弟也者，其为仁之本与。"这里的"孝弟"即属于家族伦理，所谓"本立而道生""为仁之本与"则指孝弟在人道实践中作为前提与根本的作用。《礼记·丧服小记》又云："亲亲尊尊长长，男女之有别，人道之大者也。"《礼记·太傅》云："上治祖祢，尊尊也；下治子孙，亲亲也；旁治昆弟，合族以食，序以昭缪，别之以礼义，人道竭矣。"又云："自仁率亲，等而上之，至于祖；自义率祖，顺而下之，至于祢。是故，人道亲亲也。"这里则不仅以家族伦理中的亲亲、尊尊、长长和男女之别作为人道实践的前提、根本，还以"亲亲"为家族伦理的核心，并指出这种家族伦理存在的必然性，所谓"亲亲也，尊尊也，长长也，男女有别，此其不可得与民变革者也"（《礼记·太傅》）。当然，原始儒学人道实践并不仅止于家族伦理。其所以接续这一古礼传统还在于它经由生活反思、以家族伦理为前提基础、借助絜矩之道达成了具有超越性的仁义等道德理念。《孟子·梁惠王上》有云："老吾老，以及人之老；幼吾幼，以及人之幼。天下可运于掌。《诗》云：'刑于寡妻，至于兄弟，以御于家邦。'"这一理念集中体现在《礼记·礼运》中的大同理想上："大道之行也，天下为公。选贤与能，讲信修睦，故人不独亲其亲，不独子其子，使老有所终，壮有所用，幼有所长，矜寡孤独废疾者，皆有所养。男有分，女有归。货恶其弃于地也，不必藏于己；力恶其不出于身也，不必为己。是故谋闭而不兴，盗窃乱贼而不作，故外户而不闭，是谓大同。"大同理想与小康世界的不同即在于不私爱，所谓"天下为公"是也，而这也正是原始儒学讲道德仁义与以往论德的不同之处。原始儒学的这一认识使其在义起传礼中赋予了古礼家庭伦理以更为深远的道德内涵，并使传统文化的发展具有了更为宏大的以天下一为家、以中国为一人的整体性基础。法国启蒙学者孟德斯鸠对这一文化特征有着精到的认识。他说："他们（中国的立法者）要人人互相尊重，要每个人时时刻刻都感到对他人负有许多义务；要每个公民在某个方面都依赖其他公民。因此，他们制定了最广泛的'礼'的规则。"① 孟氏所谓的"互相尊重""负有义务"乃至"依赖"都可谓是传统文化中以儒学人道思想为核心、以家族伦理为前提基础、由行礼体现出来的整体性特征的体现。

综上所述，以上三方面内容体现了原始儒学义起传礼的意义所在。它既推动了传统文化的发展，又助成了报本反始、尚德重生、尚同尚和的民族精神。而所有这一切都体现于独特的礼文化的践行之中。这种文化践行最终则化入民族生存发展、生生不息的血脉之中，凝聚成民族存立于世的本质内容，成就一种自觉而独到的本源性生活。

（四）义起传礼的当代启示

以上原始儒学义起传礼的经历对当代生活发展具有以下两方面启示：

首先，它提供了一种具体的文化发展模式，可为当代社会发展的有力借鉴。当代社会发展亟待深入解决的一个理论问题是如何梳理传统与现代、民族性与现代性的关系问题。以往的一种做法是首先将这一问题归为古今问题，而后依据价值对立的判断，基于发展的目的，或做出"去古存今"的选择，或坚持"原教旨主义"立场。对此，

①［法］孟德斯鸠：《论法的精神》（上册），商务印书馆 1978 年版，第 312 页。

李祥海先生和黄玉顺先生已分别撰文作了修正。李祥海先生指出，需改变从"时代性"的单一维度来论断中国传统思想的思维定式。传统与现代的关系问题不可简单化约为古今问题。所谓现代是一个关于传统的现代，并没有脱离传统的现代。① 而黄玉顺先生则指出："现代化或者现代性，它一定是一个民族国家的问题。不可能离开民族性来谈现代性"，"现代性的事情也就是民族性的事情"，"民族性乃是现代性的一个涵项，一个基本的涵项，一个本质的涵项。离开了民族性，你就无法理解现代性"。② 以上二位学者都肯定了在当代发展中，传统之于现代、民族性之于现代性的意义。那么如何更好地梳理它们之间的关系以推动当代社会发展呢？原始儒学义起传礼所达成的文化转进历程即为此作了很好的历史说明。诚如上述，原始儒学正是借助对古礼的批判性继承和创造性诠释来表达了自身的现实文化诉求和理想建构。原始儒学这一思想阐发方式使文化的演进既具有了源流相继的连续性特征，又因其哲学的突破而对现实乃至以后的历史文化发展产生了深远的影响。概言之，传统与现代、民族性与现代性的关系问题可谓是现代生活发展中必然不断涌现的问题，亦是反思基础上生活的哲学与哲学的生活所要着力回应的问题，其本质就是如何在传承与创新相统一的基础上来建构新的本源性生活。原始儒学之义起传礼作为此一类历史实践正是在此意义上成为当代社会发展的有益借鉴。

其次，它提供了一种德主刑辅、整体共存的教化模式，有助于实现当代社会的和谐发展。当代社会在发展中存在如下两个问题：一是在突出发展经济的背景下出现了极端功利主义，即在谋求发展的过程中不择手段、不计后果地追求眼前利益最大化。由此出发，造就了现实发展中急功近利的不良倾向。二是在个体解放的前提下出现了极端利己主义，即在谋求个人发展过程中，不择手段、不计后果地谋取个

---

① 李祥海：《改变从"时代性"的单一维度来论断中国哲学的思维定势》，《当代中国哲学史研究研讨会论文集》2012 年版，第 61 页。

② 黄玉顺：《儒学与生活：民族性与现代性问题》，《人文杂志》2007 年第 4 期。

人利益，甚至由此构成人格上的"精致利己主义"。对此，钱理群先生在武汉大学老校长刘道玉先生召集的"《理想大学》专题讨论会"上做了刻骨而又充满忧患的阐释。以上二者皆对当代社会和谐发展起到了强大的阻碍作用。二者贯通起来，其破坏力尤为巨大。那么如何去克服它们对当代社会发展的消极影响呢？此可谓仁者见仁，智者见智。不过原始儒学义起传礼所体现出来的德主刑辅、整体共存的教化模式无疑是富有启发与借鉴意义的。如果结合原始儒学义起传礼的经历来看，在历史上的变礼时期，社会上同样出现了以上的问题。原始儒学义起传礼即是对此的时代应对，而尚德与整体意识则是其具体的教化举措。经过漫长的演化，它们作为一种生活哲学、生存智慧已逐渐成为传统文化的重要特征，并凝聚成民族精神之特质。在此基础上，在道德观与整体意识的具体内容和表达形式与时俱进的前提下，其作为传统文化的重要特征和民族精神之特质在应对当代发展如上问题、创建和谐社会方面的价值则是值得反思与期待的。

参考文献

一　古代文献

（汉）班固著，（唐）颜师古注解：《汉书》，中州古籍出版1991年版。

（汉）贾谊：《贾谊集》，上海人民出版社1976年版。

（汉）陆贾著，庄大钧校点：《新语》，辽宁教育出版社1998年版。

（汉）许慎：《说文解字》，中华书局2003年版。

（汉）赵歧注，（宋）孙奭疏：《孟子注疏》，《四库全书荟要》第71册，世界书局1988年版。

（汉）郑玄注，（唐）孔颖达疏：《礼记注疏》，《四库全书荟要》第51册，世界书局1988年版。

（后晋）刘昫等撰：《旧唐书》，中华书局1975年版。

（明）蔡清：《四书蒙引·四书蒙引原序》，《钦定四库全书·经部八·四书类》，《景印文渊阁四库全书》本，台湾商务印书馆1986年版。

（明）王阳明：《王阳明全集》，上海古籍出版社1992年版。

（清）程瑶田：《宗法小记·宗法表》，《程瑶田全集》卷一，黄山书社2008年版。

（清）段玉裁：《说文解字注》，上海古籍出版社1981年版。

（清）方玉润：《诗经原始》，中华书局1986年版。

（清）郭嵩焘：《郭嵩焘诗文集》，岳麓书社1984年版。

（清）黄宗羲：《黄宗羲全集》，浙江古籍出版社2005年版。

（清）焦循：《孟子正义》，中华书局 1987 年版。

（清）李光地：《榕村全集》，力行出版社 1969 年版。

（清）刘宝楠：《论语正义》，中华书局 1990 年版。

（清）阎镇珩：《六典通考》，江苏广陵古籍出版社 1990 年版。

（清）颜元：《颜元集》，中华书局 1987 年版。

（宋）程颢、程颐：《二程集》，中华书局 1981 年版。

（宋）黎靖德：《朱子语类》，中华书局 1986 年版。

（宋）陆象山：《象山语录》，上海古籍出版社 2000 年版。

（宋）欧阳修：《欧阳修全集》，中华书局 2003 年版。

（宋）欧阳修、宋祁：《新唐书》，中华书局 1975 年版。

（宋）王溥：《唐会要》，中华书局 2017 年版。

（宋）卫湜：《礼记集说》，《四库全书荟要》第 53 册，世界书局
    1988 年版。

（宋）朱熹：《四书集注章句》，《四库全书荟要》第 72 册，世界书局
    1988 年版。

（宋）朱熹：《四书章句集注》，上海古籍出版社 2006 年版。

（宋）朱熹：《四书章句集注》，中华书局 1983 年版。

（宋）朱熹：《朱子大全》，四部备要本。

（唐）杜佑：《通典》，中华书局 1988 年版。

（唐）韩愈：《韩昌黎全集》，台湾新文丰出版有限股份公司 1977
    年版。

（唐）孔颖达：《周易正义》，北京大学出版社 1999 年版。

（魏）何晏注，（宋）刑昺疏：《论语注疏》，北京大学出版社 1999
    年版。

（魏）王弼注，（唐）孔颖达疏：《周易注疏》，《四库全书荟要》第 2
    册，世界书局 1988 年版。

荆门博物馆：《郭店楚墓竹简》，文物出版社 1998 年版。

睡虎地秦墓竹简整理小组：《睡虎地秦墓竹简》，文物出版社 1990
    年版。

四库全书研究所整理：《钦定四库全书总目》，中华书局 1997 年版。

《大清圣祖仁皇帝实录》。

《清圣祖实录》。

二　近代文献

黄侃：《文字声韵训诂学笔记》，上海古籍出版社 1983 年版。

梁启超：《新民说》，中国文史出版社 2017 年版。

三　今人文献

包世臣：《艺术名著丛刊》，中国书店 1983 年版。

晁福林：《先秦社会思想研究》，商务印书馆 2007 年版。

陈鼓应：《庄子今注今译》，中华书局 1983 年版。

陈寅恪：《金明馆丛稿初编》，生活·读书·新知三联书店 2001
　　年版。

陈祖武等：《乾嘉学术编年》，河北人民出版社 2008 年版。

程树德：《论语集释》，中华书局 1990 年版。

杜继文主编：《佛教史》，江苏人民出版社 2006 年版。

方立天：《中国佛教哲学要义》，中国人民大学出版社 2002 年版。

傅佩荣：《哲学与人生》，东方出版社 2008 年版。

傅斯年：《性命古训辨证》，商务印书馆 1947 年版。

高明：《帛书老子校注》，中华书局 1996 年版。

华军：《性情与礼教—先秦儒学立人思想研究》，中国社会科学出版
　　社 2016 年版。

黄静嘉：《中国法制史论述丛稿》，清华大学出版社 2006 年版。

黄俊杰：《东亚儒学：经典与诠释的辨证》，台大出版中心 2007
　　年版。

劳思光：《新编中国哲学史》，广西师范大学出版社 2005 年版。

李景林：《教养的本原》，辽宁人民出版社1998年版。

李零：《郭店楚简校读记》，北京大学出版社2002年版。

李学勤主编：《论语注疏》，北京大学出版社1999年版。

李逸安：《欧阳修全集》，中华书局2001年版。

李泽厚：《论语今读》，生活·读书·新知三联书店2004年版。

梁从峨：《繁荣与危机——清代儒学》，中州古籍出版社2017年版。

梁漱溟：《东西文化及其哲学》，商务印书馆2003年版。

梁涛：《郭店竹简与思孟学派》，中国人民大学出版社2008年版。

刘述先：《全球伦理与宗教对话》，台北立绪文化事业有限公司2001
年版。

孟昭信：《康熙评传》，南京大学出版社2011年版。

牟宗三：《宋明儒学的问题与发展》，华东师范大学出版社2004
年版。

牟宗三：《政道与治道》，学生书局1996年版。

彭林：《礼乐文明与中国文化精神》，中国人民大学出版社2016
年版。

皮锡瑞撰，盛冬铃、陈抗点校：《今文尚书考证》，中华书局1989
年版。

钱穆：《从中国历史来看中国国民性及中国文化》，香港中文大学出
版社1982年版。

钱穆：《四书释义》，联经出版事业集团公司1996年版。

汤用彤：《隋唐佛教史稿》，江苏教育出版社2007年版。

王邦雄：《老子的哲学》，台北东大图书公司1980年版。

王宁：《训诂学原理》，中国国际广播出版社1996年版。

魏启鹏：《德行校释》，巴蜀书社1991年版。

徐复观：《原史》，《两汉思想史》卷三，华东师范大学出版社2001
年版。

徐复观：《中国经学史的基础》，学生书局2004年版。

徐复观：《中国人性论史》，上海三联书店2001年版。

许抗生等：《中国儒学史》（两汉卷），北京大学出版社 2008 年版。

杨伯峻：《经书浅谈》，中华书局 2004 年版。

杨伯峻：《论语译注》，中华书局 1980 年版。

杨伯峻：《孟子译注》，中华书局 1960 年版。

杨树达：《论语疏证》，上海古籍出版社 1986 年版。

杨泽波：《孟子评传》，南京大学出版社 1998 年版。

印顺：《佛法概论》，上海古籍出版社 1998 年版。

张连良、连遥等：《中国古代哲学史》，中国社会科学出版社 2015 年版。

朱彝尊：《经义考》，"中央研究院"中国文哲研究所筹备处，1998 年版。

朱铸禹：《全祖望集汇校集注》上卷，上海古籍出版社 2000 年版。

邹昌林：《中国礼文化》，社会科学文献出版社 2000 年版。

四　外国文献

［德］雅斯贝尔斯：《历史的起源与目标》，华夏出版社 1989 年版。

［法］孟德斯鸠：《论法的精神》，商务印书馆 1978 年版。

［古希腊］色诺芬：《回忆苏格拉底》，商务印书馆 2001 年版。

［古希腊］柏拉图：《理想国》，商务印书馆 1986 年版。

Jaspers，K.，*Reason and Existenz*，Noonday Press，1955.

五　参考论文

陈来：《从道德的"抽象的继承"转向"创造的继承"——兼论诠释学视野中的文化传承问题》，《文史哲》2017 年第 1 期。

陈寅恪：《记唐代之李武韦杨婚姻集团》，《历史研究》1954 年第 1 期。

邓晓芒：《对儒家"亲亲互隐"的判决性实验》，《南风窗》2010 年

11 月 4 日。

丁为祥：《命与天命：儒家天人关系的双重视角》，中国人民大学复印报刊资料《中国哲学》2008 年第 1 期。

范忠信：《亲亲相为隐：中外法律的共同传统》，《比较法研究》1997 年第 2 期。

郭齐勇：《关于"亲亲互隐"、"爱有差等"的争鸣》，《江苏社会科学》2005 年第 3 期。

黄玉顺：《儒学与生活：民族性与现代性问题》，《人文杂志》2007 年第 4 期。

黄裕生：《普遍伦理学的出发点：自由个体还是关系角色》，《中国哲学史》2003 年第 3 期。

李景林：《诚信的本真涵义是什么》，《光明日报》2012 年 1 月 31 日第 11 版。

李景林：《论"可欲之谓善"》，《人文杂志》2006 年第 1 期。

李景林：《中国哲学中的解释理论》，《吉林大学社会科学报》1990 年第 3 期。

李景林：《忠恕之道不可作积极表述论》，《清华大学学报（哲学社会科学版)》2003 年第 3 期。

李祥海：《改变从"时代性"的单一维度来论断中国哲学的思维定势》，《当代中国哲学史研究研讨会论文集》，2012 年版。

林桂榛：《何谓"隐"与"直"——〈论语〉"父子相为隐"章考》，《孔子研究》2009 年第 3 期。

刘喜珍：《"亲亲互隐"与代际公正》，《北方工业大学学报》2007 年第 6 期。

留白：《"亲亲互隐"的迷局》，《社会科学论坛》2008 年第 9 期。

吕锡月：《美国的文化传统与改造日本的必然性》，《烟台职业学院学报》2014 年第 2 期。

蒙培元：《人是情感的存在——儒家哲学再阐释》，《社会科学战线》2003 年第 2 期。

庞朴：《试析仁内义外之辨》，《文史哲》2006 年第 5 期。

尚杰：《自由何以珍贵：试论法兰西文化的精神特质》，《学术前沿》2014 年第 16 期。

王兴国：《再论"亲亲互隐"》，《学术月刊》2014 年第 8 期。

吴晓明：《当代哲学的生存论路向》，《哲学研究》2001 年第 12 期。

肖永明、殷慧：《北宋心性之学的发展与宋代〈四书〉学的形成》，《中国哲学史》2008 年第 1 期。

邹诗鹏：《人学及其生存论结构》，《社会科学辑刊》2002 年第 2 期。

后　记

　　本书主要是由面向本科生和研究生讲授的"儒家经典研究"课程的部分讲稿以及近两年发表的部分相关文章整理而成，属于国家社会科学基金一般项目"情、礼关系下的《礼记》礼义学研究"（16BZX040）的阶段性成果。全书大体分为三个部分：第一部分主要从中西文化传统比较和中国文化传统内部架构考察两个视角来讨论当代视域下儒家经典研究的意义；第二部分主要是梳理儒家经典结集的历程和形式，探讨儒家经典的诠释方式与诠释精神；第三部分主要是结合历史与现实、知与行的关系，从"为学之道""情感与德性""为仁之道"等三个方面对《论语》文本进行针对性的阐释。

　　在成书过程中，杨猛、王晨仰两位同学帮助修订部分文字和参考文献，贡献良多，特此致谢！在出版过程中，又得孙萍师妹大力襄助，多方提点，令我十分感动！由于时间仓促，加之我个人学历、见识有限，行文多有疏漏、错谬之处，诚望方家指正！

华军

2019 年 4 月